电视节目主持人风格与节目主持艺术

DIANSHI JIEMU ZHUCHIREN FENGGE YU JIEMU ZHUCHI YISHU

许嫱　周嘉丽　编著

西南交通大学出版社
·成都·

图书在版编目（CIP）数据

电视节目主持人风格与节目主持艺术 / 许嫱，周嘉丽编著. —成都：西南交通大学出版社，2014.3（2018.4重印）

ISBN 978-7-5643-2944-0

Ⅰ.①电… Ⅱ.①许… ②周… Ⅲ.①电视节目－主持人－语言艺术－高等学校－教材 Ⅳ.①G222.2

中国版本图书馆 CIP 数据核字（2014）第 036680 号

电视节目主持人风格与节目主持艺术

许嫱　周嘉丽　编著

责 任 编 辑	杨岳峰
封 面 设 计	何东琳设计工作室
出 版 发 行	西南交通大学出版社 （四川省成都市二环路北一段 111 号 西南交通大学创新大厦 21 楼）
发行部电话	028-87600564　028-87600533
邮 政 编 码	610031
网　　　址	http://www.xnjdcbs.com
印　　　刷	四川煤田地质制图印刷厂
成 品 尺 寸	165 mm × 230 mm
印　　　张	15.75
字　　　数	309 千字
版　　　次	2014 年 3 月第 1 版
印　　　次	2018 年 4 月第 4 次
书　　　号	ISBN 978-7-5643-2944-0
定　　　价	45.00 元

图书如有印装质量问题　本社负责退换

版权所有　盗版必究　举报电话：028-87600562

前　言

随着电视传媒事业的发展，我国对电视节目主持人的数量需求越来越大，质量要求也越来越高。怎样才能成为一名广大受众欢迎的电视节目主持人，怎样才能具有优秀的电视节目的主持能力？这是每一名电视节目主持人和培养节目主持人的教育工作者共同关注的问题。

电视节目主持人专业水准的高低，直接影响节目整体质量的好坏。因此，研究电视节目主持艺术和电视节目主持人风格，对于提升我国电视节目主持人素质和提高电视节目主持水平，使之更加适合电视节目的需要，收到更好的电视传播效果，具有重要价值和实际意义。

本书不仅阐述电视节目主持艺术的理论知识，而且注重创新精神与实践能力的培养，强调把理论知识、主持技能和专业素质三者有机统一，不断提高电视节目主持人的专业理论水平和专业技能素质，开发主持人的创新精神与提升其节目主持的实践能力，并形成主持人独到的主持艺术风格。电视节目主持人只有不断加强电视节目主持的艺术修养，不断提高自己的综合素质，丰富自己的阅历和经验，才能不断提高电视节目主持的能力与水准，成为一名优秀的电视节目主持人。

本书共分两个部分，十三章。

第一部分：电视节目主持人与主持艺术综述，着重阐述电视节目主持人的素质与修养、口语表达艺术、体态语运用艺术、服饰语言艺术、镜前交流艺术、在电视节目主持的创新中形成主持人的个性风格等基本理论知识与运用技巧。"工欲善其事，必先利其器！"如果以上诸方面无论是理论上还是实践上都有了较为精湛的造诣，就可以说具备了播音与节目主持专业较为深厚的综合素养和专业能力，就为胜任电视节目主持工作打下了坚实的基础。

第二部分：电视节目主持人风格及其艺术特点，主要介绍了电视节目主持人不同类型的主持风格，包括感同身受、春风化雨型电视节目主持人，深入浅出、智慧大气型电视节目主持人，灵活变通、八面玲珑型电视节目主持人，运筹帷幄、"暗度陈仓"型电视节目主持人，麻辣爽直、"明修栈道"型电视节目主持人，关心民生、深入前线型电视节目主持人，美丽大方的魅力女神型电视节目主持人，主张在电视节目主持的创新中形成主持人的个性风格。

电视节目主持风格的分类以及主持人的选择，既要考虑观众的感觉，更要表现这个主持人在真实的主持过程中的语言和把握全场的风格特点。而这种节目主持的语言风格在观众心里达到什么效果和感受，则是仁者见仁智者见智。本书介绍这十六位主持人的篇幅并不一样，综合各方考虑，有详有略。对每一个主持人虽然介绍的格式不完全一样，但基本都是先介绍主持人，再宏观概括，整体把握其主持风格，然后通过实例材料，微观分析和感悟其主持风格的艺术特点。需要说明的是，在节目主持的具体示例中存在口语和文字语言的差异问题，尤其是我国台湾地区主持人口语方面的地区差异问题，这部分内容是不能生搬硬套和机械仿效的。

本书可以为电视节目主持人或有志成为电视节目主持人的读者提供必要的理论指导和学习参考，可以作为普通高等院校播音与主持艺术专业的配套教材、教学参考书及传媒专业硕士研究生的阅读材料。

在本书的编写过程中，笔者得到了国家一级播音员王久灵、高力教授、许英斌副教授的悉心关怀与指导，高校教师田园曲、钟淯媛的无私帮助，以及硕士研究生刘玮玮和王晶的大力支持，在此表示衷心感谢。

本书如有不当之处敬请读者指正，笔者必将对其作进一步完善，为"电视播音与主持艺术"专业的发展和创新，再尽绵薄之力。

特别需要说明的是，本书的出版由成都理工大学中青年骨干教师培养计划资助。

许 嫱

2013 年 9 月 30 日于成都

目 录

第一部分 电视节目主持人与主持艺术综述

第一章 电视节目主持人的素质与修养 ……………………………………… 2
- 第一节 电视节目主持人的政治思想素质与修养 …………………………… 2
- 第二节 电视节目主持人的文化知识素质与修养 …………………………… 3
- 第三节 电视节目主持人的心理素质与修养 ………………………………… 4
- 第四节 电视节目主持人的专业技能素质与修养 …………………………… 5
- 第五节 电视新闻播音员与节目主持人的专业技能素质 …………………… 9
- 第六节 电视综艺娱乐类节目主持人的专业技能素质 ……………………… 16
- 第七节 电视社会教育与生活服务类节目主持人的专业技能素质 ………… 25
- 第八节 少儿节目主持人的专业技能素质 …………………………………… 28
- 第九节 电视谈话类节目主持人的专业技能素质 …………………………… 31

第二章 电视节目主持人的口语表达艺术 …………………………………… 36
- 第一节 节目主持人口语表达的基本要求 …………………………………… 37
- 第二节 节目主持人口语表达的语言特性 …………………………………… 39
- 第三节 节目主持人口语表达的文化底蕴和机智性 ………………………… 43
- 第四节 节目主持人的口语表达要具有个性风格 …………………………… 45
- 第五节 提高节目主持人口语表达能力的有效途径 ………………………… 47

第三章 电视节目主持人的体态语运用艺术 ………………………………… 49
- 第一节 体态语的含义及其作用 ……………………………………………… 49
- 第二节 优雅的身体姿势语言艺术 …………………………………………… 52
- 第三节 恰当的肢体动作语言艺术 …………………………………………… 57
- 第四节 丰富的面部表情语言艺术 …………………………………………… 60
- 第五节 电视节目主持人运用体态语应注意的问题 ………………………… 65
- 第六节 不同类型电视节目中主持人体态语运用的艺术特点 ……………… 70

第四章 电视节目主持人的服饰语言艺术 …… 76
- 第一节 着装原则与服装选择 …… 76
- 第二节 电视节目主持人服饰的基本要求 …… 80
- 第三节 服饰的色彩搭配艺术 …… 82
- 第四节 特定场合的服饰规范 …… 86
- 第五节 女主持人的服饰 …… 88
- 第六节 女主持人的佩饰 …… 91
- 第七节 男主持人的服饰 …… 94

第五章 电视节目主持人镜前交流艺术 …… 99
- 第一节 电视节目主持人的镜前表现是个人综合素质的体现 …… 99
- 第二节 电视节目主持人的镜前内在交流 …… 100
- 第三节 电视节目主持人的镜前语言风格 …… 102
- 第四节 感情流露——电视节目主持人的镜前外在表现 …… 103
- 第五节 电视节目主持人的"双方三点"交流 …… 106
- 第六节 电视节目主持人镜前交流应注意的问题 …… 107

第六章 在创新中形成电视节目主持人的个性风格 …… 111
- 第一节 电视节目主持人的风格是个性化的标识 …… 111
- 第二节 主持人的个性风格形成电视节目的艺术特征 …… 112
- 第三节 在创新中形成电视节目主持人的个性风格 …… 113

第二部分 电视节目主持人风格及其艺术特点

第七章 感同身受、春风化雨型电视节目主持人 …… 116
- 第一节 电视新闻评论类节目主持人——欧阳夏丹 …… 116
- 第二节 电视谈话类节目主持人——陈鲁豫 …… 120

第八章 深入浅出、智慧大气型电视节目主持人 …… 126
- 第一节 电视综艺娱乐类节目主持人——汪涵 …… 126
- 第二节 电视新闻评论类节目主持人——水均益 …… 135
- 第三节 电视新闻评论、社会教育与生活服务类节目主持人——曾子墨 …… 140

第九章 灵活变通、八面玲珑型电视节目主持人 …… 144
- 第一节 电视综艺娱乐类节目主持人——何炅 …… 144

第二节　电视综艺娱乐类节目主持人——吴宗宪 ………… 148
　　第三节　电视谈话类节目主持人——陈汉典 ………… 152

第十章　运筹帷幄、"暗度陈仓"型电视节目主持人 ………… 164
　　第一节　电视生活服务类节目主持人——孟非 ………… 164
　　第二节　电视谈话类节目主持人——蔡康永 ………… 169

第十一章　麻辣爽直、"明修栈道"型电视节目主持人 ………… 193
　　第一节　电视谈话类节目主持人——徐熙娣 ………… 193
　　第二节　电视综艺娱乐类节目主持人——罗志祥 ………… 220

第十二章　关心民生、深入前线型电视节目主持人 ………… 227
　　第一节　电视新闻评论类节目主持人——张泉灵 ………… 227
　　第二节　电视新闻评论类节目主持人——闾丘露薇 ………… 230

第十三章　美丽大方的魅力女神型电视节目主持人 ………… 233
　　第一节　电视谈话类节目主持人——杨澜 ………… 233
　　第二节　电视综艺娱乐类节目主持人——周涛 ………… 239

参考文献 ………… 244

第一部分

电视节目主持人与主持艺术综述

第一章 电视节目主持人的素质与修养

随着电视事业的发展和传播手段的丰富，作为电视台"门面"的节目主持人，也比以前更多地受到广大观众的关注和喜爱。今天，无论我们何时何地打开电视，总能看到风格各异的节目主持人为我们主持着丰富多彩的电视节目。可以说，主持人已成为电视节目中不可缺少的重要组成部分，并且是电视节目与观众联系的桥梁和纽带。受众对电视台的要求越来越多，对电视节目主持人的要求也越来越高。这对电视节目主持人而言既是机遇，也是挑战；既是压力，更是动力。电视节目主持人必须具备更新、更高、更强的素质。

所谓"素质"，是指公民或者某种专门人才的基本品质。播音员、节目主持人的素质，就是作为播音员、节目主持人这一特殊的社会角色、特殊的行业从业者，所必须具备的素养、知识、能力和品德等。它是影响播音员和节目主持人职业活动的功能、状况及其质量的基本因素，也是其履行播音、主持职能，发挥传播作用的基础。

主持人的基本素质应包括：政治思想素质、文化知识素质、心理素质和业务素质四个方面。四者有机结合，辩证统一，共同构成完整的主持人基本素质系统。

电视节目主持人只有把自身的基本素质和不同类型电视节目要求的特殊素质完美结合起来，融合自己的主持特点，形成独具特色的主持风格，才是其素质的最高体现。对于电视节目主持人的素质孜孜不倦的追求，并不断加强修养，这是主持人的魅力之源、生存之本。

第一节 电视节目主持人的政治思想素质与修养

政治思想素质是前提，是根基，是电视节目主持工作的保证，也是电视节目主持人必须具备的首要素质。

电视台是党和政府的宣传机构，是党和政府联系群众的桥梁和纽带。电视节目主持人的言谈举止在一定程度上反映了我们党的政策和方针。主持人作为

第一部分　电视节目主持人与主持艺术综述

电视机构的代表，作为一个节目的标志，其观点、言论不仅关系到电视机构的声誉，也会影响到整个社会。因此，主持人首先必须要有强烈的社会责任感和较高的政治思想素质。

如果电视节目主持人没有过硬的政治思想素质，那他怎能把党的精神正确地传达给人民群众？所以电视节目主持人的政治思想素质的高低举足轻重。主持人要加强政治理论修养，树立强烈的政治思想意识、责任意识和宣传纪律意识，提高政策水平，增强大是大非的辨别力，坚持正确的宣传导向，解放思想，实事求是，与时俱进。电视节目主持人，往往是社会公众人物，社会影响大，更应该加强道德修养，养成道德文明习惯，树立自己的良好形象。

第二节　电视节目主持人的文化知识素质与修养

电视节目主持人的文化知识素质是做好节目主持工作的基础素质。

由于大众传媒在现代社会中巨大的威慑力，主持人的社会影响力越来越大，所以主持人所承担的社会责任也越来越大，工作对他们的文化要求也就越来越高。作为电视节目的主持人更应该是具有文化底蕴、对古今中外的文化都了解的人。主持人的文化素养主要表现在主持人的语言上，主持人所运用的语言应该是富有知识和信息的语言而不是庸俗、夸张的语言，这就要求主持人要有丰富的文化底蕴以及充足的知识储备。

21世纪是一个新知识层出不穷的时代。因此，为适应时代的挑战，电视节目主持人必须不断地用新的文化知识充实自己。其实在向观众传递信息的同时，主持人也在向观众传授各种知识，如果自身没有一定的文化素养就无法主持好节目。作为一名主持人，更要不断更新所学、开拓思路、活跃思维，切莫"书到用时方恨少"，腹中空空，无言以对。否则你面对的将不仅仅是对自己孤陋寡闻的羞愧及观众的失望，更会让自己被竞争时代的潮流所淹没。主持人如果没有深厚的文化知识作为基础，只有娴熟的表达技巧，那他可能只是个"花架子"。知识浅薄的人是不能胜任电视节目主持人的工作的。

现在，从中央台到地方台，知识性的节目越办越多，也越来越受欢迎。中央台的《开心辞典》《幸运52》和上海台的《智力大冲关》等，都将知识性、观赏性和娱乐性融为一体，做到了寓教于乐。其中，主持人起着不可估量的作用，正因为发挥了他们的知识才能，才使得这些节目在全国电视观众的心目中留下了深刻的印象。主持人只有在拥有大量知识，提高了主持节目的能力并掌握具体操作技巧时，才有可能自如地驾驭节目。主持人胸有渊博的文化知识，才能使自己在镜头前神态自若地讲解、评述，作深刻、有见地的分析。主持人虽各有不同的形象、性格和气质，但在博学多才的文化知识素质上应该是相同的。主持人只有全面提高文化素质，才能在主持节目时做到胸有成竹，心中有话，一语中的，入木三分。

著名主持人杨澜在她的《杨澜访谈》节目中，采访的大多是一些政坛上的风云人物、文化界的名人、商界的精英。这样的采访节目要求主持人具有更高的文化素养。杨澜之所以能够胜任这一角色，和她从小严格的文化教育是分不开的。杨澜在一篇回忆录中这样写道："父亲是大学教师，母亲是音响工程师，左邻右舍，清一色的知识分子。人们谈吐高雅、举止得体，宽敞的校园里静悄悄的，花园很洁净。"正因为这些，再加上之后留美深造，造就了杨澜良好的文化底蕴，这才使她能够驾驭一档高端的电视节目。

又如，20世纪80年代中央电视台制作的《话说长江》《话说运河》就是在历史的述说上揭示长江和运河的历史命运和历史变迁，从而使该节目有一种历史文化的厚重感。主持人陈铎和虹云时而追怀历史，时而描述现实，时而感怀长江、运河两岸的沧桑旧貌，时而赞美它们现在的鹤发新颜。主持人娓娓道来的是长江、运河两岸的政治、经济、人文、民风、民俗，使该节目具有了较高的文化品位。主持人陈铎和虹云也因此而成名。

我国一位知名主持人曾告诫年轻的同行们说："如果主持人真能做到读书破万卷，我看就能开口如有神了。""腹有诗书气自华"，宋代诗人苏轼的这一名句，也完全适用于今天的节目主持人。作为一名主持人，应不断提高自身的知识水平和文化修养。主持人要提高文化知识修养，不仅要广泛涉猎各个学科的知识，还要注意经常搜集和研究国内外的文史资料，以充实自己。这不但对主持人的节目主持有很大的帮助，也有利于塑造节目主持人的文明形象。节目主持人要有自己的高度定位，不断加强自身文化内涵的修养。

第三节　电视节目主持人的心理素质与修养

心理素质是电视节目主持人的必备素质。心理素质，又称心理品质，是指一个人心理活动过程和个性方面表现出来的持久而稳定的基本特点，包括人的认识、情感、意志、态度、信念、兴趣、爱好、气质、性格等心理特点。

电视节目主持人要在大众面前工作，常常要承受各种社会评价所带来的心理压力；所以一定要有能够完成任何工作任务的饱满热情和坚定信心。具备良好的心理素质，主持人便能够克服工作中随时可能遇到的各种各样的困难，这

第一部分　电视节目主持人与主持艺术综述

样才能取得最好的播出效果。在演播室中，如果主持人心理处于紧张状态，其大脑思维往往是僵化的，就会很难积极投入到节目中去，甚至表达不清楚节目内容。因此主持人的心理状态如何，将直接影响节目质量。另外，电视节目主持工作是一种在特定的时间、特定的环境下完成的，它具有随机性、挑战性，对于瞬息万变的现场，主持人要时时刻刻准备着，一旦有尴尬的场面和意外的事件发生，主持人就要迅速地调整好自己的心态，排除一切心理障碍和外来干扰，由被动变为主动，全身心地投入工作。因此，主持人面对观众时的端庄、沉着、自然、热情是主持人良好心理素质的外在体现。

如何加强心理素质修养？首先，要自知，具备良好的自我意识，客观地认识自己的优势与不足，扬长避短。其次，对自己要有足够的信心和勇气，相信自己的能力和优势，保持激流勇进、勇于开拓的进取精神，大胆行动，敢于竞争。但更重要的是，要辩证地处理好二者之间的关系，自知而不自弃，自信而不自负，在客观认识自己的基础上开创性地工作，以获得事业的成功。

第四节　电视节目主持人的专业技能素质与修养

专业技能素质是电视节目主持人的主要素质。作为一名有魅力的节目主持人，除了要有很高的政治思想素质、文化知识素质、心理素质之外，还必须具有扎实的专业技能素质。

在电视节目主持人应该具备的众多专业技能素质中，最为重要的专业技能素质包括严谨的逻辑思维能力、迅捷的语言组织能力、清晰准确的语言表达能力、现场应变和即兴发挥能力以及独特的个性风格等。

一、语言表现力是主持人最重要的基本专业技能素质

语言是思想的载体，一样的内容，一样的含义，由于表达上的差异，往往会得到不同的效果。扎实的语言功底、准确的语言表达、自如的气息运用是主持人的看家功夫。如果主持人的基本功不扎实，就会严重地影响语意的准确传达，甚至会给观众、听众造成一些不必要的误会。主持人不但要有准确的语音、语调，正确的逻辑重音、情感重音，语气抑扬顿挫，使语言形象性强，悦耳动听，富有感染力，还要词汇丰富、逻辑性强、用词准确。另外，

主持人还要做到语言亲切、自然、口语化。总之，主持人的口语表达既要简练，又要朴实，还要生动活泼，要以"情"为先导，与受众坦率、直接、平等地沟通与交流。对于电视节目主持人来说，尤为重要的是根据节目内容、节目性质采用不同的语言表达方式，对观众说真话、传真情，恰到好处地表现节目的内容。

主持人是以说为生的职业，具有优秀的语言表达能力是职业对主持人的第一要求。作为一名优秀的主持人一定要掌握语言表达的分寸，和观众像朋友一样交流。和观众之间的心理距离既不能拉得太远，也不能拉得太近，要成为观众的引导者。正确的主持人语言表达应该是亲切自然，随和真诚。人文历史类节目的主持人要求能将口语化、生活化的语言经过加工提炼后形成精炼、简洁、生动、形象的口语化书卷语。即使在无稿直播中，主持人"出口成章"的即兴口语，也应符合日常口语习惯，做到通俗而不粗俗，自然而不随意，谈吐自如而不是神侃神聊。主持人还要有控制语言气息、语言词汇的使用、语态转换和交流的能力。例如，语言气息把握不好，就不能保持节目的流畅；要根据不同内容把自己的语态及时调整到位，要做到迅速和准确。在表达方式上要求语言质朴、表达自然。在话筒前可以像平时说话那样，有时边想边说，呈现一种思考状；有时话语如珠，句子一气呵成，呈现情感爆发状。这时的口语，其语气、重音、节奏、停顿皆由总的意念带动，随感情起伏，自然流畅。

作为主持人所用的语言也需要个性化，独特的语言表达方式倾注了个人的思想和情感。如果没有个性化的语言，就没有个性化的主持人形象，例如以下几位主持人的语言就各有特色：沈力的口语高度精炼，没有多余的字，更没有空话和套话，既通俗又文雅；虹云的口语"带点喜劲儿"，热情活泼；赵忠祥的口语老练、稳重，略带点幽默感。

二、思维意识是主持人专业技能素质的重要因素

一个好的主持人可以把编辑递上的材料加以深化和延伸，把道理说得更为透彻，这就要求主持人一定要多思考，对节目中所反映的事件要有一个比较全面的了解体会，经过一番深思熟虑后才发表自己独到而又正确的见解。要有悟性，有了悟性，对人、对事、对物就能洞察分明，认识事物就能有独到之处，说出的道理就会更深刻。

三、现场应变能力和即兴发挥能力

现场应变能力和即兴发挥能力包括：现场沟通能力、即兴发挥能力、临场应变能力和对整个节目场面的驾驭及节奏的把握能力等。主持人在驾驭节目方面要有一定的弹性和个性。面临不同的场景或稿件时，要随机应变，照顾内容、场景的连贯性和延续性。比如，主持晚会时，突然断电、邀请的重要演员未到、嘉宾讲话出现小的失误等，主持人都要及时想出应对的方法。这都需要良好的心理素质和应变能力。

现场应变能力与即兴发挥能力是紧密相连的。一定的临场应变和即兴发挥能力是节目主持人在节目的制作过程中，遇到了突如其来的情况时，在客观情况允许的情况下，充分调动自己的主观能动性，使大脑思维处于高度运动和思考状态，从而做出迅速快捷的反应，并能够进一步在此基础上进行发挥，使变故巧妙地朝好的方向转化的能力。

随着直播节目的日益增多，主持人必然会遇到各种各样的突发事件，这对主持人组织和应用语言提出了更高的要求。面对突发事件，不论主持人缄默不语，还是信口开河，都是主持人缺乏职业素养的表现，对节目的制作和发展都是不利的，会直接影响到电视节目的视听效果。因此，主持人不仅要避免自己言语表达上的不当，更要做到处变不惊，要积极活跃思维，培养自己快速反应的能力，只有这样，主持起来才能做到从容镇定、挥洒自如。

四、展示自身魅力，诠释电视节目的能力

这实质上也是电视节目主持人充分调动自己的内在和外在要素，准确分析节目，并做出恰当表现的能力。电视节目主持人是以其具体形象呈现于观众面前的，这就决定了他们必须形成内在因素和外部因素互为表里的完美结合。在主持节目的过程中，要能充分地调动自己内在的理论知识、素养、经验，加上恰当地运用外在的语言、手势、形体等因素，把自己的风采、节目的内涵展示给广大电视观众。这是节目主持人最为核心的能力。

五、敏锐、成熟，具有迅速判断的能力

敏锐，是一种迅速判断的能力，是指比别人快一步或者几步从摆在面前的纵横错杂的道路中选出最合适的那一条，从看在眼里的千变万化的现象中发现最真实的那一面，从闪现在脑中的重重叠叠的原因中找出最本质的那一个，是

指山雨欲来前从人人以为平常的空气中嗅出不平常的气息。一个敏锐的人肯定不是一个啰唆的人,因为他能很好地把握重点,并根据气氛来调节、掌控自己的语言。一个敏锐的人也不会是一个容易骗得过的人,轻信和盲从永远与他绝缘,理性精神和对真相的执着是支撑敏锐的双足。

敏锐者最容易犯的错误也许是有时显得尖刻,"一针见血"是他们送给这个世界的常备礼物。所以,最敏锐的人也应该留住一些宽容,包含了宽容的敏锐就是"成熟"。

人文学者邵道生先生在他的《学会生存》一书中这样论述"成熟":"人的成熟,是一种发展的和谐。这类人智力出众,不仅学习快,而且观察细致,对什么事情都能理智地判断;这类人情绪稳定,不仅有高尚的道德情操,而且善于自我控制,不会轻易失态;这类人还具有比较高的社会处理能力,他们处乱不惊,善于与各种人打交道,能独立地或借用各种手段和力量去处理各种复杂的社会问题。"所以人的成熟是一种智慧,是一种能力,是一种力量,更是一种美的体现。"

六、镜头前落落大方、优雅得体,还要有很强的团队意识

很多观众在看电视节目的时候都会被主持人的言行举止所打动,所以,主持人用恰当的语言和举止去表现周围的事物、营造氛围是很重要的。同时,主持人还需要在镜头前落落大方,优雅得体,彰显个人魅力。主持人还需要有较强的团队意识,与团队保持很好的合作关系。

电视节目主持人必须不断地提高自己的专业素质,从而提高主持节目的能力和质量。各种素质,尤其是政治思想素质、文化知识素质、心理素质和专业能力素质的完美结合,才是电视节目主持人所需要的。

还必须明确,任何一个成功的节目主持人都应该具备系统的素质结构,这是其共同特点,但并不意味着每一种类型的电视节目主持人及每一个主持人都是千篇一律的。相反,每一类型的电视节目主持人都有其特殊的专业素质要求,每个具体的节目主持人的素质在实际表现上也都是不同的,最重要的是要形成自己独特的主持风格和个人主持魅力。

主持人的可持续发展问题是一个值得大家重视的问题。一般来说,主持人在自身成长过程中要经历这样几个阶段:一是探索期,这个时候主持人特别要明白自己能不能干这行,以及在什么样的平台上、什么样的节目中最能够展现自己的优势;二是成长期,主持人要搞清楚自己在现有的岗位上需要具备哪些素质,明

白自己有哪些不足的地方,要及时学习、"充电",以培养和提高自己的专业技能素质,适应节目的要求;三是提升期,主持人在业务能力相对成熟的时候,一定要抓住机遇,表现自己,这时候主持人的风格魅力是至关重要的。

第五节　电视新闻播音员与节目主持人的专业技能素质

电视新闻播音与节目主持有很强的新闻时效性、现场感,有广泛的受众和很强的影响力,所以要求电视新闻播音员与节目主持人应具备较强的新闻专业技能素质。

一、电视新闻播音与节目主持的语言样式多样化发展态势和融合态势

新闻类节目是各电视台的主体节目,随着新闻节目的改革与发展,新闻节目的播音语言样式也在逐渐发生变革。当前新闻播音语言样式主要有:规范播报、说(讲)新闻以及播说(讲)结合。它们适用于不同的新闻栏目、不同的新闻内容、不同的播出时间、不同的接收对象、不同的接受需求和心理以及传播者不同的理念追求。

规范播报俗称"传统播报",是国内外主流媒体、主要新闻评论类节目普遍采用的方式。"播"新闻,大多数人很容易理解。"播"是一种语言传播样式,它的创作依据是新闻稿件,特点是语音规范、语言书卷化、样态有限、语体结构严谨、对语境的依赖性不强。这种语言传播样式使"播"者与受众的心理距离相对较远,交流感不强,不强化个性。长期以来,我国的新闻类节目一直沿用这种播报方式,典型的栏目有中央电视台《新闻联播》《中国新闻》以及各省台的《新闻联播》等。

"说(讲)"新闻是人际交流中的语言传播样式,随着电视节目的需要而逐渐渗透到大众传播领域。一般情况下,"说(讲)"新闻没有稿件依据或有提纲,特点是语言口语化、样态不受限制、语体结构松散、对语境的依赖性强。在大众传播领域,与"播"者相比,"说(讲)"者个性鲜明,与受众的心理距离贴近、平等,交流感强,保持了在人际交流领域中的传播优势,亲切平易、口语化、重交流是它的外部特征。"说(讲)"新闻多被用于社会新闻。典型栏目有中央台《焦点访谈》、香港凤凰卫视《时事直通车》和《凤凰早班车》等。

电视节目主持人风格与节目主持艺术

"播说(讲)结合",介于"规范播报"和"说(讲)新闻"之间,消息语体变动不大,状态平和稳健,播报心理和语态十分注重"交流"感和"讲述"感。

"说"与"播"相比,传播状态较为松弛,给予感和交流感强,语调较为接近自然状态。这种播报风格时尚、亲切,观众认同程度逐渐提高。"说(讲)新闻"的口语化必须坚持新闻语言简洁准确、规范质朴的要求。

现在已经形成了电视新闻语言样式的多样化发展态势和语言样式的融合态势。"播"与"说"作为不同的新闻信息传播表达语言样式,侧重点不同,都是为新闻节目内容提供服务的。就"播"与"说"而言,只要适合栏目的风格、定位,得到受众最大程度的认同,就是优势的体现。随着新闻栏目种类增多,节目内容细化,"播"与"说"的发展趋势是该"播"的"播",该"说"的"说",泾渭分明,"播""说"清晰;也可能有"播"有"说",有机融合。播音语言样态多样化:一方面,体现于各个不同定位、不同风格的新闻栏目;另一方面,不同的新闻播音语言样态之间并没有不可逾越的鸿沟,也不呈对立状态,具体到一个新闻栏目,相近的播音语言样态已有"融合"的趋势。

二、电视新闻播音创作对播音员的专业技能素质有更高的要求

电视新闻播音以广播新闻播音为基础,又有其自身的创作特性。电视新闻播音形态多样,导致多重制约,相对广播播音而言,电视新闻播音创作对播音员的专业技能素质有更高的要求。

1. 交流感更强

电视新闻播音交流感更强。原因在于,出镜播音(口播)要面对镜头,自己的形象直接呈现在观众面前,不仅作用于观众的听觉,也同时作用于观众的视觉,似与观众个体面对面交流,为他(她)介绍、报道各种各样的信息,与观众感觉距离更近,内心交流感更强。

2. 语言的讲述感更强,语速偏快,力度稍弱,语言更自如

一般来说,出境播音(口播)语言要比广播新闻播音讲述感更强,语速偏快,力度稍弱,用声略低,语言更自如;而出境播音(口播)语言速度要慢于新闻片配音,语言力度要强于新闻片配音,用声略高于新闻片配音,语言自如度却弱于新闻片配音。此外,电视新闻播音由于工作状态的多样性,需要具有复述式和即兴式两套语言能力,并掌握其表达、交流样态。

3. 电视新闻播音要形成整体感

电视新闻播音，仅就消息播报而言，除去少量完整稿件外，绝大多数是新闻片导语（一条新闻的上半部）和新闻片配音（一条新闻的下半部）这两种不同形态的播音。因此在电视新闻播音工作中，从备稿到播出都要参照整条新闻的上下内容，在心理上形成整体感。播导语时，必须知道下面新闻片的内容和它的承接点是什么；播新闻片配音时，也应了解上面导语中的内容及接应点在哪里。这样，在表达处理时，才能有整条新闻浑然一体之感，不至于自成一体，互不相关。

4. 要有画面感并受其制约

电视新闻播音中为新闻片配音，要有画面感并受其制约。具体讲有两层含义：

（1）配音的语言始终有介绍、补充画面之感，语言感觉不应游离于画面之外。

（2）配音语言的快、慢、等、抢受画面内容，片子节奏及具体人、景、物的制约，配音语言应与画面内容对应。

5. 体态语和内心感觉、有声语言有机和谐，以适应不同的出境需要

电视新闻播音，除去新闻片配音，大多在镜头前工作，因而电视新闻播音员（主播）一定要有镜头感，形成内心感觉、有声语言、体态语三位一体的有机和谐感。

无论是演播室播音，还是现场报道出外景，电视新闻播音员都要受镜头景别、方位的制约，选择适当的体态语和适度的动作幅度。一般而言，坐姿、近景时身体和头的动作幅度不宜过大；而中景或站姿时动作幅度可大些，以适应人的视觉和内心感觉。

此外，与电视综艺类节目主持人相比，由于二者的工作任务不同，追求的效果也不同，电视新闻播音员（主播）面部表情不可太丰富，身体和手的动作不可过多、幅度不可过大，体态语应以平和、微调为宜。另外，电视新闻播音员（主播）还应具有站、走及多种坐姿的身体控制及和谐能力，以适应不同的出镜需要。

三、"播"新闻与"说"新闻对电视新闻节目主持人专业能力的不同要求

"播"与"说"这两种语言传播样式各具特色，作为不同的新闻播音方式，其对新闻节目主持人的专业能力提出了不同的要求。

电视节目主持人风格与节目主持艺术

1."播"新闻要求电视新闻播音员必须具备较强的电视播音创作功力

"播"新闻的方式是电视新闻最基本、最重要、最普通的播报方式，也是播音创作主体运用在各类新闻节目传播中最独特、最鲜明、又自成一腔——播音腔——的语言样态。

播音腔的形成取决于新闻稿件的文体特点，是由其结构严谨、布局紧凑、语言精炼及书面语风格决定的。而这种准确、规范、严谨、简洁、真实、客观、实效的书面语体的口头传播的最佳形式是"播"新闻。

电视新闻播音员和节目主持人主要是用语言进行工作，播音创作必须通过声音来体现。我们要求播音员和主持人的声音应讲究科学性和艺术性，讲究美感。播音发声是播音员和节目主持人的一项基本功，应该以科学的理论为指导，勤于磨练，扎实地掌握用声技巧。

每个新闻播音员和主持人的声音都有自己的特点与个性，我们只能在自己发音条件的基础上，发挥所长，克服所短，逐步扩展自己的发声能力，找到自己最好的声音，用好自己的声音。新闻播报的语言特征及其相关技巧可概括为：

朴实无华——语气平实、无浓抹重彩；

准确清晰——语音规范、字正腔圆、语句规整、层次清晰、语意集中；

简洁明快——概述为主、音色明亮、语势常扬、不悠荡不拖腔；

平稳顺畅——无大起大落、无大停大连、重音少而精、停少而连多。

这种播报方式对创作主体提出的要求是"字正腔圆、呼吸无声、感而不入、语势稳健、把握分寸、节奏明快、语流晓畅"。也就是说，对创作主体的语音、用气、吐字发声、语句组织提炼、基调节奏把握等各项基本功提出了极高的业务要求。要达到这样的要求并非易事，但新闻播音员、主持人都应该以这样的标准要求自己，在播音创作业务上进入更高层次和领域，消除外界对播音专业的一些偏见和误解。受人批评的所谓的"播音腔"不是真正意义上的播音腔！真正的播音腔是新闻播音创作领域的一个标准，是业务精华，是每一个新闻播音员、主持人所必须具备、继承和发扬的专业素质。

"播"新闻的过程本身就是一个艺术创作过程，要求将新闻文字稿件转换为准确、鲜明、富有感染力、传神、具有艺术性的有声语言。主导这个转换过程的是创作主体的创造性，它蕴含着播音员、主持人的思想品格、文化素养、业务技能、知识储备、气质魅力等综合因素。虽然播音员、主持人的创作依据是新闻稿件，但要将一条几十字的新闻导语或一篇洋洋千言的新闻专题"播"成声情并茂、真切感人、完美的艺术作品，没有一定的播音创作功力是难以想象的。

"播"好一件作品是不容易的,要"播"出个性就更不容易。由于受到稿件文体的严格制约,创作主体的个性是很难展现的,难就难在规矩中出变化、理性中出情感。而新闻播报完全不同于其他类型栏目的播音、主持,个性展现也只是相对而言。

2."说"新闻除应具备"播"新闻的业务能力外,还应在其他能力方面大力拓展

"说"新闻这种方式与"播"新闻的最大区别在于创作主体只能依据新闻事件本身而非成形的新闻稿件进行播报。如果是直播新闻节目,则大部分"说"的内容要靠即兴发挥,创作主体的创作空间越大越广,其驾驭难度就越大。"说"新闻的目的是为了缩短传受双方的心理距离,通过创作主体将新闻播报方式口语化处理,采用简练紧凑、富于个性化的消息式语体风格,使受众听来轻松、亲切、自然,对新闻信息的接受和理解更加便利,从而优化消息的有效传播。在这里,创作主体的个性风采如果能在传播过程中得以充分释放,对优化传播效果就有积极的推动作用。在这种情况下,创作主体的形象就不仅仅代表传媒机构,也有他自身的一部分。

要提高新闻播音方式多样化的能力,应把重点放在"播说结合"与"说新闻",要"说"好新闻,除了应具备"播"新闻的业务能力外,还应在其他能力方面大力拓展,特别是信息把握能力、语言加工和表达能力,具体又包括三方面能力:

第一,新闻理解和分析能力。要在理清事件头绪、理解新闻信息本质、把握信息要点、判断新闻价值、了解相关政策与社会反映等方面下工夫,提高对新闻事实敏锐准确的理解能力和分析能力。

第二,书面语体向口语体的转换能力。要从有声语言"线形传播"特点出发,变换叙事方式,加强新闻信息加工能力和灵活的文字转化能力。

第三,流畅清晰的口头表述能力。以文字作依托,按照自己整理出的叙事脉络不经过文字转换直接把新闻说清楚,是一种重要的口头表达能力。

"说"新闻的"说"从生活中提炼,保留发展了在人际交流中的传播优势,使之与大众传播语言的规范性、通俗性、艺术性、审美要求有机结合起来,由此区别于播音腔。由于"说"给予创作主体的创作空间更广,其对播音员、主持人的口语表达能力、信息组织编排能力、逻辑思辨能力、捕捉新闻热点的能力、切中新闻要点的洞察力、现场即兴评述能力等一系列素质提出了要求。在"说"的过程中要求能灵活有序地处置各类信息,尊重新闻的客观规律又不失传播者应有的原则立场,同时注重自身感受与受众心理上的沟通,鲜明而到位地

体现创作主体在节目中的驾驭、主导作用，并根据节目类型的不同给个性形象一个准确定位和定型。

3. 对于演播室电视新闻播音员（主播）的专业素质要求

这里需要强调以下几点：

第一，新闻主播的工作方式不是单一的，而是多样的，既有新闻播报，也有电话连线、视窗对话、热线接听，还有短信回复、专家访谈等。

第二，演播室新闻播音与节目主持起到异乎寻常的作用，除去新闻播报外，同时还有同步画面解说、同声传译、电话连线、视窗对话、专家访谈及与观众的互动（接听热线电话、汇集手机短信、收发电子邮件、代受众向专家提问）等，可以说新闻报道的所有手段，无论是快捷的还是深度的都可以用上了。

第三，这里新闻主播的交流不是单项的、单一的，而是多项的、多样的，既有与连线、视窗的一线记者、受众的交流，也有与镜头前观众的想象交流，还有与演播室专家的面对面交流。

第四，这里新闻主播的语言样态也呈现丰富性，语体多样，有播报、讲、说、议、谈话等多种样态，因而新闻主播应结合现场工作需要对自己的心态、语言做及时、相应的转换并能得心应手，功力到位。

四、新闻播音员与节目主持人的努力方向

1. 不断提高新闻播音员与节目主持人的新闻素养

新闻类节目主持人只有具备较高的新闻素养，才能适应栏目的要求。主持人的新闻素养主要指新闻敏感，即对客观事物（包括社会现象以及新闻事实）的新闻价值的观察能力、判断能力和分析能力，其核心是政治敏感和政策分寸的把握。新闻播音员、主持人应丰富知识，不断培养新闻敏感，提高自身新闻素质，在新闻播报中把握新闻，体现好新闻的导向作用。

2. 戒虚假，戒媚俗

新闻播音员与节目主持人需要戒虚假、戒媚俗。首先，作为一名有道德素养的新闻从业人员，绝对不能抱着取悦观众的心态，满脑子都只想着收视率。一些新闻栏目的采编人员从最先开始的选题、内容的策划到后期的采访报道，目的都很明确——迎合观众的口味就好。卖弄噱头、哗众取宠也是目前存在的现象。为了吸引观众眼球，有些台新闻只报道一些暴力、色情、凶杀等事件，导致新闻作品娱乐视觉化，只注重视觉上的冲击。比方说把一些血肉模糊的画面在新闻中一而再再而三地运用，只为满足受众感官上的刺激，这样极容易让

观众认为我们的生活环境暴力频发,纠纷不断。其次,不能炮制新闻、捕风捉影。目前媒体市场的竞争相当激烈,线索匮乏,来源单一,还要考虑避免同质化的浅层竞争,新闻媒体从业人员的工作压力不可谓不大。但是,这仍不能成为制作虚假内容的借口。一些策划者为网罗社会奇闻可谓绞尽脑汁。一方面重奖新闻线索,不仅使得线索变得缺乏质量,还会导致出现为赢得奖金而不断报一些无关痛痒的线索甚至假线索的观众。另一方面广开稿源,主观臆断,捕风捉影,断章取义,甚至去诱导被访者说出一些会令人产生误解的内容,而不去核实新闻的来源,不去寻求证据支持,造成虚假新闻层出不穷。如果一直处在这种恶性竞争中,那么新闻就根本没办法发挥其积极的社会效应。

3. 应不怕艰苦和压力,勇于下基层

新闻报道的从业人员,应该树立正确的新闻价值观,加强社会责任感,不怕苦,不怕累,勇于下基层。要策划出真实又有深度的新闻节目,策划团队的职业素养相当重要。从业人员要明确自身的责任,只有他们的思想导向正确了,才能真正意义上做到为民请命透析事实,传播高质量的社会改革热点。只有当新闻从业人员的专业水准和责任感达到一定高度之后,才能创作出引人思考、折射社会现象的好新闻。老百姓生活疾苦的地区,往往都是经济不发达、生存环境恶劣、交通设施极度缺乏的地区。要深入挖掘当地新闻,从业人员就需要秉有不怕苦累的精神,勇于前进,去到艰苦的地方报道人民的生活情况,反映给社会大众去了解、去思考。

如中央电视台报道过的"索道医生",就是记者去了云南省怒江傈僳族自治州福贡县石月亮乡拉马底村。画面中,一道铁索连接起了怒江大峡谷的两岸,而这条索道就是乡村医生邓前堆为村民进行治疗的必经之路。记者为了验证来回穿梭于这条索道的危险性,就亲身体验了一把,果不其然被困在了半路之中,而他身下就是汹涌奔腾的怒江水,最后还是"索道医生"邓前堆将他解救于危难之中。如果不是这位记者不辞路途艰辛,不怕危险,我们怎么能知道还有医疗设施和道路建设这么不完善的地区?由此可见,新闻从业人员具备不怕苦累的精神是多么重要。

4. 新闻播音员与节目主持人作为"主播"的努力方向

今后新闻播音语言样式演变将呈多样化发展态势,而作为新闻类节目的播音员、主持人,则应该具备高水准的业务素质,既能"播"好新闻,也能"说"好新闻,适应节目对播音创作提出的各项要求。做到这一点不容易,这也是新闻播音员、主持人所面临的挑战。

新闻播音与节目主持人,作为"主播"的努力方向:

电视节目主持人风格与节目主持艺术

适应新闻报道的多样化发展趋势,驾驭好口播新闻、图片新闻、图像新闻、演播室访谈、前方记者对话、异地传播等多种报道形式,串联起演播室和新闻现场不同时空、不同形式的新闻报道,以保证节目传播的整体性、内容安排的灵活性及报道的真切感和权威感。

顺应栏目个性化传播的趋势,新闻消息栏目也有不同的定位,包括内容、形式、播出时间、接收对象及风格的不同定位,讲究传播贴近性、服务性的具体做法及各自的语言样态,这无疑是新闻消息栏目个性化、品牌化的一个重要标志。

满足受众市场对新闻及新闻播报方式多样化的需求,丰富播报语言样态,新闻节目中不同播音方式的转换,一定要自然或有恰当的过渡,以保证栏目风格和节目的整体和谐。

第六节 电视综艺娱乐类节目主持人的专业技能素质

电视综艺类节目是集音乐、歌舞、小品、戏曲、杂技等多种文艺形式于一体的电视节目,其特点是综合性、参与性;娱乐类节目是突出趣味性、娱乐性、参与性的电视节目。综艺娱乐类节目形态多样化,所包含的艺术门类、节目风格、节目形态日益丰富多样,主要类型有:综艺晚会类节目,欣赏性或介绍性、知识性的各类文艺专题,文艺表演竞技类节目,游戏娱乐类、益智娱乐类节目等。

综艺娱乐类节目在电视节目中占有很大比例,综艺娱乐类节目主持人的业务素质参差不齐。随着物质文化生活水平的提高,人们的欣赏水平和视野不断得到提升和拓宽。综艺娱乐类节目主持人在节目中应该如何定位,如何塑造好自己的节目主持人形象,以适应电视综艺娱乐类节目的发展,就成了电视工作者的一个新课题。

一、电视综艺娱乐类节目主持人的特点

电视综艺娱乐类节目涉及的内容广泛,凡娱乐艺术的内容无所不包。综艺节目是所有节目中娱乐价值最高的节目,由于形式多样、内容丰富、时代感强而深受观众的青睐。综艺娱乐类节目主要有现场晚会型和栏目型两种。如中央电视台的《综艺大观》《同一首歌》等节目就属于现场晚会型的综艺节目,而《综艺快报》《中国娱乐报道》等节目则属于栏目型的综艺节目。

第一部分　电视节目主持人与主持艺术综述

1. 节目主持人个性化

由于观众对文化艺术的理解和需求不同，也就使得综艺娱乐类节目表现形式呈现多元化的特点。如中央台的《综艺大观》就是集歌舞、相声、戏剧为一体的综艺节目。而同样根据不同观众需求和收视习惯设计的节目，例如戏曲类的《九州戏苑》、曲艺类的《周末喜相逢》、歌舞类的《同一首歌》等节目，都同时在电视台中播出并以丰富的形式满足人们的文化需求。由于节目形式的不同，综艺节目对主持人的要求也就不尽相同。尽管如此，节目样式各异的综艺节目主持人却有着许多共同之处，那就是主持的个性化、风格的自然化、表达的敏捷化。对于综艺节目主持人来说，要在舞台上展示的是一个真实的"我"，当然这也是其他类型节目对主持人的基本要求。主持人在节目中的角色均是"我"。综艺节目虽然形式多样，表现手法轻松，但它却要求主持人不能像演员一样带有表演的成分。综艺节目主持人是一个承上启下、串联节目的人，他要将丰富却又相对独立的各种节目串成一条线。正是有了主持人的有机串联才让晚会或节目显得完整。

当然综艺娱乐节目并不排斥个性化的主持，相反，我们需要在个性特点中体现节目特点、节目创作意图和主持人的无限魅力，甚至形成"节目即人，人即节目"的效果。有时观众会将某一栏目和某台晚会同某一主持人紧紧相连。许多成功的主持人，他们无一不是以自己独特的主持风格、个人魅力在屏幕上各领风骚的。所以在一定意义上很难有一个固定的标准来定义综艺娱乐类节目主持人。

2. 主持人既是节目主持者又是信息的传递者

从综艺娱乐类节目的特性来看，它是一种寓教于乐的传播方式，无论是益智类节目、娱乐类节目还是游戏类节目，除了能让观众得到轻松的享受以外，其中信息的传递还是满足观众求知欲的重要手段。而综艺娱乐类节目主持人在主持节目时，要做到既是节目的主持者又是信息的传递者。现在有很多专门报道娱乐新闻的节目，每天都会为观众报道大量的娱乐圈新近发生的新闻事件和人物专访，与其说这类节目是娱乐节目还不如说是用轻松的手段专门报道娱乐界的新闻节目。另外，现在很多的益智类综艺节目，也同样让观众在轻松愉快的氛围中获得了大量的知识和信息。综艺娱乐类节目的性质决定了主持人在传递信息时应该呈现出一种轻松自然的状态，使大众传播与人际传播有机结合与交融，因而其语言是亲切自然、口语化的，同时话里话外和体态语言都要充满活力和激情。

电视节目主持人风格与节目主持艺术

二、综艺娱乐类节目主持人应具备的业务能力

随着综艺娱乐类节目形态的多样化，节目主持人的作用已远远超越了"报幕式""司仪式"的简单串联作用，节目的参与性、开放性、互动性、动态性更把主持人推上了在现场"独当一面""控制驾驭"的关键地位。主持人与节目的关系密切了，主持人与观众的交流增多了、变活了，主持人对节目更要有整体的把握，总之，对综艺娱乐类节目主持人的能力要求越来越高了。

无论哪一类型的综艺娱乐类节目主持人，节目对他们都有一项共同的、不可忽略的要求——语言的表现力、感染力，既包括声音弹性的基本功、语言的组织能力，也包括非常态下机敏得体的控场能力以及能给人带来艺术美感的演播能力。

1. 良好的语言组织表达能力和较强的表达欲望

主持人是电视台或者某个节目的代言人，是通过语言传递信息和同观众交流的，所以主持人必须具备良好的语言表达能力。首先要想说，再者要会说。主持人的语言表述应该符合节目的需要，话语并不是越多越好，关键要讲到"点子"上。很多主持人将"耍嘴皮子"看成语言能力强的一种标志，这一点在许多综艺节目和访谈节目中表现得较为突出。实际上，从严格意义上说，主持人的表达应该是"言之有理，言之有物"，通过语言将看到的、经历的、心中的感受准确地表达出来，让观众听得清楚明了，从而实现有效传播。语言表达建立在两个基础之上，一是生成的语言表达方式和习惯，二是后天的积累和锻炼。虽然综艺节目主持人说话要求口语化，但是并不代表说话可以词不达意。

2. 良好的现场驾驭能力和组织能力

综艺娱乐类节目主持人在节目中的地位应是和节目内容协调的，主持人是否能很好地驾驭和完成晚会和节目的内容，能否将节目的主题和意义表达到位，都是节目成功与否的重要标准。节目的录制和直播过程中，节目主持人既是节目的中心又是一个现场导演，节目进行的节奏、现场气氛的调动、观众情绪的烘托在一定程度上掌握在主持人的手中。中央电视台的《幸运52》是一个很成功的节目，它的成功，一半功劳应该归属主持人李咏。在现场，他生动有趣的语言，把现场观众和选手的情绪发挥到了极致，根本不用现场导演再来烘托气氛。

同时，在节目的录制过程中，尤其直播过程中随时都会有一些意想不到的事件发生，主持人良好的驾驭能力还要体现在对一些突发事件机智和冷静的处

理上。一个主持人一定要具备"临危不惧"、沉着应对的能力,这种能力的具备无疑会在一定程度上降低节目的风险和损失,因此随机应变就成了综艺节目主持人应具备的又一素质。

3. 良好的倾听习惯和分寸感

主持人在串联节目的时候,交流的对象是观众。主持人在驾驭自己主持的节目的时候,除了要用恰当的语言表达节目的内容,把握现场气氛和节奏以外,还应具备的一种能力就是"倾听和交流"。主持人要有良好的分寸感,尊重观众、尊重嘉宾。现在电视综艺节目中有很多现场访谈、参与和交流性强的节目。主持人在和嘉宾或采访对象的平等交流中除了要让其说出观众想知道的内容外,一定要很好地倾听采访对象的说话,不能随意打断其谈话,也不能任其自由发挥,当其跑题时要自然地将话题转回到正题上来。所以主持人和人交流时就要很好地把握尺度。主持人说得过多,只去表现自己,这种本末倒置的主持实际上是失败的。

4. 充分展示个性魅力

个性魅力是人独有的,也是区别于其他人的明显标志。对于电视节目主持人来说,它也是观众认同和区别于其他节目主持人的标志。

当然,一个深受观众喜爱的主持人,他的个性魅力一定是建立在栏目特点和个人风格有机结合并相吻合的基础上的,两者的关系就像红花和绿叶,缺一不可。一个成功的栏目很难分清是栏目造就了主持人还是主持人影响了栏目的收视率。因此,主持人的风格在一定程度上和节目的定位是息息相关的。反之,一个策划成功的栏目用了一个与之不相符合的主持人,哪怕内容再好也难引起观众的注意和喜爱。

5. 把握综艺娱乐类节目主持人业务能力的特殊性

综艺晚会节目主持人的主要业务能力在于:以感情饱满的语言串联、临场的即兴发挥、现场情绪的调动和组织,来拓展节目的表达空间,连缀起节目之间、荧屏内外的感情互动,形成欢乐、喜庆、祥和、向上、融洽而和谐的气氛,完满顺畅地驾驭节目的进程。

文艺专题节目主持人应具备的业务能力有:熟悉所主持的文艺门类,有信息的储备和不俗的见解,有创新的构思、较好的编辑能力和演播能力。

益智类、娱乐类、表演竞技类节目主持的能力要求有:熟练准确地把握竞猜题目、游戏或竞技的程序、规则、答案,同时必须真情投入,平等地对待每一位参赛者,在欢乐中弘扬科学知识与人文精神,弘扬真、善、美。

6. 控场是综艺晚会节目主持技能的核心

（1）"常规控场"和"应变控场"。控场是综艺晚会节目主持艺术的核心，主要表现在"常规控场"和"应变控场"两个方面。

"常规控场"，指准确体现节目基调、风格，和谐流畅地串联起整台节目、整场晚会。

"应变控场"，指录制或直播过程中出现意想不到的情况，如设备或技术方面的故障、表演的失误、忘词的窘迫、节目时间不够或超长等，需要通过主持人临场随机应变，"力挽狂澜"，机智巧妙地圆场补台，让演员、观众的情绪一如既往，使节目柳暗花明，绝处逢生，得以顺利地进行。

（2）即兴发挥与应变控场的急智口语。即兴发挥，是"有备而来"的，但具体的词句需要主持人根据现场情况灵活机动地加以组织、发挥。其条件是：① 切合情境，烘托主题；② 掌握节奏，推波助澜；③ 活跃气氛，沟通舞台上下。例如，主持人倪萍在《综艺大观》节目中的即兴发挥，主持人叶惠贤在杭州元宵晚会上的即兴发挥，主持人程前在《综艺大观》的《请你参加》节目中的即兴发挥，主持人周群在安徽电视台"'朵而'女性新主持人大赛"晚会上的即兴发挥等。

应变控场的急智口语，是在现场意想不到的情况下主持人临场随机应变的急智控场口语，其条件是：① 文化底蕴刻苦积累；② 宏观着眼，微观入手；③ 镇定自若，机敏灵活。例如，上海东方电视台主持人袁鸣在海口主持海南狮子楼京剧团成立仪式中的"应变控场"的急智口语，主持人倪萍在《综艺大观》节目中"应变控场"的急智口语等。

三、从董卿看电视综艺娱乐类节目女主持人的素质魅力

近年来，国内各大电视台综艺娱乐类节目的迅猛发展造就了一大批综艺节目女主持人，她们在主持风格上各有千秋，但却普遍存在一个问题："娱乐有余，知性不足。"尽管业界认为，"知识修养，知性魅力"是综艺节目主持人的必备素质之一，但在实际中，这一点往往被忽略了，有的电视台负责人甚至认为女主持人只要长得漂亮、会唱、会演、会跳、会搞笑即可。而这正是导致综艺节目女主持人无法长期发展的瓶颈所在——过于肤浅。久而久之，易使观众产生审美疲劳。当人们感叹当今内地综艺节目美女主持人泛滥、智慧型女主持人稀缺时，当人们惋惜曹颖、倪萍等女主持人在事业巅峰期淡出央视当红综艺栏目时，一个清新得宛若春风的女子——董卿，带着她独特的知性魅力飘然而至。

1. 魅力的核心是个性

一个电视主持人必须要有魅力。那么主持人魅力的核心是什么呢？那就是个性。个性是决定人的特有行为与思想的概括化的心理活动系统。从人的外部表现来考察，个性是一个人特有的行为模式；从其内部机制来分析，人的个性是一个复杂的、整体的、相互作用的过程，这是一个综合的评价系统。蔡帼芬教授认为："电视主持人的个性魅力首先就来自于自身的健康个性。健康的个性是一种和谐发展的个性，是富有高度效能的具有创造性的个性，是体力与智力、知识与道德、性格与才能、理性与直觉、美的体验与美的表现等诸方面获得高度和谐发展的个性。"这种健康个性所散发出来的"魅力"，能形成一种吸引力，紧紧抓住观众的眼球。而董卿在主持第12届CCTV电视青年歌手大奖赛的过程中表现出的健康、善良、淡定、自信、睿智、机敏、温文尔雅，就形成了这样的"魅力"效应，让观众享受到了一顿集竞赛、娱乐、文化于一体且极具人文关怀的精神大餐，这个"魅力"的核心就是"知性魅力"。

2. 完善的知识结构是基础

如果把主持人的素质结构比成一座金字塔的话，那么"完善的知识结构"就是它的塔基。塔基如果不牢，就会有坍塌的危险。主持人若没有深厚的文化知识底蕴，就容易流于肤浅，其主持也就成为无源之水、无本之木。反之，就会如鱼得水、如虎添翼。在上述比赛中，董卿丰富的知识涵养为她的主持增色不少，为整个比赛添了彩。

示例：董卿采访第12届CCTV电视青年歌手大奖赛中一对辽宁的原生态选手。

董问：你们是开赛以来的第一对汉族的原生态选手，请问是来自辽宁的什么地方？

选手：我们来自丹东市。

董问：是来自北水南调工程的丹东市吗？

选手：是的，我们就住在九连城水库边，过了不多久，北京的市民就能喝上清亮的丹东水了。

董说：谢谢，不过在喝到清亮的丹东水之前，我们已经听到了你们清亮的歌声。好的，让我们一起来看看你们的得分情况。

寥寥数语，就已显示出董卿的知识修养。显然，她若是不注重平时的学习和积累，就不会有这么精彩的对话。而这正是她在主持中收放自如的重要内因。

3. 灵活的控场能力是决定因素

控场能力是综艺类节目主持人素质结构中的核心部分。在现场，控场能力直接决定着节目的精彩程度、节目风格的体现和主持人水平的发挥。即兴主持的无准备性，对主持人的控场能力提出了较高的要求。在第 12 届 CCTV 电视青年歌手大奖赛的团体决赛中每场都是直播。如何做到既不抢选手的风头，又让比赛生动有趣、有序、流畅地进行，对主持人是一个极大的考验。董卿就准确地把握好了这个分寸。她并未受制于大赛的程序化流程，她在主持"素质考核"环节时并不是简单地停留在"读题和解题"的层面上，而是充分调动自己的主观能动性，根据语境的变化灵活地设计谈话内容。

示例：在第 12 届 CCTV 电视青年歌手大奖赛中，一对来自阿坝地区的羌族兄弟选手演唱的《羌族酒歌——唱不起了》得分很高，但素质考核为零分。董卿为了缓解兄弟俩的尴尬，临时加入了一个小环节。

董说：就像这对来自深山的选手不了解外面的世界一样，我们对他们民族的文化也未必知道。我现场替他们给评委和观众们出一个题，请问佩戴在兄弟俩脖子上的这个银制的小壶是干什么用的？请回答。

评委们纷纷抢答，顿时，场上场下气氛十分热烈，十几秒后，无人答出，董卿考虑到整个比赛的进程，赶紧转场。

董说：刚才没有一位是答对的，请这对选手告诉我们正确答案。

选手：是进山打猎时用来装油和盐的。

现场报以热烈的掌声。传播学认为最佳的传播是双向的、互动性的。科班出身的董卿深谙此道，她大胆地运用综艺节目的一些方法，调动了现场的气氛，让选手、评委、观众融为一体，一改往届大赛严肃的风格，为大赛注入了活力，增加了可看性。

4. 良好的语言素养是主持人素质的结晶

电视节目主持人风格的形成与个人的性情、知识结构、判断能力、处事能力有很大的关系，而语言是风格的外在表现形式，也是主持人魅力构成中最重要和显性的一部分。

吴郁教授认为："主持人的语言格外重要，它是组织一台节目的脉络，是渲染气氛的兴奋剂，是控制节奏的润滑剂。综艺娱乐类主持人节目的主持词多为即兴口语，既要脱口而出又要机智得体，既通俗易懂又能够出奇出新，既幽默诙谐又不失品位，确实不易，它是主持人素质的结晶。主持人如若失之于语言的迟滞、木讷，或词不达意，或简单乏味，或张口结舌，或唐突无礼，都会破坏节目欢乐而紧张的气氛。"

第一部分　电视节目主持人与主持艺术综述

　　董卿的主持语言具有极强的感染力，她善于把握分寸，既能调动观众情绪，又没有"煽情"之嫌；她既能按照"既定方案"控制场面，又能视现场情况随机应变，熟练地把握了语言交流指向的变化与和谐。无论是素质考核的环节，还是对每位参赛选手的即兴访谈，她的语言样态都有相应的调节变化，而且转换自如，充分地展现了她的知性魅力。

　　（1）语言的创造力。语言的创造力是指主持人对情景别出心裁的认识、解说的能力，这是主持人思维能力的反映。主持人语言的创造性主要体现在临场发挥的能力上。主持人的语言具有多层次性的特点，而即兴口语表达是最高层次的表达，要求主持人在具体的语境中，用最短的时间，组织好确切的语言，把握好现场的节奏、气氛、进程。可以说，在第12届CCTV电视青年歌手大奖赛20场直播比赛中，董卿的绝大部分主持语言是即兴口语。

　　示例：由北京电视台选送的一位女选手在第12届CCTV电视青年歌手大奖赛演唱的过程中，演出服出现了一些问题。台上台下气氛异常。

　　董问：刚才在演唱的过程中，我们都看到了你的演出服出了一点小问题，这会影响你的发挥吗？

　　选手：刚开始的时候有，但是投入到歌曲的表演中后就忘记了。

　　董说：我刚才从作为一名观众的角度来看，你表现得非常镇静，这是一个优秀的歌唱演员所具备的素质。

　　选手：谢谢！

　　当问题突然出现时，董卿马上做出判断：既然事情发生了，避而不谈是不明智的，最好的办法是直接面对，并且想办法给选手找台阶下。可想而知，选手的这声"谢谢"是发自心底的。董卿的话语不多，但可充分看出她的机智。

　　（2）语言的辞采美。这是董卿主持语言的一大亮点，她的语言极具口语化，但又不失优雅。她将书面语体和口语体相互借鉴与融合，使语言的规范化与多样化有机结合，呈现出语言运用的交叉性。从以上几个例子都可看出，在即兴发挥中，她兼顾辞采美，将语言形式和语言内容完美地结合起来，她的语言功力由此可见一斑。

　　示例：在第12届CCTV电视青年歌手大奖赛中，一位优秀的藏族歌手在综合知识问答中听不懂普通话，没有得分，于是董卿说："其实他听不懂我们的话正如我们听不懂他唱的藏歌一样，但是他今天为我们带来的是中国海拔最高地区的歌声，歌声里他的感情我们听得懂，他唱出了打动人心灵的歌声！其实，此刻他听不懂我们在说什么，来到这座城市时他感到的是一种陌生，我们该给这样质朴的歌手更多的关怀，即使听不懂，但是歌声没有界限，情感没有界限，相信我们的关怀他一定听得懂！"

从这段话能看出她措辞的几个特点：

第一，句式的多样化。通过长短句相间，整句与散句的搭配，既酣畅地表达了情感，又使语言具有灵动感、跳跃感。

第二，多种辞格的糅合。这段话分别运用了顶真、反复、通感等修辞手法，不仅使语气连贯流畅，语意条理分明，而且有回环复沓之美。

董卿的话语，虽鲜见语气助词，但其口语化和亲切感丝毫未打折扣。可想而知，若没有一定的文学修养和语言修养，是无法形成这种即兴口语表达方式的。

5. 董卿提供的借鉴

董卿为什么有如此上佳的表现呢？中央电视台记者张敏对她独家采访后做出的总结是：热爱生活，热爱读书；热爱主持，不断进取；多才多艺，厚积薄发。

美国哥伦比亚广播公司制片人唐·休伊特说："如果把节目比作一盘好菜的话，主持人的魅力好比调料，节目内容则是主料。"显然，董卿的"调料"放得不错。董卿为电视综艺节目女主持人如何形成和保持魅力提供了借鉴，愿知性魅力之花，越开越灿烂。

四、综艺娱乐类节目主持人专业技能素质的修养

节目主持人应不断加强专业技能素质的修养，如提高语言的表现力、感染力，即兴发挥与应变控场的能力，这需要在平时的读书、写作等活动中多积累，多做专业学习和能力方面的训练，还要在实践中得到检验和提高。只有不断提高电视综艺娱乐类节目主持人的基本素质和业务能力，才能为胜任综艺娱乐类节目主持奠定坚实基础。

综艺娱乐类节目主持人容易出现的以下问题，应在实践中加以注意。

1. 注意外在特征而忽略个人特征和个性风格

这类现象现在表现得较为明显。电视台在选择综艺主持人时，大都要求形象端庄、气质大方，过于强调外在形式，所以出现了许多主持人风格雷同，缺乏个性，从而导致"大气有余，个性不足"。这一类节目主持人上台后相对较为拘谨，按部就班地再现台词内容，烘托现场气氛的能力不足，适应能力相对较弱。

2. 过于追求时尚和随意，缺乏文化内涵

这一类节目主持人大多出现在地方台的一些节目中。由于节目过于追求商业效益，因此很大程度上是在迎合部分观众的需要，所以对主持人的要求过于注重外形，喜欢使用一些外表打扮前卫新潮的俊男美女，导致节目花哨、轻浮，缺乏文化内涵。

3. 主持人模仿成风，缺乏个人风格

现在内地很多综艺节目的样式是参照港台的娱乐节目进行改进的，因此主持人观摩学习的对象自然就是在港台较有知名度的主持人。而内地一些主持人学习时，不分优劣一律照搬，就连最不应该出现的错误——语言问题也都出现了。港台地区普通话不够标准，而一些主持人却走进了这个误区，认为这样的表达更加时尚更能贴近观众，其实，在一定意义上他们是在误导观众。

综艺娱乐类节目主持人除了要努力提高自身修养，还要找准自己的定位，了解自己的优点和缺点，做到扬长避短。只有个人魅力得到充分展示，个人风格得到认定，让节目深入人心，这样的主持人才称得上是优秀的主持人。

第七节 电视社会教育与生活服务类节目主持人的专业技能素质

电视社会教育与生活服务类节目是以社会教育、生活服务为宗旨的各种电视节目，统称电视社教与生活服务类节目。电视社教与生活服务类节目的内容与对象的指向性非常强，节目形式丰富多彩。电视社教与生活服务类节目的基本社会功能是社会教育、生活服务，这类节目题材内容十分广泛，表现形式多种多样，既有传播信息的作用，又有提供生活服务和娱乐欣赏的作用。

一、电视社教与生活服务类节目的特点

（1）电视社教与生活服务类节目的内容十分广泛，包括：① 传播普及历史文化、科学技术、经济、法制、环保、道德等方面知识和某些专业技能的节目。② 提供经济、法律、医药、金融证券、股市分析、气象、交通、服饰、厨艺、住房、家庭装修、旅游、购物等多方面的服务的节目。③ 为了关心受众的身心健康和发展，还有专门联系电视台与观众的导视服务类节目。

（2）节目的传播对象覆盖面广。电视社教与生活服务类节目有针对不同性别、不同职业、不同年龄段、不同爱好的观众的需求设置的具体类型。

（3）电视社教与生活服务类节目通常分为教育性、对象性、生活服务性、教学性四类，也可以粗略分为对象和专题两大类。

（4）主持人在电视社教与生活服务类节目中的主持方式多种多样。有的在演播室进行，有的在外景主持；有的节目主持人以实地采访与主持构成节目主要的演播方式，如农村节目、旅游节目；有的采用谈话节目的形态或演播室访谈加短片的节目形态；有的栏目有观众参与，把知识、娱乐、竞赛融于一体，主持人既有演播室的串联调度，又有外拍部分的采访等多种主持形式。

二、电视社教和生活服务类节目主持人应具备的专业技能素质

1. 具备相应的专业知识

电视社教与生活服务类节目主持人必须熟悉并适应节目及对象的特定要求，即主持人知识结构中的"专业性"要求非常突出，如需具备法律、证券、医药、文学、社会学等学科的专业背景，并要求主持人掌握节目相应的主持方式。

以经济节目主持人为例，他们的专业知识不单指标准的发音、纯正的音色、适度的口形，更重要的是对本栏目内容的了解，成为相关知识的内行。做证券节目的，要知道股市，懂得行情；做农村节目的，要关注农民生活，把握农业走势，了解中国农业现代化、产业化、专业化的进程；做商务节目的要了解商家、厂家、科研单位的需求，了解商品的新卖点。经济类节目的主持人之所以应该具有起码的专业知识，还因为这部分观众大多数为业内人士，他们更看重的是专业态度，其对本专业的了解使得他们看节目时有极强的理性色彩，所以说，主持人在提供节目内容时，也应提供专业态度，这也是保证收视率的因素之一。

2. 具有人格魅力

节目主持人是节目构成的重要因素，主持人的人格魅力直接影响到节目的格调和趣味。一个受欢迎的栏目往往离不开一个受欢迎的节目主持人，一个深受欢迎的节目主持人往往代表着一个知名的节目。

比如，电视生活服务类节目不仅在内容上要深入生活，符合观众需求，更要注重节目的表现形式，以调动观众的收视兴趣。在节目的过程中，主持人力

求调动一切手段，把节目做得精良，做到"色、香、味"俱全，引人入胜。

首先，代表栏目特征的主持人着装要清新自然，语言要亲切舒缓、口语化，像聊家常一样，整体风格应该"软"，贴近百姓生活，以区别于严肃的新闻性节目，如中央电视台经济生活频道的《为您服务》。

电视生活服务类节目以其平民化的视角、贴近大众的选材、独特而准确的观点定位、鲜亮而具有时代特征及浓郁生活气息的内容，清新的包装和精良的制作，给异彩纷呈的电视屏幕更增添了几分色彩，也给电视观众增添了一份欣喜。这些都要求电视人、电视生活服务类节目主持人把符合时代要求的健康的生活方式，通过节目深入到现实生活的大海之中，潜移默化地提高人们的生活修养，使我们的社会更文明、科学、健康和丰富多彩。当年中央电视台《为您服务》的主持人沈力至今家喻户晓，就是因为她用真实的情感、精辟的见解、机智的谈吐以及独特的个性魅力，在观众的心目中树立了自己的形象，使人们提到"为您服务"就会想到沈力。

有人认为，电视节目主持人就是漂亮的脸蛋、高档的服饰、优美的形体动作、服饰化妆等，其实，主持人的个性魅力并不单指迷人的外表，而往往与栏目的特点相辅相成。中央电视台新闻评论节目主持人白岩松认为青春帅气不属于他，他渴望年老，他认为沧桑、稳重代表一个人的成熟。他在镜头前的表现与他主持的节目内容形成了和谐与统一。

3. 形成代表栏目的风格

对于电视节目主持人来说，外在形象的包装固然重要，但过分粉饰或张扬有时还会起到不该有的负面效果。只有注重主持人的特色包装，才能使不同风格的主持人在不同栏目中显现出来，才能使主持人以自己独特的风格吸引观众。

以中央电视台经济节目主持人为例，经济类节目主持人在一些"通行原则"上与文艺类节目主持人有共同之处，如对于节目总体的把握协调、身体语言的合理运用、语音语调与节目内容的贴切等。但两者的主持风格又迥然不同。文艺类节目的定位多与欢乐、喜庆、热闹等因素有关，因此主持人往往服装艳丽，感情丰富，语调抑扬顿挫，语言也多活泼、跳跃、幽默。而经济类节目主持人却需要成熟、理性及热情。不仅如此，根据观众的类别和收视心理的不同，经济类节目中非专业栏目与专业栏目的主持人也有所不同。像《生活》栏目，因为定位于普通百姓的日常生活，主持人的整体包装因节目定位和主持环境而生活化，服装鲜艳俏丽，表情亲切活泼，语调平缓舒畅，这一切都为普通观众所接受。而《商务电视》栏目则不同。这个栏目的专业特色使得它的主持人要以专业的"内行人"的视角去诠释节目内容，因此主持人的风格商味浓一些，服装也为深色职业套装,语言理性色彩多一些,语调快捷并带有节奏感,这些都与此栏目的观众多为经济界专业人士有关。

从总体上看,目前经济类栏目主持人已经大大区别于播音员,都能将新闻事实段落化,起到承接转合作用,并且进行归纳分析总结评述。从主持人风格看,各个栏目各有特色。这些特色与节目的定位有直接关系,如《经济半小时》主持人坦诚真挚、讲究条理;《生活》主持人自然随和,又不失活泼;《商务电视》主持人洒脱自信。这些,已使观众在收视习惯中对其形成了一种认同感。

第八节　少儿节目主持人的专业技能素质

纵观各台的少儿电视节目主持人,被大家熟知和喜爱的屈指可数。虽然像鞠萍姐姐和董浩叔叔一样深入人心的少儿节目主持人并不多,但也让我们欣喜地看到随着少儿主持人队伍的不断壮大,一些有潜质的少儿节目主持人慢慢显现出来,像中央电视台少儿频道的月亮姐姐、红果果、绿泡泡,深圳电视台的强子哥哥等,但是对于广大的小观众而言这还远远不够,他们还需要更多更优秀的少儿电视节目主持人伴随他们一起成长。要成为一名优秀的少儿节目主持人并不是一件容易的事。首先,由于少儿电视节目受众群体的特殊性,少儿节目主持人不但要具备电视节目主持人的基本素质,而且要具备一种能与儿童心灵沟通的本领,用心与孩子们交流,并用孩子们乐于接受和真正喜爱的方式去传播新思想、新知识、新观念等,这是这类节目主持人的特殊素质。主持人在主持少儿节目时只有真正理解童意、表达童真、启发童思、满足童趣,才会真正达到启发、教育和引导孩子们的目的,并且为孩子们所喜爱。

一、少儿节目主持人的语言表达

少儿节目主持人不同于其他类型的主持人,面对的是幼儿园小朋友和小学生,他们正处于一个知识积累的年龄段,对于一些语言的理解还不是特别到位,不能完全理解一些比较成人化的思想和比较书面化的语言。这就要求少儿节目主持人在进行节目主持的时候,对语言表达的方式进行改变,尽量用一些简单的词汇、一些单句和一些特别口头化的语言来表达我们的意思,并且语气语调变化力求形象、活泼、跳跃、直观。用少儿节目独特的主持语

第一部分　电视节目主持人与主持艺术综述

言为少年儿童创造一个亲切的语言环境,就是要做到这样一种与小观众对话的感觉:不是站起来同孩子讲话,而是要蹲下来,面带微笑、表情丰富地同孩子真诚地交流。在这方面,少儿节目主持人有得天独厚的优势。少儿节目主持人对孩子们行为的褒与贬,可以用主持人的惊讶、高兴、迟疑、兴奋等情感传递给小观众,从而使他们在节目中不知不觉地接受节目所要传达的知识内容和教育内容。

同时,少儿节目主持人的表情和肢体语言也应该比其他类型的电视节目主持人多,以此来吸引小朋友们对节目内容的关注,增加他们的兴趣,也便于他们理解节目所要表达的内容。例如,为了表现猴子捞月的故事,我们不仅要在语调、语气上表现猴子捞月亮时的心理变化,而且脸上的表情也要根据故事情节而变化。在表现猴子捞不到月亮着急奇怪的心理时,还可以用肢体语言来配合,这样更为形象生动,孩子们理解起来也就相对容易。但是肢体语言不能过多过于繁杂,否则适得其反。

二、少儿节目主持人与小朋友的沟通交流

少儿属于特殊的群体,对于知识的接受过程和话语的理解过程比较缓慢,因此在与他们沟通和交流方面要有足够的耐心和爱心。因为很多小朋友可能是第一次参加节目录制,多少会有些紧张,也不能长时间专注于节目的录制,在理解节目和把握表演尺度方面也不一定能很快就达到我们的要求,这就要求少儿节目主持人在调动他们积极性和表现欲方面要有足够的耐心,做好心理准备,不能急躁。在他们不专心或者表演不到位的时候,我们要给他们时间,引导他们重新投入,在语言中要多加鼓励,激发他们的潜能。另外,为了能尽快消除少儿在录制节目中的紧张感,使其更好地在舞台上表现,主持人在节目录制前要尽量多地跟他们进行接触,消除陌生感,让他们感觉到主持人并不是高高在上,而就是他们现实生活中的大哥哥、大姐姐,是能和他们一起玩、一起闹的一个伙伴。这样,在节目录制过程中,主持人与小朋友的配合就会很默契。

三、少儿节目主持人的角色定位

不同的电视节目有着不同的主持风格,由于少儿电视节目受众群体的特殊性,主持人角色的扮演也非常重要,像中央电视台少儿频道的月亮姐姐、红果

果、绿泡泡、深圳电视台的强子哥哥等都是非常成功的角色。因此塑造一个成功的角色，是赢得少儿栏目儿童心理的重要因素。

少儿节目主持人的角色可以根据电视栏目主题的内容以及主持人自身的素质进行定位，比如朋友型、师长型、可爱型。江苏少儿频道以小学生为主要受众人群而开设的《好朋友》栏目，就把主持人林子姐姐的角色定位为"同龄型"，主持人造型为可爱、聪慧的姐姐，主持风格以少儿娱乐性节目为主，强调幽默和机智；《动画天地》主持人月亮姐姐的角色定位为甜美、亲和的"姐姐型"。只有根据自身的特点选准定位，努力突出自己的个性，把自己的优点扩大成为特色，这样才能在众多的电视节目中脱颖而出，被观众认可，这样才能使我们的电视荧屏更加丰富，少儿节目更加多彩。

四、少儿节目主持人的童心、童趣

少儿节目主持人还要经常观察少儿的表现，了解他们的行为习惯和需要，以及他们在不同场合会表现出来的言行举止，这样才能在语言和行为上更接近儿童，更好地与他们进行沟通。在主持过程中，还要把自己的童心和童趣展现出来。虽然有些游戏在我们看来很简单，甚至有些幼稚，但是我们在与小朋友进行游戏的时候，要表现出我们对这个游戏的兴趣，并投入地和他们一起游戏，让他们更为轻松地投入到节目的录制过程中。

少儿节目主持人应辅之以生动的富有童趣的表情和手势动作，这样会使表述神形兼备，富有"磁性"。这些儿童化的态势语，运用得好，可以调动小观众们的思维，增强他们的想象力，也能启迪他们的智慧。

因为少儿节目主持人面对的是一些孩子，他们处在对外界好奇的年龄段，处在无忧无虑的童真时代。因此，少儿节目主持人要有火热的激情，保持欢愉的心态，注意适时变化节目内容，注入一些童趣因素，使节目在欢乐的气氛中进行。

五、少儿节目主持人的形象与塑造

少儿节目主持人在着装、造型方面也要有自己的考虑，一方面要贴近节目主题，体现节目特色，另一方面在颜色的选择上要色彩艳丽，以明快的红、黄、蓝等颜色为主，再搭配一些流行时尚的配饰。女主持人在发型的设计上也要尽量融入欢快的元素。例如，多扎一些漂亮的小卡子、发绳等，使整个主持人的精神面貌充满朝气，活泼漂亮。

第一部分　电视节目主持人与主持艺术综述

同时，在着装方面要尽量色彩鲜亮、休闲，避免职业装，如深受少年儿童喜爱的"鞠萍姐姐"和"董浩叔叔"穿的服装都是休闲类型的。

化妆时也尽量不要化浓妆，以清新淡雅为主。这方面，中央电视台的月亮姐姐、小鹿姐姐都做得非常好，总是能给人活泼开朗、阳光可爱的感觉。

有的时候根据节目需要，主持人还可以装扮成童话人物和各种动物，造型富有大胆的想象力，让孩子们沉浸在充满幻想色彩的儿童世界中。例如，中央电视台《大风车》栏目的主持人刘纯燕，她扮成"金龟子"的形象，活泼可爱，童趣十足，是我国第一位获得孩子们喜爱的儿童节目主持人。

增强节目主持人的魅力日益成为大众极为关注的焦点，也是主持人极力追求的方向。为了更好地驾驭电视节目主持工作，主持人必须加强修养，以具备良好的综合素质。

第九节　电视谈话类节目主持人的专业技能素质

电视谈话节目是由主持人邀集有关人士——嘉宾及受众——围绕公众普遍关注的重要问题，在轻松和谐、平等民主的氛围中展开讨论的群言式节目。电视谈话节目是富于人际传播特点的大众传播，具有很强的参与性，是典型的"人际传播"与"大众传播"巧妙结合的节目形态，是受众乐于接受并踊跃参与的言论平台。

谈话节目的要素是：谈话主题和谈话人员，包括主持人、嘉宾、观众；从内容角度讲，话题、嘉宾、主持人是谈话节目的三大核心要素。而是否能形成有质量的高水平的谈话场，可以说是检验谈话类节目优劣的重要标志。

追溯国内谈话类节目，《实话实说》虽不是最早的，但却最有代表性。1996年，央视新闻评论部推出《实话实说》一炮走红。随后，各式各样的谈话节目如雨后春笋般地涌现出来，并涌现出一大批类似崔永元的谈话类节目主持人和让人印象深刻的名牌节目。

电视谈话类节目自1996年《实话实说》开播以来，立即成为社会各个层面人士喜欢的一种节目样式，人们对主持人的要求越来越高。

媒体的发展给主持人提供了广阔的空间，主持人也越来越以自己独特的风格吸引着不同层面的观众。谈话类节目主持人要熟练驾驭谈话现场，使谈话顺利地进行下去，不偏离主题，不出现冷场，跳出普通的闲话层面，既要在热场时能体现出高潮和亮点，又要在看似寻常的话语中巧妙地体现栏目的观点，引导社会舆论，发挥导向作用。因此，谈话类节目主持人应不断提高专业技能素质，以胜任电视谈话类节目的主持工作。

电视节目主持人风格与节目主持艺术

一、电视谈话类节目主持人应具备的专业技能素质

1. 准确判断的能力

电视谈话类节目往往在选题上会选一些有争议的话题让大家参与讨论,各种不同的意见、倾向都在此汇合、交锋,这些意见有闪光点,有值得提倡的,也有一些比较偏激,有的甚至偏离了社会的道德取向,这就要求主持人具有深刻敏锐的思维判断能力,能够在短时间内判断出哪些观点值得宣扬,哪些应予以否定。主持人应对国家关于电视传播的总方针、政策有深入正确的认识和理解,对热点问题、节目所讨论的问题形成自己的思考。电视谈话节目不应是各种意见、看法的大卖场,而要通过讨论的形式对不同的观点、意见进行整理,最终形成一种对问题相对正确或者说处于主流地位的认识。

2. 独到的观察、发现能力

出色的电视谈话节目主持人必须具备独到的观察、发现能力,主持人在谈话现场要及时观察,发现问题。他要能够在既定的主题下,及时判断出什么样的话题可一带而过,什么样的话题应突出讨论;他要发现细节,关注细节。谈话节目中细节是导演安排不出来的,它是特定情况下人的特殊反应,但它却以其真实性、体现生活的原汁原味而有着巨大的感染力。主持人在现场通过对细节"大做文章"式的随机选择和引导,在掌声和笑声中留给人更多的思考和回味。这些都要求主持人必须具有观察发现能力,能够从谈话现场中寻找到更新的话题、捕捉到更多的细节。

3. 娴熟的语言驾驭能力

对语言的驾驭能力包括快速的语言组织能力、明确有效和清晰生动的口头语言表达能力。语言修养是一个人综合能力的反应,主持人的语言,特别是他们的即兴口语,可以说是洞察主持人心智的最好窗口。在电视节目竞争异常激烈的今天,电视谈话节目对主持人语言的要求已经不仅仅是表情达意、优美动听那么简单了。主持人的语言还必须要有个性,有吸引力。单纯从语言的运用方面说,《实话实说》的成功及主持人崔永元给了我们有益的启迪。崔永元坚持用自己习惯的方式说话,在他的节目里,很少能听到那些官话、套话,绝大多数都是我们习惯的民众话语。他的幽默已被认为是他语言的最大特点和最具吸引力的方面。作为电视谈话类节目的主持人,谁也无法保证在即兴状态下,次次都能出口成章、语惊四座,但至少每个人都应在适应谈话节目这种纪实性的传播方式和还原真实话语的制作追求中,在提高自身素质的基础上,努力形成适合自己、同时也能被观众所接受的语言风格。

崔永元曾说:"喜欢和颜悦色地争论问题,虽然相互观点完全可能是南辕北辙风马牛不相及,但最后那也得握手言和,相约下回再说。"他对那种"要么互相吹捧,要么互相攻击,而且一争论起来非得弄个你死我活"的谈话方式表示反感。在崔永元这种"和风细雨"式的主持风格之下,参与者表现得都很斯文,绝难看到对着嚷、对着骂的争辩场景。

除了嘉宾和主持人的因素之外,限制现场观众进行沟通的另一个因素是电视传播的特殊性。参与者的一言一行、一举一动都会通过电视这个威力巨大的传播载体辐射四方,顷刻间家喻户晓。所以说,在电视上露脸的人们,一般都比较谨慎,很注意分寸。

2000年1月30日的《实话实说》选取的是有关改善老师和家长不良交往行为的话题,崔永元让现场观众发言时,一位小学生说自己学习不好,以后要与老师多沟通,崔永元问了一句:"你说说,你们老师有什么缺点?"这位小学生有点急:"这里都是说老师好的,没有谁说缺点。"原本说"童言无忌",看来现在的孩子活得现实多了,也沉重多了,大人就更不用说了。所以崔永元对此也是会意一笑:"好,我就不为难你了。"主持人应适时组织驾驭语言,给现场观众舒服、自然、畅快的感觉,主持人还应适时转变话题,把观众引入正确的思维导向中来。

4. 敏锐迅捷的应变能力

应变能力是在经过学习、实践和有充分蓄积后具有的一种能力。电视谈话类节目中,应变能力主要体现在主持人对"谈话场"的控制中。在谈话进行中,难免会出现意料不到的事,如嘉宾说不到点上或游离主题,观众现场提问尖刻、观点偏激,或是嘉宾和现场观众因种种顾忌而保持沉默等,为了还自身和对方以真实的说话状态,使谈话能够兴趣盎然、真实生动、平实可信,就需要主持人在其中穿针引线、积极介入,如没有机敏的应变能力,其节目效果是不可想象的。

在辽宁电视台48小时直播节目《实话实说——我工作,我快乐》一期节目里,一位来自鞍山的家庭教师刚开始说话的口气有点冲,她说:"我是教师,现场的观众都应该是我的学生。"崔永元一看这架势,马上用平和的语气说:"您是教师,那您更比别人知道组织纪律性,我们先请××先生来谈谈下个世纪对职业的看法。"崔永元一下就把话题岔开,没让这位嘉宾多说话。当然这位嘉宾也十分聪明,马上意识到自己说话的口气有些不对,在下面的谈话中,也收敛了自己的态度。当然,谈话类节目遇到这类嘉宾也不是很多,但在演播现场,真遇到这类事,主持人就要凭借语言的组织驾驭能力去处理了。

5. 充分的自信心

一个主持人能否驾驭整个节目，使节目最终获得观众的认可，自信心将起到至关重要的作用。对此，主持人必须有充分的自信。主持人的自信，应是在对节目整体风格、基调的正确把握，对采、编、播意图的完美理解，与采、编、播人员充分协调统一的基础上建立起来的。只有充满自信，主持人才能在谈话现场以自己的热情感染观众、调动观众，完美地将编排意图展现给观众。

二、电视谈话类节目主持人专业技能素质的修养

电视谈话类节目主持人，应不断提高自己主持节目的专业技能素质，才能适应节目的要求。在这方面，一些著名的电视谈话类节目主持人是值得我们学习的。

提起《实话实说》，人们马上能想到崔永元的机智、幽默、风趣、平易近人、亲切；

看《朋友》，王刚的不温不火，对艺术的独特感悟，对人生的独特感情，在节目中表露无遗；

看《东方之子》，白岩松敏锐的洞察力、丰厚的知识积累都表达得淋漓尽致；

看《聊天》，倪萍的亲切、随和，充满个人感情的表达等，都能让人感到主持人作为节目的核心，以自己高超的语言风格，引导启发别人的思想，从而使节目具有独特魅力。

白岩松讲到有一次看美国《夜线》的样带，内容是评论美国促成巴以和谈这件事，节目开头的镜头是巴方负责人阿拉法特、以色列总理巴拉克和美国总统克林顿。节目开始主持人就来了一句话："克林顿想要政绩，阿拉法特想要土地，巴拉克想要和平，他们谁能得到他们想要的东西呢？今天的《夜线》关注这件事。"如此简单独特的语言风格，是我们主持人要学习的。

电视谈话类节目主持人在实践中应注意的问题主要有：

阅历不足，准备又不到家，难以与嘉宾处于同等的谈话层次；

对自己在谈话节目中的位置和作用认识有误，表现欲强、喧宾夺主；

把整个谈话过程完全按周密设计的方案走，结果使谈话呈现太多的表演色彩，从而背离了谈话节目的特质和初衷；

误听误解嘉宾或观众的话，不恰当地插话使对方尴尬，使受众厌烦不满。

谈话类节目主持人的修养还应注意以下几点：

有对生活、对生命的深切感悟；

有善解人意的心性和机智；

不张扬、不卖弄，同时注意保持平民化的格调品味；

能够与策划人、编导等制作人员默契地合作，积极汇聚集体的智慧；

有充分的自信；

善于和谈话参与者沟通并及时有效地协调各方关系；

主持风格是多样化的，平易随和也好，风趣幽默也好，"真诚"是最重要的。

总之，电视谈话类节目的主持人不同于其他节目的主持人，他们各方面的能力、素质都要比其他节目主持人更高、更强。只有具备多方面的素质，电视谈话类节目主持人才能风格独特，有自己鲜明的个性特点，让人一提到这个栏目，想到的就是"这个"主持人。只有做到这样，电视谈话类节目主持人才算走入了"佳境"，节目才能越做越好。

第二章 电视节目主持人的口语表达艺术

怎样才能成为一名广大受众欢迎的节目主持人，怎样才能具有优秀的口语表达能力？这是每一名电视节目主持人和有志从事电视节目主持工作的青年朋友们，以及培养节目主持人的教育工作者所共同关注的问题。

大家知道，语言是人类最重要的交际工具。在电视的传播媒介里，语言从来都是电视节目的重要组成部分。语言的传播形态总体分为两种：书面形态和口语形态。就口语而言，又有"由文字语言转化"和"即兴口语"之分。前者是指在电视节目中有稿件的播音或主持；后者是指在节目中出现意想不到的情况时主持人所作的临场应变的语言反映，以及主持人在节目常态下的即兴发挥。上海电视台叶惠贤等著名节目主持人在这方面有令人叹服的表现。

无论在什么类型的电视节目中，只要有主持人出现，主持人就得说话。在节目中，主持人是通过口语表达来传播信息、沟通受众、驾驭节目的。电视节目主持人通过口语来介绍、组织、评说、串联节目或者直接采访报道新闻事件和人物。总之，各类节目所传播的信息，主持人所要表述的观点和见解，主持人与受众思想感情的沟通和交流、调动受众的注意力和兴趣，主要是通过语言来进行的。主持人作为沟通节目与受众的中介，语言表现怎样，成为至关重要的因素。但是，由于主持人口语表达的能力与水准不同，可能发生语音不准、用词不当、语义不清，或说话不合情理，思维逻辑混乱，或口语缺乏文采，寡淡无味，或滥用土语方言等情况，口语质量和作用就难以保证。电视是现代社会最主要的传播媒介，在语言影响力上具有其他媒介不可替代的作用。广播电视节目主持人在口语方面对大众起着示范、引导、熏陶的作用。节目主持人的语言修养直接影响到大众的语言素质。而大众语言素质的提高，会促进社会文化的发展和繁荣，因此提高主持人的口语表达能力和水准应引起足够的重视。

第一部分　电视节目主持人与主持艺术综述

第一节　节目主持人口语表达的基本要求

语言是一门科学，它有着自己的基本理论和表达规律，这是每个语言工作者都不能忽视的。主持人通过语言传递信息、传播知识，与受众进行思想情感的交流。为了使这种传播、交流达到准确、方便和高效的目标，主持人的语言要做到规范化、标准化，这是对主持人的基本要求。

一、普通话应达到一级甲等水平

1955年10月26日《人民日报》发表了社论《为促进汉字改革、推广普通话，为实现汉语规范化而努力！》。文章指出："要使每一个说话的、写文章的人，特别是在语言使用上有示范作用的人，注意语言的纯洁与健康。"1981年，全国语言文字会议给普通话测试规定了三个等级。一级规定："语言标准，词汇、语法正确无误，语调自然，表达流畅。"国家语委、国家教委、广播电影电视部于1994年联合颁布了《关于开展普通话水平测试工作的决定》，规定播音员、主持人的普通话应达到一级水平。目前，随着电视事业的发展，国家要求电视节目播音员、主持人的普通话应达到一级甲等水平。

电视播音和节目主持是通过电子传播媒介进行的有声语言创作。从有声语言这一角度考察，它区别于生活语言、戏剧语言、曲艺语言等其他语言，具有明显的自身特点。具体地说，我国电视节目主持人的语言表达，不仅要语言规范，普通话标准，而且要声音圆润，悦耳动听，富有美感，能给受众心理上带来愉悦感。

主持节目，没有一定的语言功力是不能胜任的。就拿声音来说，主持人没有悦耳动听、标准的语音，节目的价值就要大受影响。好的声音不仅能准确地表达出主持人丰富的感情，而且会声声入耳、娓娓动听，吸引受众投入到节目中去。此外，标准化的语音也是传达内容的一个重要条件。英国广播公司的播音号称代表了最标准的英语，日本放送协会NHK也宣称它代表了最标准的日语。它们的播音以代表国家标准为荣，我们怎么能降低对语言的标准呢？电视节目主持人要树立起语言规范、标准的意识，苦练语言基本功，对全社会起积极的示范作用。

二、规范化、标准化的口语

推广普通话应视为电视传媒的一项重要职责。普通话水平测试达标，表明被测者只是达到了最基本、最起码的规范性要求。节目主持人的语言规范性，主要是指语音（声、韵、调）、词汇、语法、语流都要符合普通话的要求，遵从普通话的规范。

不管有没有文字依据，从主持人口中说出的话都应该是口语化的。所谓"口语"，当然要求朗朗上口，通俗流畅，说得清楚，听得明白。语言虽然平实，但要求有一定的文采。电视节目不能失去语言规范化这一基本要求。"说话"要说标准的普通话，这是主持人口语表达的一条基本准则。主持人符合标准的口语既要有书面语言的规范准确、逻辑性强、简洁精练、庄重文雅的特点，又要遵从口语通俗易懂、生动、亲切自然、声韵和谐、顺口入耳的要求。

值得注意的是，把节目主持人的语言规范性认作"呆板"的代名词，把规范性同艺术性对立起来，把规范性当成"不自然""不生活"的同义语，显然是一种需要加以纠正的偏见。

推广普通话，已是大势所趋，节目主持人的语言应该起到"表率"的作用。然而，这还并非"规范性"的全部内容，它还应包括思维的清晰、语感的准确、逻辑的严密、艺术的魅力。

播音员、主持人与受众进行的实际是相互沟通及平等的面对面的交流。因此，播音员、主持人的语言具有明显的对象感、交流感，而不是掷地无声、有去无返的感觉。受众是主持人的朋友，主持人是在和朋友交谈。尽管播音员、主持人的面前通常只有冷冰冰的话筒、镜头，但在主持人的心中、眼前始终要有交谈对象。

沈力作为资深的电视播音员和节目主持人，在镜头前有着多年的经验。她总结道："主持人与观众之间既然是朋友关系，朋友之间谈话总不能拿着稿子。稿子虽薄，但它却会在观众和主持人之间筑起一面墙。"写在稿子上的东西往往会失去生活中的鲜活，而节目主持人要想达到朋友间自然交谈的播出效果，也就不能再"照本宣科"了。所以说，口语化是主持人语言表述的第一特点，这就要求主持人必须使用通俗易懂的、规范标准的口语化语言。

在主持节目时，无论多么缜密的材料、用多么精彩的书面语写成的稿子，最终还需转化为易说、易听、易懂的口语来播出，采用仿佛谈话对象就在眼前的"说"的方式来播出，而不是念稿子。这里的"说"，不同于生活中不加选择的大白话，而是比生活中的语言更有条理、更合逻辑、更有深度、更为完美的艺术性表达。它比生活中的语言更精练、更贴切、更恰当、更准确，比生活中的语言更流畅、更生动、更形象、更完整。口语化的主持语言源于生活但高于生活，在播出中朴实亲切，自然流畅，生动上口，通俗易懂。这种说起来顺口、听起来悦耳的语言，能大大缩短主持人与受众之间的距离。

有一种错误说法认为主持人的语言"有些地方口音更亲切"。老舍先生是这样说的："从前写作，我爱用北京土话。我总认为土话有劲儿，近两三年来，我改了主张，少用土话，多用普通话。是不是减少了土话，语言就不那么有劲儿呢？不是的。语言的有力无力，决定于思想是否精辟，感情是否浓厚，字句的安排是否得当，而不是靠一些土话给打气撑腰。"老舍先生的话留给我们的启示很多。坚定不移地推广普通话，促进汉语规范化是主持人非常重要的责任。主持人的口语是对人们日常口头语言进行筛选、加工、提炼后的再制品。主持人对民间口头语言的选择使用，是一个净化、纯化的过程，即舍弃其中不规范、不纯洁的语言现象，努力使之更准确、顺畅、健康，达到良好的传播效果。社会要求主持人的语言成为本民族的典范。

电视口语是经过提炼的更高层次的口头语，规范化是它必须遵循的原则，艺术化是它必须追求的目标，因此，它更需要扎实的语言功力。通过分析口语表达的特点以及表达过程，我们会发现电视节目主持人的口语表达是一个系统，它有其自身的规律，即讲究文明与道德，注重质量与品味，强调艺术性与典范性。

第二节　节目主持人口语表达的语言特性

电视播音与节目主持语言具有自己的特点。这个特点既要求"以声传情，声情并茂"，又要求"声画和谐，形神兼备"。当然，不同类型的节目存在不同程度的口语表达差异。

一、庄重性

首先谈一下节目主持人口语表达的庄重性，这是指播音员（包括节目主持人）在使用有声语言表情达意的时候，必须保持端庄、郑重的气质和态度，在语流中充满庄重、可信的意味，"庄重而不呆板，活泼而不轻浮"。不能把庄重性理解为装腔作势、故作深沉、不苟言笑、虚与委蛇。但是，庄重性可以"寓庄于谐"，可以"谈笑风生"。而这，同玩世不恭、插科打诨、哗众取宠是完全不同的。

庄重性的表现是"善言"而不"轻言"，就是说开口说话之前要慎重，说话过程中要稳重，尽量不要"失言"，尽力使受众接受、相信、愉悦。因此，对"庄重性"的否定，必然导致"语无伦次""油腔滑调"。

用什么态度，说什么话，怎么去说，直接关系到听话人的信任程度和接受程度。语言的庄重性正是从广播电视传播的角度考虑到传播功能与传播效果提出来的。庄重性，并不对表达方式、语体风格加以限制，它只在下限上对俗言媚语、低级趣味予以摒弃。

二、艺术性

节目主持人的口语表达要讲究艺术性,不是灌输和说教,也不是越生活越好,主持人的口语要有发声技巧、语言技巧,应该具有吸引人的魅力,给人以美感。这样才能提高节目的收听率和收视率。而节目主持人的口语表达艺术,就是用大众都能接受的通俗语言表达深刻的内容。作为这种口头文化的直接表现者,主持人的语言艺术就显得尤为重要。古人说"语不惊人死不休",是说做诗、写文章要炼字句才能写出传世文章。其实,主持人的口语表达同样需要精于修辞,锤炼字句,给人以美感和艺术享受。

那么,什么样的声音才是美的?从美的普遍性这一角度来看,人们对节目主持人的音色会有一个共识。一般来说,无论男主持人还是女主持人,人们普遍喜欢其声音明亮而松弛,不喜欢其声音暗哑而紧张。

主持人在主持节目时,他们与受众的沟通程度最后是由受众的听觉来决定的。如节目主持人词语不响亮,声调不动人,受众就不喜欢听。因此,节目主持人不仅要考虑叙事立论、传情达意、准确生动,还要考虑每个词语清晰响亮、明朗生动。节目主持人语言转瞬即逝,如果节目主持人语言不清晰、响亮、悦耳,就会给受众造成耳边风一刮而过的状况,受众什么也听不清,听不明白。

有声语言是一种线状的结构,它的行进,犹如河水的流动,因此我们把有声语言的运动状态叫做"语流"。河水的流动有起伏跌宕,或"浊浪排空",或"波澜不惊";语言的"流动"应有停有连,有轻重缓急,有抑扬顿挫,或"慷慨陈词",或"慢条斯理"。语言的这种"潮起潮落"造成听觉上的"曲线美"和音律感,这是汉语的本质特征之一,也是人们的语言审美需要。毫无疑问,主持人的口语表达应当追求语流的丰富变化,达到"曲线美"的要求。

主持人要处理好语气、重音、停连、节奏,使语言有变化、有起伏、有感染力。

语气——由具体的思想感情支配的具体的声音形式。

重音——表达中着重强调的词或词组。

停连——语言的停顿与连接。

节奏——表达者整体思想感情运动状态的外部呈现。

这些都要由比较好的气息条件和声音状态来保证。下面这四句话三十二个字是主持人有声语言表达的基本要求——基调准确,层次分明;吐字清晰,发声明亮;抑扬有度,顿挫流畅;一气呵成,轻松自如。

著名语言学家吕叔湘先生说:"语言修养自然包括说话和写文章。拿这两件事情来比较,说话尤其不容易,一则应时触发,没有从容润色的时间,二来呢,不但要照顾说话的内容,还要照顾说话的声音和姿态。把说话称为一种艺术,一点不过分。"主持人与受众交流的主要手段是"说话"。因此,吕叔湘先生关于"把说话称为一种艺术,一点不过分"的论断,既为解决上述问题提出了办法,更为主持人口语表达的修养指明了方向。这就是,主持人不应把主持节目时的"说话"看作平常事,而应视为一种艺术去执着地追求。只有从"说话"的内容、声音和姿态三方面加强修养,才能不断提高主持人的"说话"艺术水平。

三、富有表现力和感染力

一个电视节目的基调是由节目的性质、内容等诸多因素构成的。它是节目各部分的思想感情的总和,体现着节目思想感染力的整体。节目主持人贵在运用语言确定节目基调,渲染主题,准确地表现出节目"思想感情的总和"。

语流曲线的真正源泉和动力是什么?是积极的思维活动。语言是思维的表现,语言的词、句、段等结构成分的组合都严格地服从思维逻辑的支配和调遣,每一个语言成分在一定的语言环境里都有一个适当的"位置",并担负着一定的"使命"。口语表达中的轻重、停连、强弱、高低等语音手段的运用,是根据语言成分在表达中所起的不同作用而合理支配的,表达者的思维越积极,语言成分越活跃,语流的动势也越鲜明,波形曲线就越优美。

同时,还可以运用丰富多彩的语音、调式、语气、节奏和表情、姿态、手势这些口语表达的特有手段表情达意。有些主持人不论主持什么类型的节目都是一个味儿。节目类型不同,其基调自然大相径庭,有庄重严肃的,有亲切热情的,有轻松活泼的,也有风趣幽默的。主持人只有深入了解节目宗旨,熟悉节目内容,方能准确运用语言、把握节目基调,做到形神兼备,让人一听就懂,且心有所感。主持人缺乏文采、寡淡无味的"大白话",欠缺锤炼的语言,且主观上忽略语言的艺术魅力,就会导致主持人口语的艺术感染力不强,主持人的形象就会大打折扣。

四、正确运用情感及情感的变化

节目主持人既要学会通过即兴即景抒发真情实感,表达节目基调,又要善于运用语调变化的情感外部表现手段,使受众感知节目基调和主要精神。主持人的情感是指主持人在主持节目过程中自觉流露出的一种真情实感,它是主持人自身情感经过理智思考而提炼、加工、升华的一种理智情感,一种交流情感。其贵在亲切自然,它是一门学问,是一门艺术。

语言的亲切感不仅是一种语言传输心态,而且是一种比较稳定的平等交流心态。这是语言传播的心理基础,我们的目的是创造一种良好的接受心理环境和氛围,使听众、观众敞开心扉,了解语言内容,达到信息共享。在播音与节目主持的语言中充满了尊重、体贴、通达、友善,既不高高在上、颐指气使,又不唯唯诺诺、乞求怜悯。语言傲慢、语气生硬,或缺乏礼貌、出言不逊,或低声下气、吞吞吐吐,或胡乱吹捧、邀宠取媚等,实在令人不忍卒听。电视上的"笑眯眯""甜腻腻",更会使观众不敢恭维。如果一味追求"亲切",而忽略了内容的准确表达,受众确实感到"亲切"了,但并没有注意内容,或因之而忘却了语言内容,这就无异于"舍本逐末"了,这时的"亲切"还有什么存在的价值呢?

怎样才能做到亲切自然的语言交流呢?除了要熟悉谈话对象外,还要解决说什么和怎样说的问题。节目主持人应该在口语表达技巧方面不断增强交流感和亲切感,做到亲切自然地与受众朋友交谈。这里有六条经验可资借鉴:

(1)在播音和主持节目时,如同在一个气氛和谐的家里,和朋友进行亲切地交谈。

(2)对所谈事物要发生兴趣,有一种强烈的想与受众交流的欲望。

(3)交流时语调要轻松、活泼、自然流畅,不使对方紧张、费力。

(4)在话筒前与听众交谈,使对方感到你是一个有礼貌、有教养的人,感到对他的关心、体贴。

(5)讲解政策性、说理性的内容时,用商量性的口吻,探讨的口气,循循善诱,以理服人,以情感人,尊重朋友。

(6)语气、声调不能造作、虚假,要落落大方、实实在在。

总之,节目主持人的口语表达技巧要在对象感和交流感上下工夫,只有通过亲切自然的交谈,才能与对方交流真情实感。

浓郁的交流味是电视节目主持人语言表达的显著特点,主持人竭力要达到的是屏上屏下的双向交流,而绝不仅仅是"我说你听"的低级传播效果,所以,每一个节目主持人都会努力调动自己和观众,以期形成最接近于生活的"面对面"交流。这种交流让观众更真切地感知主持人,体会主持人的亲切与平等,不知不觉"渐入佳境"。

主持人在其节目中要处处流露出坦率和真诚,要有明显的情感化色彩,要以"情"为先导,与受众进行面对面的、直接的、平等的、心灵的沟通与交流。坦率和善、真诚质朴的情感化语言是缩短与受众心理距离的最佳途径。主持人要始终用一颗真诚坦荡的心对待每一个受众,诚于中必形于外,慧于中必秀于形。

第三节　节目主持人口语表达的文化底蕴和机智性

一、节目主持人口语表达的文化底蕴

节目主持人是文化传播者，主持人的口语应该是职业的文化语言，是主持人向受众传递信息、传播文化、交流思想的重要手段。这就要求节目主持人的口语表达能体现深厚的文化底蕴，受众在获得信息的同时引起美的想象，得到文化的陶冶。

深厚而丰富的文化内涵、高层次的文化品位，是高水平节目主持人口语表达的基本特征。它首先表现在词语的选择上。选择文化品位较高、内涵较丰富的词语对于提高口语文化品位相当重要。在口语表达中恰当地嵌入一些书面语、宣传语，援引一些成语典故、诗词名句，会使语言显得文雅。有品位的词语的使用反映了主持人的知识修养和文化品位，知识积累越多，文化内涵就越丰富，语言的品位就越高。主持人的口语表达折射主持人的文化底蕴和魅力。一位作家说，语言是洞察人类心智的最好窗口。是的，语言不仅仅是主持人节目内容的载体，它同时还是主持人文化底蕴和品位的体现。

电视节目主持人曹可凡在《诗与画》节目中讲解清朝画家虚谷的《松鼠图》时是这样说的："在葡萄架下，一只清新自如，惹人喜爱的小松鼠正跳跃其间，机敏的双目，灵巧的四足以及毛茸茸的身体，虚谷那只神奇的笔将小松鼠轻盈灵巧的神态表现得活灵活现，配上周围葡萄叶的滋润，愈发显得活泼可爱。"这段话把画纸上的小松鼠描绘得惟妙惟肖，呼之欲出，充分显示了主持人口语表达的文化艺术修养。

语言的文化品位还体现在语句的编排上。语言组合的不同与转换、不同修辞方法的运用等都是语句编排的重要手段，决定着语言是否简洁，是否流畅，是否恰当，是否生动有趣，显示着语言的文体色彩以及语言的风格，这些恰恰都是语言文化内涵的重要组成部分。

例如，主持人叶惠贤曾在《欢乐元宵》电视晚会上向观众介绍"江南笑星"王汝刚时是这样说的："我给大家介绍一下，这位就是王汝刚，平头圆脸，模样可爱；扮演人物，多姿多彩；机智俏皮，妙语不断；看他表演，不笑才怪。"主持人以一连串整齐而押韵的四字结构概括了这位笑星的特点，调动了观众的情绪，显示出其思维的敏捷与语言的生动、风趣。

二、节目主持人应对得体的机智口语

主持人在节目中经常会遇到事先没有预想到的情况,在完全没有准备的情况下,只有思想清醒、判断准确、思维敏捷、反映灵活才可能做到应对得体,出口成章。

书面语言表达可以从容思考,反复琢磨,想好了再说。而即兴口语表达则没有这样的条件,它受语言环境的严格限制,在与特定听众对象的现场交流中,不断产生新的想法、新的话题。为此要不断调整思路,组织语言。

书面语言表达可以字斟句酌,可以在演练时进行修改。即兴口语表达张嘴就是一串语词,一言既出驷马难追,说出去的话就收不回来了。

书面语言表达要求语法规范、逻辑严密、语词庄重。虽然即兴口语表达也应遵循以上原则,但相对而言,使用口语时离不开特定的对象,也就是在什么场合对什么人说都是具体的。由于即兴口语对语境的依赖性强,交流速度快,环境提供的信息量大,听众对象又常常就在眼前,因此句式多变化,多采用短句、自然句、省略句,结构比较松散,语词生活化,上口入耳通俗易懂,语气变化多,停顿多。

在情急的应对中,我们有的主持人思维比较混乱,慌不择言。有的时候甚至信口开河,讲出一些不得体的话。即兴的应对要快,更要得体,如果只单纯强调快,但是讲出话来很不得体,或者是得体了而反应又比较慢,这两种情况都是不行的。只有切合意境,反应得又快又得体的即兴应对,才完全可以称得上是机智口语。

在节目进行当中,场上的指挥员就是主持人。当节目需要控制时间的时候,主持人的语句可长可短,随机掌握;当节目出现始料未及的情况时,要由主持人机智处置,及时补救,优秀的节目主持人甚至能够在随机应变中为节目增添光彩。急中生智的思维方向,有相似联想、相反联想、相关联想,可以沿时间前后顺序联想,可以依事物的性质展开联想等。在很短暂的时间里,头脑中的联想是从主持人逻辑思维能力和记忆库中涌现出来的。而这里的能力和库存就是主持人的知识、阅历和修养。

比如人们所喜爱的节目主持人杨澜,她在广州主持的一次文艺晚会上,因为中途谢幕退场的时候,不小心踩空了台阶,滚到台下。这时候台下的观众哗然,只见杨澜一跃而起,面带笑容镇定地对观众说:"真是人有失足,马有失蹄,我刚才的狮子滚绣球滚得不够熟练吧。看来这次演出的台阶还不那么好下呢。但是台上的节目会很精彩,不信,大家瞧她们。"话音刚落,全场爆发出热烈的掌声。这样的应对确实是非常机智的,这跟她本人平时各方面的修养是分不开的。

第一部分 电视节目主持人与主持艺术综述

再如，1996年云南丽江地震后，《综艺大观》在昆明做了一期节目。其中有一段要向大家介绍震后出生的第一个孩子，他曾收到南京一位不愿意透露姓名的好心人捐助的一万元，原串联台本的设计是："震生，你是丽江震后最幸福的一个婴儿，你要感谢帮助你的人，感谢有了他们的帮助你才能健康成长。"彩排时倪萍抱着只有7个月的婴儿，看到孩子好奇地张望镜头的样子，她灵机一动，有感而发："来，震生，阿姨抱抱，咱们把脸转过来，让坐在电视机前的爷爷奶奶叔叔阿姨看看，瞧……得到你捐助的小震生长得多好，多健康。"这时孩子突然大声地"啊"了一声。全场热烈鼓掌。倪萍高兴地搂紧孩子说："来，给捐助你的亲人们鞠个躬，告诉他们我会使劲长，将来好报答他们。"孩子似乎有些听懂了，又神奇地"啊"了一声，现场许多观众都流下了眼泪。显然倪萍的即兴发挥比原来的设计更自然更亲切。这个即兴发挥源于倪萍对主题的把握，更得益于她对现场细致的观察和灵敏的感受，当然，这也和她平日里与老百姓的感情与生活积累有关。

又如叶惠贤在上海电视台《五月的风采》电视晚会上介绍一位劳模纺织女工时，突然想起晚会前有人提及此女劳模只顾工作，个人事情尽抛脑后，搞对象几次告吹，于是一段顺口溜随口而出："姑娘今年二十八，一心工作搞四化，所以至今未成家，希望大家关心她。"晚会播出后，来自全国各地的情书像雪片一般飞进姑娘的怀抱。叶惠贤用顺口溜方式即兴介绍一位女劳模，小句之间音节数量整齐划一，节奏均匀流畅，增强了抒情色彩和感人力量，显示出了主持人对劳模的关爱之情和主持人的文化艺术修养。

总之，主持人现场的即兴发挥不是插科打诨耍贫嘴，要用的是地方、恰到火候，不可滥用，不应牵强，在富有变化的节目语境中，要能够机敏快捷地作出恰好得体的应变性表达，要能够出语迅捷，出口成趣，要能够巧语解困，妙语服人。这种机智口语能力的形成，与主持人平时的知识积累、文化素养和语言材料在头脑中的储备有密切联系，深厚的文化底蕴是口语表达机智性的基础。

第四节 节目主持人的口语表达要具有个性风格

电视节目主持人说的都是普通话，但是具有不同的个性特点，可能是受性格的支配，也可能是由于边说边想的习惯影响。每个人的语言具有生动的个性。主持人没有独特个性风格的语言，就在很大程度上失去了主持人的语言魅力。当前，很多主持人都在相互模仿，千人一型，这不能不说是一种遗憾。每个人都有自己的语言习惯,都有自己熟悉和常说的一套词汇和常用的多组语句。有人长句说得好,有人短句来得快,有人善用排比,有人比喻巧妙,有人讲得通俗易懂,有人说得更具文学色彩……如果不是只按照别人写的稿子照本宣科的话,那就应该有自己遣词造句的特征,有自己的语言修辞风格。这是一名优秀主持人的标志,也是新走进电视主持人队伍的努力方向。同时这也是一名主持人个性风采、自身特征的重要组成部分。

个别突出于一般之外。我们在强调主持人语言艺术共性时,更强调主持人语言的艺术个性。一个人能够说出的话未必另一个人也能说得出,这就形成了语言表述中的多种风格,每种风格都代表着一种个性,这种个性特征正是区别于他人的根本标识。

语言艺术风格独具一格,乃是一位语言艺术家成熟的标志。节目主持人的口语表达风格是节目主持人在主持节目过程中,具有个性化的语言特征在表达内容和形式上的直接体现。对于著名节目主持人,观众只闻其声便知其名。不仅仅在声音特征上一听即可分辨,其各自的语言表述也是各有特点的,他们的语言犹如一面旗帜。像中央电视台赵忠祥自然、亲切、庄重、平实的风格,中央人民广播电台方明潇洒、自如、真挚、流畅的风格都赢得了海内外观众的普遍好评。还有一些主持人形成了自己独到的语言风格,有的粗犷豪放,有的清丽委婉,有的含蓄深沉,有的泼辣俏皮,有的简洁明快,有的雄辩滔滔,有的直言快语,有的细语漫谈,有的幽默风趣,有的热情爽朗等不一而足,为人们所认可。作为一名广播电视节目主持人应该不断探索,不断创新,充分发挥自己的特长。

"不许问一句话,也许就逼出了10句更精彩、更有针对性、更有个性色彩的问话。"正是这种勤于思索的精神,使主持人敬一丹在主持节目时能把话说到人的心坎里去,形成了她独有的语言艺术风格。当然,语言风格的创造并不是自己闭门造车,硬造出只有自己能懂的一套语言,而是用普通的话,经过千锤百炼,使语言得到新的生命,产生出具有个性色彩的新光芒。这时节目主持人的个性魅力便随之产生。

个性化特点突出体现在节目主持人的语言表达上。不同的主持人,由于栏目不同、自身修养不同、阅历不同、音质不同、语言习惯不同等,形成了各自不同的语言风格。有这种说法:"风格是在思想和形式密切融汇中按上自己的个性和精神独特性的印记。"这是很有道理的。节目主持人风格独特的个性化语言是构成节目一道亮丽风景线的重要因素,尤其对于优秀的电视节目主持人,有很多受众是被主持人极具个性的语言所吸引的。对于电视节目主持人来说,失去个性便意味着失去魅力。具有独特的语言个性风格,才会有主持人的语言魅力。

第一部分　电视节目主持人与主持艺术综述

我们欣喜地看到,在电视节目中,一批新的主持人正带着自己的语言风格走来。他们的成功,给了我们重要的启示。创造自己独特的语言个性风格,是每个主持人塑造自我语言形象的重要任务。

第五节　提高节目主持人口语表达能力的有效途径

提高节目主持人口语表达能力的几条有效途径分别是:

一、勤于学习,增加知识积累

主持人在主持节目过程中可能会谈到某一部文学作品、某一种艺术样式,也可能谈到天文地理、史料传记、宗教信仰、风土人情、名人轶事等,如果节目主持人不了解这些,或者了解甚少,是无法很好地运用语言与受众交流的。

节目主持人需要的知识是多方面的,这就要求主持人多读、多看、多听、多记。主持人应该广泛阅读各类书籍,从知识的海洋中汲取养料。有这些养料,才能使主持人主持节目时的语言丰富生动、左右逢源。

二、丰富生活阅历,增强人生体验

"读万卷书,行万里路。"读书与行路是人们获取知识、能力、人生体验的重要途径,两者不可分割,缺其一必有失偏颇。节目主持人口语表达不仅需要运用书本知识,还要将自己的人生体验渗透其中。生活是丰富多彩的,主持人的兴趣也应该是广泛的。热爱生活,热爱生命,是节目主持人与受众交流沟通的心桥。丰富的生活阅历是节目主持人的重要财富,是知识构成的一个不可或缺的组成部分,是增加节目主持人口语表达的真实感、可信度的重要因素。

三、向群众学习口语,丰富口语表达的表现手段

节目主持人的语气、语调乃至表情达意都附载在语言词汇上,所以节目主持人应该经常深入群众,向群众学习口语,多掌握一些大众话的口语词汇。我国台湾主持人凌峰每周自己掏钱请各行业人物一同吃饭,目的是听他们讲话,

与他们对话，丰富自己的语言词汇。只有长期深入群众，深入生活，节目主持人的话筒才会有源源不断的活水。

提高节目主持人的口语表达能力，总体上说就是要提高其语感，增强其语言表现力，追求美的语音形象，形成独具魅力的语言风格。即兴口语表达是一道成功的阶梯，只有具备了丰厚的艺术功底和文化素养的节目主持人才能攀登上去，达到光辉的顶点。

电视节目主持人在节目中的口语表达从各个角度展示其思想道德、知识功底、能力和个性等方面的特征。受众是通过语言来了解节目主持人的思想、观念、情感、态度、修养以至情趣、人品等深层次的内涵的。值得注意的是，优秀的节目主持人总是能以他们饱满的热情、平易近人的态度、厚积薄发的功底和深入浅出的技巧，或侃侃而谈，或娓娓道来，或画龙点睛略加评点，或连缀穿插自如得体，或灵敏反应机智贴切，语流畅达颇具风采，使受众在思想文化等方面受益的同时也体味到语言美的魅力。这样的主持人自然能够得到受众的认可、喜爱、敬佩和信赖。

一个优秀的电视节目主持人不仅要会说，还要能够说出精彩的内容来。他的语言应该是内容和形式的完美结合。光靠一个漂亮的脸蛋和一张伶牙俐齿的嘴，可以愉悦受众一时的耳目，但是说话的内容却很难给人留下深刻的印象，也是注定不会有长久生命力的。美国三大电视网《晚间新闻》主持人 SBS 的丹·拉瑟、NBC 的汤姆·布鲁考、ABC 的彼得·鲁宁斯都已六七十岁了，仍然担负着新闻主持的工作，这肯定不是因为在美国找不到比他们更年轻漂亮和伶牙俐齿的人吧？这的确应引起我们的深思。

主持人口语表达的能力直接影响到节目的格调和趣味，一个受欢迎的栏目往往离不开一个受欢迎的主持人。中央电视台李瑞英、倪萍等一些知名主持人，就是用标准规范的口语，真实的情感，精辟的见解，机智的谈吐以及独特的个性魅力在观众的心目中树立了优秀节目主持人的成功形象。

以上，对电视节目主持人在节目中的口语表达及其重要性，主持人口语表达的基本要求、艺术性、文化底蕴和机智性、个性风格以及提高主持人口语表达能力的有效途径进行了论述。电视节目主持人只有充分解放思想，勇于创新，加强自身的文化修养、道德修养和口语表达的艺术修养，提高自己的综合素质，丰富自己的阅历和经验，才能不断提高口语表达的能力与水准，创作出更多优秀的广播电视节目，成为一名优秀的电视节目主持人。

第一部分 电视节目主持人与主持艺术综述

第三章 电视节目主持人的体态语运用艺术

一个电视节目主持人之所以成功,是因为在屏幕上的形象具有很强的感染力。节目主持人要想准确生动地表情达意,仅仅依靠有声语言是不够的,还必须借助于面部表情、肢体动作、身体姿势等体态语言。

电视是声画兼备的传播媒介,当电视播音员、主持人以有声语言在屏幕上传情达意时,其生动鲜活的形象同时跃然于画面上,体态问题也就接踵而来。播音员、主持人的一颦一笑、举手投足、眼波流转、神色变化都反映着内心活动,都能传递信息。作为电视节目主持人必须了解体态语、掌握体态语,才能达到最好的美学表达。一个成功的电视节目主持人不仅需要观众理解他的有声语言,更精彩的是要让观众体味他辅助性的无声语言,让观众能在不同的场合下正确理解这种传递信息、交流思想感情的非语言信号,使观众从他的形体语言中领悟到一些无法言传的微妙情感,体态语在增强电视节目传播效果上显得十分重要。

体态语作为人的无声语言,直接参与视觉形象的塑造,传达着人的思想、个性、文化修养、艺术品位,帮助我们进行信息的交流。一个主持人的成功与否与其体态语言学艺术修养的高低紧密关联。每个电视节目主持人都要学会正确而有效地利用体态语,使其准确、优美、富于表现力,从而塑造自己的优秀形象。

第一节 体态语的含义及其作用

一、体态语的含义

人们的社会交流离不开语言和行为,人体直接的行为实际上也是一种语言,称为行为语言、形体语言,简称体态语。体态语是一种动态的非语言符号,是人们在长期的交际中形成的一种约定俗成的,由人的面部表情、身体姿势、肢体动作和体位变化而构成的一个图像符号系统。从本质上看,体态语是一种信息载体,每一种图像符号都寄寓着一定的信息内容。

体态语是有表情和表意功能的,是一种无声的语言,体态语基本上伴随有声语言使用,是辅助性的交流工具。它以表达情感信息为主,也表达一定的理性信息。它可以加强、补充、丰富、修正有声语言的表达,并使语言信息具体化,有时甚至可以单独表意,替代有声语言传递微妙的信息。体态语,是人们内心情绪在身体动作上的反映。人们的思想、态度和愿望等,不管你是否有意掩饰,都会在自己的举止神态上得到表达,体现了一个人的文明教养、性格品质和精神面貌。体态语以其视觉可感性区别于有声语言符号,又以其自然性、民族性和社会性区别于聋哑手语、交警手势等统一规定的体态符号,也因其具有的信息功能和交际功能而不同于人的生理行为。体态语是情感、态度的表达手段和表现形式,也是传递信息、形象思维的工具之一。心理学研究结果表明,从人们获取信息的渠道来看,有的信息是通过听觉获得的,有的则通过视觉获得。心理学家赫拉别恩提出过这样一个公式:

$$信息传播总效果 = 语言 + 表情和动作$$

从这个公式里我们可以知道无声的非语言信号,对沟通起着重要作用。体态语称得上是交际生活中应用最广泛、最频繁,表现力最为丰富的语言交流的辅助手段。

视屏节目的传播过程中主持人发挥着越来越重要的作用,观众收看电视节目,主持人的"言"与"行"是被观众的听觉、视觉一并接收的,虽然有声语言仍然是主持人情感交流、信息传递的主要手段,但是这并不意味着可以忽略体态语的作用。体态语是电视节目主持人的行为举止规范,是主持人在节目中以身体呈现的各种形态的规范。在电视播音与节目主持中,它总是作为播音员、主持人镜头前的整体表现的有机组成部分,伴随着有声语言呈现出来。

二、体态语的重要作用

从传播学角度进行分析,电视传媒的优势在于其使用的传播符号不仅有语言、文字,而且还可使用大量非语言传播符号,如姿势、表情、动作等。一个电视节目主持人所给予人的信息不仅仅是其通过口语传播的信息,更重要的是其特有的给观众以强烈印象的个人信息,如个性、风度、姿态、表情、微笑、服饰、表达情感的方式和与众不同的习惯动作等,这一切构成了一个是否被观众接受的主持人的整体。在节目中,有了非语言符号,主持人所传播的内容及其传播意图就可以更加清晰地到达受众那里,并在受众的更充分注意和理解的基础上提高传播的效果。

电视节目中非语言符号所起的作用有其特殊的重要性,充分地把握非语言符号、娴熟地运用非语言传播手段，对于改善电视节目的传播效果有重要作用。在节目中，主持人除了善于运用语言符号手段，还要善于运用种种非语言符号手段，它们有暗示、感染、激励、驱动的作用，往往会形成一种十分重要的心理力量。国内外专家学者的研究表明：当人们面对面交流时，通常有声语言（说话）占65%，无声语言（形体）占35%。体态语对有声语言起着强化、补充、丰富、修正的作用，同时还传播着主持人自身的信息。具体来说，体态语有以下主要功能：

第一，体态语表达情感信息时具有直接、真实和委婉的效果。

第二，体态语能够形象、生动、简洁地表达理性信息，用来重复、补充或替代言语的部分信息内容。

第三，体态语可以有效地调节、辅助有声语言的交流。

第四，体态语可以有效地强调有声语言，使之内容清楚、态度鲜明。

美国心理学家爱德华·霍尔在他的《无声语言》一书中说：无声语言所显示的意义要比有声语言多得多，而且真实、生动得多。

对于体态语的重要作用，这里再强调两点：

1. 有利于构成独特的形象魅力

西方传播界对体态语言学的研究颇为重视，体态语在塑造一个有人情味或友好的形象上的重要性已经得到承认。运用体态语来取得具有独特魅力的形象、获得成功的典型例子，要数美国总统罗纳德·里根。"他从当电影演员、电台播音员和电视节目主持人的经历中，学会了自然地运用他的声音，使自己具有说服力。"（［美］乔治·萨利文著《里根传》）里根最大的魅力还在于他表情自然、亲切、坦率乐观，给人以真诚的印象，他说的话，他的手势，他的姿态，都能对观众产生很大的吸引力。

2. 有利于增强真实性和感染力

节目主持人必须是真实的，主持人的形象也必须是真实的，在观众心目中，应当是可靠可信的。言必真、行必真、事必真。持此观点的人认为：任何表演都只会使主持人丧失本人的真实而成为虚假的形象。作为节目主持人，其被接受与否及被接受的程度大小要视观众的心理而定，真诚自然的主持人会大大缩小传受者之间的心理距离。在屏幕前真正强的人，大多是能够用他们的身体表达任何情感的人。电视节目主持人的主持形式有着丰富的表现形态，在演播室里、在舞台上、到现场、出外景，体态语的运用早已突破了以往"胸部以上"画面为主的局限。主持人的举手投足、眼神表情，不管是动态的变化，还是静态的极细微的心情流露，全都通过屏幕"放大""定格"，"逼近"地呈现在观众眼前。当我们开始寻找某人的风格，注意他的姿态、动作和脸部变化时，你就会理解很多成功的主持人是如何依赖体态语，使他们的讲话和形象为人们所接受的。体态语在传播信息、交流思想感情方面有着有声语言不可替代的重要作用。

哥伦比亚广播公司《现在请看》节目的著名主持人默罗就因1948年在两党代表大会的观众面前充分显示了自己的风格和个性而一举成名。后来七年中，《现在请看》节目确定了默罗在传播界的历史地位。他善于把自己的正直感和准确感传到美国家庭里，他那为人熟悉的深沉而又富于说服力的声音，像他严肃的表情和庄重的举止一样，增强了节目的感染力。

英国哲学家培根曾经给女性之美排了一个队，依次是"动作美、容貌美、服饰美"。而在东方，那"凌波微步，罗袜生尘"动作无比轻盈曼妙的洛水女神也确实让诗人曹植心驰神摇。形体动作不但体现着一个人的外在美，也可以展示出他（她）的精神面貌。透过形体动作，我们可以把握一个人的性格、习惯、教养甚至心态。主持人主持节目时，用体态语与观众交流，引发观众对体态语的认同感，是影响主持成败的一个重要因素。我们没有理由不对自己的体态进行有效的控制和利用，使之准确、优美、富于表现力，从而更加适合节目的需要，获得更好的传播效果。如果主持人运用体态语得当，体态优雅大方、自然得体，观众对主持人也会更为信服和喜爱。和煦的微笑、优雅的姿态、得体的动作和端庄的仪表，都会像春风一般，在人们感受它、欣赏它的过程中，不知不觉地建立起主持人和观众之间良好的关系，架起一座通向观众内心世界的"桥"。

第二节　优雅的身体姿势语言艺术

身姿是由一个人的修养、教育、性格和人生经历决定的。对于主持人来说，身姿是思想、感情和文化修养的外观。在主持活动中，主持人应在充分了解自己体貌特点的基础上，既依据形式又超越形式，在体现心理过程中形成相应的身姿，这样才能给观众留下鲜明的第一印象。

身姿的基本要求是端正、稳健、灵活，体现在主持人的上场、站或坐、移位、下场等方面。一般来讲，主持人的基本身体姿势分为立姿、坐姿和走姿，在演播室中又以坐姿和站姿更为多见。在观众目光的关注之下，主持人应该养成身姿体态优雅的好习惯，站得挺拔，坐得端庄，走得潇洒，举手投足之间尽显不凡的气质，使主持人更具吸引力和号召力。

一、自信挺拔——规范的站姿

站姿是人体最基本的姿态,这是所有动作的基础。如今越来越多的现场节目要求主持人采用站姿主持。在空间范围较大的画面中,主持人采访嘉宾,接触观众,主持会场,不但能烘托场面的气氛而且丰富了主持人的交流方式。站立是最能体现人体美的,要有挺拔感,特别要保持腰部直立拔起的感觉,否则身体就会松懈。

正确站立的基本姿态是:头部端正、向上顶,微收下颌(下颌与地面保持水平、不要前仰或下压),双眼平视前方;颈部自然伸展,不能弯曲,要与地面保持垂直并有从颈部后面往上拔起顶天的感觉(这种感觉有人称作"悬顶感",好像头顶被一根绳索悬吊着似的);两肩平放,不要耸肩也不要夺肩;胸部挺直,不要含胸,也不要后仰;脊柱正直,尽量保持与地面垂直,收腹、立腰、臀部不能翘起;两腿并拢自然伸直,身体不要倾斜,这样才能显得端庄修长,生气勃勃。

简而言之,站立的基本要求是:头端、颈挺、肩平、胸挺、腰立、腹收、臀提、身正、腿直、手垂。站立时忌歪脖、斜腰、挺腹、翘臀、屈腿,对男子的要求是稳健,对女子的要求则是优美。

男子用立姿时,一般应双脚平行,稍分开,大致与肩同宽,最好间距不超过一脚之宽,全身正直,双肩稍向后展,头部抬起,双臂自然下垂伸直,双手贴于大腿两侧。

女子用立姿时,应当挺胸收颌,目视前方,双手自然下垂。双脚跟并拢,脚尖分开,两脚尖相距 10 厘米,约 45 度角,呈 V 形,也可重心置于一脚上,一腿略向前伸。

现实中,人们灵活调整站姿的余地很大,比如站立时身体稍侧或头稍侧,手臂位置不完全对称,双脚位置做一些变化或双脚重心变成一虚一实等。站姿的调整形式是多种多样的,但也有一定的调整原则:

(1)身体始终要保持整体向上的挺拔感,特别要保持腰部直立拔起的感觉,否则身体就会松懈。

(2)身体始终要保持肌肉有对抗力量,有控制的感觉。

(3)两肩应尽可能保持与地面水平,可一前一后有所变化,但不能一高一低(手臂有所动作除外)。

(4)所有调整都应自然协调,不要做作地"摆造型"。

我们常见一些出镜记者甚至主持人有相当明显的抠胸、伸头等问题,不够挺拔,影响了视觉美感。所谓"站有站相,坐有坐相":首先是求"稳",不要站在那里一摇三晃;其次是求"正",不要歪着肩、缩着脖子或者驼着背。有的

电视节目主持人风格与节目主持艺术

人"O形腿",立正的时候两个膝盖并不到一块儿去,视觉上不好看;有的选手"A形腿",一条腿站定,一条腿撇着,也不好看;还有"丁字步"等姿势,同样不好看。因此,纠正的目的就在于改正不良的站姿,使骨骼肌肉处于正常的位置,使人看起来挺拔、修长、匀称,更加精神,从形体上体现出一个主持人的朝气和活力。

在注意站姿练习的同时也要注意养成良好的表达习惯。不要一紧张就下意识地望着天或者看着地。一般来讲,摄像机镜头与人的平视目光水平,你要望着天,那拍出来就是翻白眼;也不要小动作太多,有的人撇着嘴说话,有的人眨眼睛太频繁,还有的说着说着嘴就开始歪等,这些都不好看。这些或大或小的问题,都可以通过有意识的练习矫正过来。

挺拔感来自于直线肢体,萎靡感来自于曲线肢体,美国作家威廉姆·丹福思说:"我相信一个站立很直的人思想也同样是正直的。"可见挺拔的体态对个人形象有多么重要的影响。老作家牧野先生年轻时候当过军队教官,他告诉我们,那时候训练军人讲究"站如松、行如风",就是要站得挺拔,走得潇洒,目光有神,心底坦然。这对电视节目主持人来讲,很有借鉴意义。

二、轻盈潇洒——规范的行姿

步态也叫行姿,即行走姿态。轻盈潇洒的走姿是亭亭立姿的发展变化,是一种动态美。节目主持人迈着轻盈的步态走入演播室,对观众而言无疑更具亲切感和可信度。上场可谓是主持人给观众的亮相动作。心理学的"第一印象"直接作用于观众,从某种程度上讲,奠定了主持人在观众心中的"底线得分"。而下场则是主持人在经历节目内容情感起伏后的一个结束动作,能影响观众对一个主持人的最后定位。男孩子走路应该虎虎有生气,要克服大大咧咧的"八字步",也要克服软绵绵的"脚拖地";女孩子走路应该亭亭玉立,穿裙子时要走成一条直线,使裙子的下摆与脚的动作显出优美的韵律感。所以对职业主持人进行行姿的规范训练十分必要。

主持人在行进中除了要保持立姿的挺拔、端正外,还要注意步履轻捷和移动正直平稳。正确的走姿和注意事项有:

(1)头部端正抬起,两眼平视前方,肩部下沉稍后展,挺胸收腹,背、腰、膝部避免弯曲,保持身体挺直。

(2)两臂自然下垂,以肩为轴大臂带小臂,前后自然协调地摆动。不要做左右式摆动,幅度不能太大,只能小摆动,在45度左右,前摆时勿甩前臂,后摆时勿甩手腕,小臂于体前自然弯曲,手应不超腹部中线。

（3）行走时身体用力应遵循两个原则，一是大关节带动小关节，二是小关节最后用力。要使两腿在一条直线的左右侧并排交替前移，膝关节不能紧张僵直，要应用腰力，由腰部直着踢腿，显出活力；身体稍向前倾带动四肢关节依次产生动作，重心落在前面一只脚的脚掌上，使身体看上去形成一条直线，避免声响过大。

（4）步幅适当，步幅过大会使身体不稳而左右晃摆，步幅过小则会出现扭摆现象。一般来说，高个子步幅相对大些，男性步幅不宜过小，女性步幅不宜过大。

（5）保持身体挺直，可稍向前倾，以便挺胸、收腹，不要摇头晃肩或左右摇摆，不低头后仰，不要走内、外八字，更不要扭动臀部。

简言之，在行走时，应面朝前方双眼平视，头部端正，挺胸收腹，背、腰、膝部避免弯曲，身体稍向前倾，重心落在前面一只脚的脚掌上，使身体看上去形成一条直线，步的幅度适当，避免声响过大或八字脚。步态不仅仅是腿部用力、双臂协调摆动的局部运动，而且是全身积极、协调动作的结果。

主持节目时走动的步态会使观众对主持人的性格、素养和性情有一个初步的判断。步伐轻快表明心情舒畅；步伐匆忙表明心情烦躁。步履所传达的感情信息超出一般人的想象。当我们在节目中需要走动时，要考虑用什么样的步伐更合适。

三、端庄秀丽——规范的坐姿

坐姿与站姿最大的不同在于双腿没有了体重的负担，身体重心落在臀部，而臀部又有支撑物，所以是一种较为轻松的体态。

先来看起座和落座。通常在正式场合讲究"左进左出"，就座时应转身背对座位，右脚后移半步，待腿部接触座位边缘后轻轻坐下。起座和落座时的表现常常清楚地呈现出一个人的行为习惯和特定情况下的情绪情感，应该以轻、稳、准为宜，动作应轻巧、从容、有控制，不能猛起猛坐，忙不择座或过于拘谨。

着裙装的女士入座应先用双手拢裙，然后坐下。坐下后不应坐满座，占座位 2/3 的位置即可。挺直上身，头部端正，目视前方或交谈对象。一般情况下不可身靠座位的背部。上身与大腿、大腿与小腿均应成直角，双腿应并拢。

端庄秀美的坐姿要求上半身与立姿基本一致，上身保持端正挺直姿态，也需要头部的悬顶感和挺胸、收腹、立腰的身体控制，但控制力度要小一些，腰部不应向前弯，在坐姿中保持腰部的控制是防止身体松懈的关键。

通常，基本坐姿有端坐、倾坐、靠坐、侧坐四种类型。

（1）端坐。这是最常见的坐姿，通常是坐在无靠背或矮靠背的坐具上，上身保持端正挺直姿态,前臂自然平放在演播桌上,两手可以在桌面上拿起稿件和自由活动。端坐常用于以面部特写为主的场合,这种姿势可以使身体稳定,头部镜头不会有过大的移动。端坐时容易造成身体僵持,应在保持上身挺直时在腰、肩、颈三个部位维持放松状态。端肩,不仅会影响身体姿势,还会使身体紧张;双臂应自然贴近身体两侧,但不要紧贴身体。新闻播报常采用这种姿势。

(2)倾坐。倾坐是为了使姿势显得更轻松一些,或者为了增加一些手势动作,从而对坐姿进行的适当改进。身体略微前倾,双肘和前臂伸入桌面支撑身体,身体略微"趴"在桌上,会使观众有向自己靠近的感觉,有利于表现一些较轻松和更深入的话题;上半身可以有低下和抬起的动作变化,也可以有手势的动作变化,从而丰富语言的表现力。倾坐适合上半身动作和正面面部表情并重的画面。

(3)靠坐。靠坐是另一种常见的坐姿。身体靠在椅子或沙发背上,上身不一定挺直。身体不以桌子作为支持物,即使身体前面有桌子,也是画面需要,而并非主持人身体需要。主持人不应仰靠在沙发上,否则会使身体后倾,形象不雅观。有扶手时,两侧手臂可以自然放在扶手上;没有扶手时,双手应自然放在腿上,可以双手相握,也可以双手交叠,两手要形成交流,不要各放一边。全身面对观众时,还应注意双腿的姿势,应自然放松,不要并拢过紧,也不要开叉太大,女主持人应两膝并拢。采用靠坐形式的节目,多为不用稿件的即兴表达。

(4)侧坐。侧坐也是常见坐姿。侧坐时下身与上身方向不一致,通常有45度的角度偏差。采用这种姿势主要是为了便于身体的扭动和变换对话方向,应对主要交流方向使用正面坐姿,对非主要交流方向使用侧坐。在电视节目中主持人大部分时间需要面对观众,有时又需要面对现场来宾,坐的时候可面对观众,与来宾交谈时,下身不动,上身扭向一侧,面对来宾,等待交谈结束,上身再转向观众。

例如,以前倪萍在和嘉宾合作主持时,有个非常细小的坐姿特征:当嘉宾讲话的时候,她总是侧身微笑着注视对方,身体微微朝外侧倾斜,恰到好处地表达了一种礼让的姿态。

良好的坐姿依然意味着适度的控制,"瘫坐"的松懈和四肢摆放得过分随意仍是不可取的;应避免坐下之后双手抱于头后,或将肘部支于身前的桌子上,也应避免双手夹于大腿之间。男性张开腿部而坐是一种开放性的姿势或动作,表明此人有自信,有接受对方的倾向。男性膝盖并拢的坐势,是防御性心理的表现,比较拘束紧张。标准式架腿动作,即一条腿整齐地叠放在另一条腿上,通常是左腿叠在右腿上,同时身体正直或稍前倾,是一种较积极合作的体态，架腿的同时将身体向后靠，用腿部迎着对方，是封闭防卫和傲慢的表示。

女性的坐姿以并拢双腿为好，可以有一些变化，如两脚一前一后，或并拢双腿后取斜侧姿势，双腿斜放以与地面构成 45 度角为最佳。双脚应自然下垂置于地面，脚尖应朝向正前方或侧前方，张腿而坐则是缺乏修养的表现。

第三节　恰当的肢体动作语言艺术

丰富而恰当的肢体动作语言，在这里主要谈的是手势语。

手势，又叫手姿，人的双手不仅具有劳动的功能，而且有传情达意的功能。法国画家德拉克洛瓦说过："手应当像脸一样地富有表情。"事实上，手的确是表现情感的重要器官。在社会交往中，手势语更能起到直接沟通的作用，它是肢体语言中最丰富最有表现力的。

手势是自然的表达，所以不要做作；手势是语言的辅助，所以不要杂乱；手势是修养的体现，所以不要拘谨；手势可以精心设计，但要追求不经意的效果。

手势语的运用，总的来说，应该是自然的、得体的、丰富而适度的，是为有声语言传播服务的。

一、基本的手势

（1）垂放。双手自然下垂，掌心向内，分别贴放在大腿两侧或相握于腹前。

（2）持物。拿东西时应动作自然，用力均匀，不宜翘无名指和小指；从长者手中接过物品时应用双手。

（3）鼓掌。鼓掌是表示欢迎、祝贺、支持的一种手势，其做法是以右手掌有节奏地拍击左手掌，必要时应起身站立。

（4）指示。指示是用于引导来宾、指示方向的手姿，应以右手或左手抬至一定高度，五指并拢，掌心向上以其肘部为轴，朝一定方向伸出手臂。

二、手势语的表意性

手势语的表意性很强，它可以表示确定的意义，在社会交往中更能起到直接沟通的作用。

比如：掌心向上伸出来表示"请"的客气和礼节；手掌在两人之间晃动，表示"我们之间"；用招手表示来，摆手表示去；鼓掌表示欢迎，挥手表示再见；竖起拇指表示赞许、强调；掌心向上三指或五指捏拢，象征谈话关注的核心；伸出手掌手心向上表示真诚、由衷；摊开双手表示遗憾与无奈；握拳表示信心的坚定等。

再谈一下"尖塔行为"和"倒尖塔行为"：

两手指尖并拢或交叉于颚下的动作叫做"尖塔行为"，在谈话中是自信、独断的表示，这个动作多见于西方人，有表示权力与高傲的意味；

把"尖塔"倒过来向下，手的位置移向腰部以下，这叫做"倒尖塔行为"，这时就有了完全不同的意思，表示心情比较平静，愿意虚心听取别人的意见或谈话的内容。

手势是表达感情常用的方式，用不同的方式做手势，可以表达出不同的感情色彩。

三、禁忌的手势与需要纠正的问题

禁忌的手势：手势，应该注意地区风俗，比如我们常作的 OK 手势，在日本表示钱，在拉丁美洲则表示下流；在他人面前抓头皮、掏耳朵等都是不卫生的手姿；当与别人谈话时不要双手交叉，身体晃动，一会倾向左边，一会倾向右边，或是摸摸头发、耳朵、鼻子，这样既不雅观，也给人以你不耐烦的感觉，更显得缺乏修养。

有些主持人在借助手势语帮助表达时存在如下问题：习惯性手势过多、过于零乱，无助于清楚地表达；手势不够清楚、到位，表达暧昧；手势过于夸张，也会影响清楚地表达；不自然、呆板、僵化、小气、杂乱等，应予以纠正。

四、自然得体是主持人运用手势语的原则

主持人的手势应该自然、舒展、明确、得体。

无论手掌处于静态还是动态，手指不要僵硬地并拢在一起，也不可五指大张，而应放松地靠拢，才显得舒展、自然。很多有经验的节目主持人面对镜头，双手自然分开、下垂或自然地相叠于身前，必要时辅之以单手或双手的动作，稳中有变，显得随意得体、落落大方。手势与表情、身体动作配合才能形成一幅完整的视觉图像。

主持人运用手势的目的不外乎加强表达力度、帮助描绘事物性状、表达理

解或态度。主持人如需强调某一观点、态度时,会辅之以手部极具顿挫感的动作,用以传递强烈的情感。一些少儿节目主持人为小朋友讲故事时,经常运用手势来形容某些物体的大小、形状。因此有人称手势一半是符号,一半是指图。手势语富有表现力和感染力,运用得好,无疑会增加主持人的魅力。

在主持节目中,手势发挥了很大的作用。恰当得体的手势可以帮助表达,加强语势,活泼交流形式。手势对表达的作用有三个层面,最基本的是帮助清楚地表达,进一步的是增加表达色彩,更高的层面是创造个性。个性化的手势一要独特,二要能让人们舒服地接受。

手掌的姿势分三种:掌心向上、掌心向下和手掌紧握。第一种表示诚实、谦虚和顺从,所以主持人应有意识地使用敞开的手势,这样对塑造美好形象大有裨益,既显得文明有礼,又给人一种坦然和真挚的诚实感;而后两种则带有命令和强制的意味,应注意恰当地使用。有些主持人"搬砖式"或"切瓜式"的动作单调刻板,不但不能丰富其表达方式,反而影响了观众的收看情绪。

通常手势分三个区域,肩以上为上区,肩到腰之间为中区,腰以下为下区。上区的动作多与远大、美好、境界高深的事物有关;中区的动作往往是说明性的动作;下区的动作有的是说明下方的事物,有的是贬斥性的。在说明性动作中,手的动作可以分为拳、掌、指的不同动作。动作路线有向上、向下、左右、直线、斜线、弧线等。动作的方式可以有合拢、分开、摊开、推、收、举、按、转等。这些要素组合起来,会有丰富多彩的手势动作。

自然而得体是手势语使用的原则,主持人应适应不同的节目情景、不同的节目内容、不同的收看对象,灵活运用手势语,使之自然得体。总的来说,好的手势语应该是简单的,自然的,得体的,为有声语言传播有效服务的。

五、节目主持人的手势语应该丰富而适度

中国传媒大学闻闸教授在论述主持人手势问题时说过:"每位主持人要认真设计和训练自己的手势动作。能够有自己独到的手势动作体系,建立自己的个性仓库。在说话的过程中,个人'仓库'里的手势要自然而然地随着语言而动作,千万不要为某句话设计动作,那样多数都会失败的。"

在电视节目中,手势语是电视节目主持人最常使用的体态语,也是诸多体态语中较难处理的一种。主持人要根据节目的内容和自身的特点设计出一些和谐又有特色的手势,在主持节目过程中恰当地运用,从而给节目增色。

在主持节目中,主持人的手势语不是靠个人"闭门造车""设计"出来的,

而是在个人情感的支配下，随着特定的主题、语境、对象、氛围自然而然地喷发出来的。它没有固定的模式，没有规定的角度，也无需"导演"的引发。但在一定的节目中，主持人上台前通常都会有一番自我形象设计，并按自我设计在节目中"表演"出来。因此，这种有意识地渗入与无意识地流露通常都掺和着呈现在观众面前。许多主持人容易形成手部的惯性动作，如挥手、两手乱摆，这种脱离节目内容与语境的手部"过瘾"动作无疑破坏了主持的整体效果。但如果手势运用得好，无疑会增加主持人的魅力与节目的精彩度。在音乐类、娱乐类和谈话类节目中，手势发挥了很大的作用。

恰当的手势可以帮助表达，加强语势，活泼交流形式，但正如有声语言需要"源于生活而高于生活"一样，主持人的手势也不是照搬自然状态就可以的，也需要根据节目的内容和自身的特点筛选、提炼、设计，才能给节目"添彩"。

在这方面李咏可谓是行家了，李咏在中央台的《幸运52》场景转换过程中，有一个经典的动作：握起右拳，朝屏幕的正前方做"狠狠砸"状。这个动作给人一种阳刚而有力的感觉，能有效地调动起观众关注的气氛。李咏特有的手势成为了他所主持栏目的亮点，同时，他看似过激的体态语也更加增强了节目的娱乐性，李咏幽默的语言配合他夸张但得体的手势使他主持的节目成为央视的品牌。

总之，节目主持人手势语的运用应该是丰富而适度的，成功的手势语运用的确需要学习和贴近自然的设计和提炼。

第四节　丰富的面部表情语言艺术

面部表情是人的面部显示出的综合表情，是人们表情达意的无声语言，是人们表达情绪的重要手段。在人际交往中，面部表情可以真实可信地反映人的思想情感和心理活动的变化，犹如一台显示器一样展示人的情感、欲望等一切内心活动。因此，我们不仅要听别人说，还要观察他的表情，来判断信息的真实含义。例如，一个人表示他很喜欢某人时，眼神中却流露出厌恶的神色，这时，我们宁肯相信面部表情是他的真实态度。

在人际交流中传播者的面部表情对受传者的情绪感染效应是增强沟通效果的重要手段。主持人在镜头前面部的感情流露，就像穿在外面的衣裳，能给人第一印象，是观众接受主持人感情信息的直接途径。

面部表情的主要作用是表达感情色彩。在人与人的交流中，面部表情在传情达意方面能起到不同凡响的作用。对于主持人来说，则更要运用好这种比嘴

第一部分　电视节目主持人与主持艺术综述

里讲的更可信的"语言"。为了更鲜明地表达自己的感情，电视播音员和主持人应当学会这几种基本情绪的面部表情控制。

一、自然而细腻的目光语

苏联作家费定说："眼睛的表情，远比人类繁琐不足道的语言来得丰富。"目光语是一种非常复杂、深刻、微妙，并最富有表现力的语言。同时，心理学研究也告诉我们：人内心的隐秘，胸中的奔突，总是自觉不自觉地在不断变幻的眼神中流露出来。可见，眼睛的语言是任何其他"体语"都难以代替的。试验也证明，人们在交谈中，如果两人目光交流的时间能够达到谈话总时间的 50%～70%，就可以形成比较融洽的情感交流，有可能建立友好和睦的人际关系。

自然而细腻的目光语能真切地流露出内心想表达的情感，给观众以亲和感，让观众喜欢你。

1. 注视方式

有关专家在研究用眼睛加强沟通方面，按注视部位把注视分为严肃注视（也叫公事注视）、社交注视、亲密注视、横扫视四类。视线停留在对方两眼和前额之间的区域，属于严肃型注视，这种注视方式能造成严肃气氛，使对方感觉到你有正经事要谈，并使自己保持主动；视线停留在眼睛至唇部之间的区域，属于社交型注视，社交注视是社交场合常见的视线交流形式；视线停留在眼睛与胸部之间的区域，属于亲密型注视，这种注视表示对对方有一种特殊的亲密感情；轻轻一瞥也叫横扫视，横扫视是一种用来表示兴趣、喜欢、轻视或敌意态度的注视形式；也有的把视线停留在眼睛上，称为关注型注视，这种注视表示关注、感兴趣。

电视节目主持人的注视形式最终要根据节目的性质和内容而定：在内容严肃的一些新闻节目中用严肃注视为宜，如：高级领导人访问或谈论重大政治问题；经济类、知识类节目采用社交注视为宜；内容较为轻松、抒情的服务性节目、娱乐性节目，主持人的眼神介乎于社交性注视和亲密性注视之间为宜，也就是说比社交性注视略亲密些，又比亲密性注视略严肃些。

2. 注视时间

如表示友好，则注视对方的时间占全部相处时间的 1/3；如表示重视，则注视对方的时间占全部相处时间的 2/3；不太重要的事情和时间也不太长的情况下，与别人谈话时眼睛要注视的时间占谈话时间的 2/3。也可以这样说，与人交谈时视线接触对方脸部的时间应占到谈话总时间的 30%~60%。超过这一平均值，可认为对谈话者本人比谈话内容更感兴趣；低于这一平均值，可认为对谈话内容和谈话者本人都不感兴趣。例如，与别人谈话 30 分钟时，如果对方看着你的时间只有 10 分钟，说明他在轻视你；如果注视时间为 10 分钟至 20 分钟之间，说明他对你是友好的；如果注视时间为 20 分钟至 30 分钟，说明两种情况：一为重视，二为敌视。

3. 注视角度

平视，表示平等；斜视，表示失礼；俯视，从上往下看，轻视别人。一般来说，视角有相对固定的表意功能，如视角偏高则似若有所思，偏上则显得倨傲，偏下则略显拘束。

4. 视　点

电视主持人应当学会在镜头前与观众进行目光接触（节目主持人目光所及之处叫视点，实质上有两种含义：实视点和虚视点。实视点是指目光着落的位置是客观存在的，而虚视点是指目光在想象中着落的位置）。至于目光落在哪一点上效果最好，可以试录一段录像，自己体验一下屏幕中的目光是否在注视观众。有时目光落在镜片或镜头某一点上就可得到很好的效果，有时目光要投到镜头内效果才好，可以试几次，确定目光的最佳落点，也叫最佳视点。主持人与电视机前观众的"面对面"是隔着一层屏幕的，是一种虚拟交流，但要有人际交流的效应，使之人际化。

一般而言，主持人眼睛的运用主要体现在注视时间、注视距离、注视方向及视线投射角的变化上。主持人最重要的是根据主持内容与现场情境合理发挥，尽量达到用目光"留住"观众的最佳效果。因此主持人要达到与观众的心灵沟通，就需要重视眼神的交流，始终以平视的角度，投入亲切、关注的情感，在平等、友善的氛围中完成节目。多数情况下，眼神和其他面部表情以及语气、语调要配合使用。

在表情和神态的运用方面，央视主持人李瑞英有独到之处，李瑞英外观形象优雅大方，在主持节目时她表情亲切，情感真挚，目光中总是流露出浓浓的"交流"意味，让观众不由自主地产生信任感，在她的引导之下获取新闻信息。

主持人不是演员，也不必像演员那样用眼睛做戏，但其眼神要求真切、自然。有些主持人的眼光，过于热情、亲密；或过于冷漠呆滞；或眼大无神，目光分散；或东张西望，不善注视等，都与缺乏用眼睛传递信息的技巧有关。要获得这种技巧，首先要对眼睛传情表意的作用有正确的认识，其次要有意识地作适当的练习和实践。

二、真诚而含蓄的微笑语

微笑是一种世界通用语,它所发出的信息是丰富的。它除了表示愉悦、乐意、友好、亲切、欢迎、欣赏之外,还可以表示鼓励、谅解、理解、赞同等多种意思。人际交往中微笑适用范围广、最自然大方。微笑是礼貌待人的基本要求。微笑可以使人放松、亲近。主持人的笑一般都是微笑而不是大笑。节目主持人生动的表情、恰当自然的头部动作,表明他对自己主持的节目有兴趣。同时,主持人信心十足、潇洒自如的表情也会极大地感染观众,使观众愿意继续收看节目。主持人真诚的微笑可以赢得观众的信任感与亲切感。

当然,这并不意味着传达信息时得"一路笑到底",而是要与场合、情况、语言的感情色彩合拍。主持人将微笑展现在屏幕上,绝不能只是被动地为了微笑而微笑,如果你的微笑不从节目内容的语境需要出发,那就只能给观众留下"笑匠"的印象,无法从内心打动观众。

假设在屏幕上我们看到这种画面:主持人无论播报什么消息都笑,时政新闻笑,系列报道笑,简讯笑,一位烈士遇难的追悼会也在笑,预报将有灾害性天气还在笑,这就是对微笑的误用和滥用,不仅达不到传播的效果,"桥"也会迅速地变成"墙"。

如果主持人能正确地把握语境,同时又能以真挚的微笑传递,就能鲜明而又准确地传递各种感情。比如在访问类的节目里,主持人运用微笑得当,可以使被访问者放松情绪,减轻压抑感,觉得主持人是可亲可近的,从而主动地、自愿地与主持人交流。而主持人的微笑同时还可以起到鼓励、信任的作用。

就主持人的个性而言,有爱笑和不爱笑之分;就节目内容而言,有严肃和活泼之分,这样就产生了一个笑的掌握问题。爱笑的人一般都会给人以愉快、亲切而甜蜜的感觉,不爱笑的人难免给人严肃或冷漠的感觉,那么应该如何掌握笑呢?一般说来,应该顺其自然。不爱笑就不要勉强,过于勉强,会使人感到你皮笑肉不笑,效果就不好了。当然,爱笑的人也要善于控制,笑容过多,往往破坏节目的整体效果,尤其是内容严肃的节目。主持人不可不问节目的内容和对象,出面就笑,也不可一味一本正经。试想,如果让中央电视台的张宏民、罗京微笑着播新闻,而让鞠萍板起面孔主持《七巧板》,观众会是一种什么样的感受呢?恐怕都会觉得别扭了,这说明主持人的"笑"不但要自然,而且要受到节目内容和风格的限制。

三、传情达意的面容

面容是人的面部显示出的综合表情,通过面部动作表达感受和态度,是人们表达情绪的重要手段。面容对眼神起到辅助作用。

人的面容是复杂的,人们对面容的判断也受个人经验的限制,对于一些复杂的面容表情,有些人可能难解其意,但对于快乐、悲伤、惊奇、害怕、生气、厌恶和感兴趣这些基本情绪,人们的判断是非常一致的。这一点已经通过科学实验加以证明,可以说,这些面容表情是表达感情色彩中最易分辨的通用手段。

在人际交往中,面容是人的无声语言,为了更鲜明地表达自己的感情,应当学会基本情绪的面容控制。

在人与人的交流中,面部表情在传情达意方面起到不同凡响的作用,所以电视节目主持人更要运用好面部表情语言艺术。

四、人际交往的四种距离

美国人类学家霍尔博士根据人们在交往中的不同程度,把个体空间划分为四种距离:

1. 亲密距离

亲密距离是人际交往的最小距离,可以称为亲密无间,距离为0~45厘米。距离为0~15厘米,属于肌肤亲密接触的距离,常发生在恋人、父母与子女之间。

距离为15~45厘米,是身体不相接触,但可以用手相互触摸到的距离,如挽臂执手,多半用于兄弟姐妹、亲密朋友、同事之间。

2. 个人距离

个人距离指较少直接身体接触的距离,为45~120厘米,多是较为熟悉的人们之间的空间距离,人们可以亲切握手、交谈。

3. 社交距离

社交距离已经超出亲密或熟悉的人际关系距离,为120~360厘米。

120~210厘米,一般是工作场合与公众场所人们时常处于的一种距离,如接待因公来访的客人、上级向下级布置工作等。

210~360厘米,则表现为更加正式的交往关系,是会晤、谈判等场合使用的距离。

4. 公众距离

公众距离在 360 厘米以上，人际直接交往和沟通大为减少，很难进行交谈。一般是演讲会等的距离。

第五节 电视节目主持人运用体态语应注意的问题

体态语是电视节目主持人的行为举止规范，是主持人在节目中身体呈现的各种形态的规范。电视节目主持人在主持节目过程中运用体态语需要遵循电视传播的特点和规律，灵活应用体态语的原则，从而适当地调节和控制。

电视节目主持人运用体态语应注意的问题主要有以下几个方面：

一、避免使用一般人不能理解的体态语

心理学研究结果表明，从人们获取信息的渠道来看，有的信息是通过听觉获得的，有的则通过视觉获得。体态语以其视觉可感性区别于有声语言，是情感、态度的表达手段和表现形式，也是传递信息、形象思维的工具之一。如果电视节目的主持人在有意无意中使用了不恰当的体态语，发出过于复杂或者偏离社会一般认识的体态语，观众就没办法正确地解读和准确地理解，就会使主持人与观众隔离开来，在信息传播过程中形成一堵无法逾越的"墙"。

二、不要过分表演与做作

作为节目主持人，其被接受与否及被接受程度的大小，要视观众的心理而定。真诚自然的主持人会大大缩小传受者之间的心理距离。主持人的形象必须是真实的，在观众心目中，应当是可靠、可信的。言必真、行必真、事必真，任何表演都只会使主持人丧失本人的真实而成为虚假的形象。哥伦比亚广播公司《现在请看》节目的著名主持人默罗善于把自己的正直感和准确感传到美国家庭里，他那为人熟悉的深沉而又富于说服力的声音，同他严肃的表情和庄重的举止一样，增强了节目的感染力。

某电视台总编室收到观众来信说："有的女主持人的过分表演常使我避之唯恐不速。主持节目时身体不必要的扭动，做作的拖腔，与即将出现的音乐不搭界的笑容，实在有损于典雅、深刻含蓄的音乐给人们留下的美好印象。"而在批

电视节目主持人风格与节目主持艺术

评一位男主持人时讲道:"他的一些摆手躬腰的动作和面部表情,显得非常轻浮、粗俗,有明显的表演痕迹。"

还有的观众批评一些主持人体态语要么千篇一律,无视体态语的灵活运用;要么就是硬生生为了手势而张罗,有明显的做作痕迹。

被观众批评的这些人的体态语给观众造成表演做作的感觉,干扰了信息的传递,让观众把注意力过多地集中于不恰当的体态语上,反而忽略了主持人在说什么。主持人如果不重视体态语的修养,是不可能得到完美的表达效果的,也不可能获得观众的喜爱和肯定。

三、体态语要符合节目要求,要与节目匹配,贵在自然得体

主持人体态语的魅力贵在自然。这里的自然,是指体态语要与节目、主持人本人自然而有机地结合,而不是机械地模仿或做作,也要使主持人的表现自然融洽地与节目和谐统一。

电视节目主持人要在精确分析节目和自身形体特点的基础上,扬长避短,选择适合的形体语言,加以应用并使之自然得体。要做到这一点,就必须对节目的内容、风格和要求有明确、透彻的了解;必须对观众的接受能力和欣赏情趣有客观、冷静地分析;就必须对自己的形体进行仔细的审视,扬与节目协调的优势,避与节目不和的劣势,自然得体地运用好体态语言,准确传递和反映节目内容。

例如,新闻播音员应以端庄大方的举止、高雅明快的仪态面对千家万户。尤其在做口播新闻时,要求主持人头部端正、下颌微收;目光亲切、自然,不随意游离;精神饱满,以面部表情和眼神来辅助声音,细微的表情变化应与稿件内容相吻合。在报道日常生活的新闻时可用较亲和的语气,身体微微前倾,配合少许手势,目光平视镜头,好像在与观众进行心灵交流。用提词器时,眼睛要用余光看,不能让呆滞的目光破坏整体仪态。

在大量直播节目、现场新闻节目中,主持人面对观众,观众常常是既听其言又观其神。因此,主持人的眼睛应是炯炯有神的,充满真诚、友好、执着,视线应采取平视,表现出亲近平等的心理状态,让观众感到你是在和他真诚地交流。

新闻节目主持人在播发有喜悦内容的稿件时,采用适度和适宜的微笑可为节目增光添彩;在播发重大时政新闻和曝光、战争、事故等严肃类稿件时,必须保持端庄自然和较为严肃的表情姿态。

第一部分　电视节目主持人与主持艺术综述

主持人的体态语应注意动作的逻辑，意向要合理自然，表现要适度得体、恰当切境。这就意味着主持人在颦笑蹙眉、举手投足中，都要内心真诚地自然流露，要与节目、环境、对象和谐、贴切，做到恰如其分、恰到好处；切忌矫揉造作，故弄玄虚，盲目效仿。别人洒脱的举止未必适合你的个性、你的节目，你自己的某些漂亮举止也未必在每一个节目场合都适用。失去自然，强求某一个体态语，也将会由于不得体而影响传播效果。体态语的运用还要合乎民族习俗，不加选择、生搬硬套国外的习惯动作是愚蠢的。那些为追"时髦"把某些"张牙舞爪"的手势搬到节目里来的做法和那种"野味"的张扬是很不合时宜、很不得体的。主持人的体态语运用的效果必须合乎电视节目的要求，要与节目匹配，自然得体。

四、克服紧张，身心和谐

初上电视的播音员和节目主持人在镜头前常常会非常紧张。紧张的表现多种多样，从形体的僵、手势的乱、表情的呆、目光的散、声音的飘、状态的假中都可以一目了然，紧张还会妨碍内心的活动，引起思维凝滞，反应迟钝。紧张是自信的天敌，是每一个面对公众或者摄像机镜头的主持人都要尽力克服的心理和生理状态。

克服紧张，要有自信，要注意力集中，从而松弛身心，回复自然协调的形体感觉。不要一上台或者一面对镜头就思绪万千，一会儿想手这么放会不会太呆，一会儿又想背是不是挺得不够直，一会儿又觉得眼睛眨得怎么这么勤？越想控制，越控制不了，越觉得浑身不自在，也就越来越紧张了。

舞蹈家赵青曾经回忆起她的父亲、表演艺术家赵丹教她如何克服紧张的一段往事："在我童年时期，曾代表'华龙小学'去卢湾区参加朗诵比赛，不知怎么有些紧张，我告诉了爹爹。爹爹给我讲了个故事：'从前有个书生要当众讲话，他非常害怕。他妈告诉他就把下面听讲话的人当作是一个个灯笼，也就不害怕了。'当我踏上讲台开始朗诵诗时，我想起爹爹给我讲的故事，我果然一点也不害怕了，发挥极好，结果朗诵比赛得了第一名。后来我登台表演就用这种方法，如入'无人之境'。我从阅读中知道苏联芭蕾舞蹈大师谈表演体会也提到这点'当众孤独'。"这种方法可以借鉴。

克服紧张还可以采取其他一些应急措施，比如做深呼吸、自我积极暗示或暂时目标转移等。克服紧张，主要还是靠多上台或上镜练习。当你能够把观众或摄像机镜头当作你的熟人，真诚地把你所要表达的意思告诉她的时候，你就已经战胜了紧张心理赖以生存的基础——恐惧感。当你把恐惧感战胜了的时候，你还会觉得紧张吗？这个方法贵在坚持，也可以对着镜子练，持之以恒，就会

67

电视节目主持人风格与节目主持艺术

"熟能生巧"。只有这样,才能身心和谐,不矫揉造作,不仅在镜头前表现出色,而且真正拥有从容大方的美好气质。解除紧张、调整身心、放松形体是电视节目主持人必须掌握的心理技术,同时也是一种体态训练的原则。

五、真感受、真交流

主持人在其电视节目中要处处流露出坦率和真诚,体态语要有明显的情感色彩,要以"情"为先导,与受众进行面对面的、直接的、平等的、心灵的沟通与交流。坦率和善、真诚质朴的情感是缩短与受众心理距离的最佳途径。主持人要始终用一颗真诚坦荡的心对待每一个观众,"喜形于色",诚于中必形于外,慧于中必秀于形。

对于优秀节目主持人来说,较高的境界是根据观众和嘉宾的反应,时时调整自己的体态和语言,真感受、真交流,使体态语与有声语言相配合共同达到传情达意的目的。有时,一个微笑,一个鼓励的眼神,一个倾听的姿势,一个拍手的动作,都会起到"此时无声胜有声"的效果。

主持人倪萍十分尊重观众,她的心里始终装着观众,永远把观众放在第一位。她有一个习惯,就是在节目一开始,她就会热情洋溢地向现场的观众和电视机前的观众朋友们问好;在节目进行过程中,她不但始终保持着一份微笑,面对面地与现场的观众交流,更为可贵的是,她经常抓住一些稍纵即逝的瞬间,见缝插针地与电视机前的观众朋友们打打招呼。看得出来,她的目光中始终洋溢着一份对观众真挚的爱,几声亲切的呼唤,几句简短的问候,让场外无数的观众朋友们感受到一份温馨与欣慰。

六、有个性风格与特色

主持人体态语的魅力贵在生动,贵在形成自己的个性风格与特色。有个性特点的体态语,能给观众留下深刻印象,成为主持人个性形象的某种风格。体态语的运用应该在真实自然的基础上更加准确、精炼、生动,具有个性风格和特色。

人们有时开玩笑说:"一看白岩松的脸,准是有什么事发生了;再看崔永元的脸,什么事也没有了。"之所以这样说,是与他们体态语言的个性风格分不开的:白岩松眼睛不大,但炯炯有神、直视观众、直指人心,那严肃认真地与你交流的神色,不由得你不注意;崔永元平和的目光,淡淡的微笑,稳重而又松弛的举手投足,都让你有一种放松的心情。

王刚主持北京电视台的《东芝动物乐园》时,他时常模仿动物的姿态,或者做拟人话的夸张、滑稽的动作,其体态语言非常符合栏目特色。比如,以手臂张开来模拟鸟儿的飞翔,手臂从鼻尖画一个弧以示大象的长鼻子等。他的形体动作非常灵活,富有表演才华,这些个性化的体态语,既与栏目和谐,还展现出王刚幽默、活跃、平易近人的个性风采。

王雪纯的清纯率真表现在她那双真诚的双眼和阳光般灿烂的微笑,以及她那甜美的声音和富有亲和力的语调上,给人以"出水芙蓉"般美的感受。

李咏的诙谐潇洒则表现在他幽默的语言,充满感染力的肢体语言和恰到好处的外形包装上,让我们在屏幕上看到了一个魅力四射、富有现代感的主持人。

七、体态语与有声语言和谐配合,共同达到传情达意的目的

电视节目是声画兼备的传播媒介,当电视播音员、主持人以有声语言在屏幕上传情达意时,其生动鲜活的形象同时跃然于画面上,体态问题也就接踵而来。播音员、主持人的一颦一笑、举手投足、眼波流转、神色变化都反映着内心活动,都能传递信息,体态语在传播信息、交流思想感情方面有着有声语言不可替代的作用。

在电视节目中,体态语言有形无声与有声语言有声无形的传播信息特征是优势互补的。体态语所传递的无声信息,不仅可以作为有声信息的补充,更是表达情感态度和提示信息内涵的重要手段。

体态语言涉及阴柔、阳刚、秀美、飘逸、明快、轻松等审美形态,有益于满足人们从生理到精神上的不同层次的审美需求。因而体态语言与有声语言之间的密切配合,会产生一种和谐合力,它足以表达极其丰富深刻的思想内涵,足以显示综合效应之魅力。

如果体态语言与有声语言两者相悖,就会起干扰作用,会影响主持人的传情达意,影响整体效果。

因此,我们不仅要加强自身口语表达的艺术修养,也要注重培养自身体态语艺术的修养。只有掌握运用好口语和体态语,才能在主持节目时,打破与观众之间的"墙",架起通向观众心灵的"桥"。

八、注重实践，内外兼修

一个电视节目主持人给予人的信息不仅仅是其通过口传递的信息，更重要的是其特有的给观众以强烈印象的个人信息，如气质、姿态、仪容、服饰、表情、动作及个性风格等，这一切构成了一个主持人的整体形象。

体态语言是心灵的流露，是一个人的文化修养、综合素质的外化，从根本上讲，主持人的价值观、道德观、学识修养、审美情趣、生活态度，都会折射在神情举止、仪表仪态中。

我们没有理由不对自己的体态进行有效的控制和训练，多观察、多分析、多体验、多实践，使自己的形体感觉变得敏感、活跃、细致、准确起来，使自己的体验和实践丰富起来。我们还要不断提高个人的文化、艺术修养和思想道德水准，培养自己高雅的气质、风度和美好的心灵。内外兼修，使自己慧中秀外，从而更加适合电视节目主持工作的需要。

电视节目主持人要学会正确、有效、灵活地应用体态语，使体态语准确、优美、富于表现力，从而使电视节目获得更好的传播效果，塑造主持人的优秀形象。

第六节　不同类型电视节目中主持人体态语运用的艺术特点

电视节目是声画兼备的传播媒介，体态语在电视节目传播效果上具有重要意义。主持人主持节目时，用体态语与观众交流，引发观众对体态语的认同感，是使节目主持取得成功的一个重要因素。

一个电视节目主持人之所以成功，是因为在屏幕上的形象具有很强的感染力，因此，我们没有理由不对自己的体态进行有效的控制和利用。正确而有效地应用体态语言，使其准确、优美、富于表现力，在电视节目中达到最好的美学表达，从而更加适合节目需要，获得更好的传播效果。

体态语的运用艺术所追求的最高境界就是和谐。对主持人而言，体态语应与主持人本人及节目和谐。主持人的体态语运用应与节目类型相符，服从节目的需要，表现出节目的特色。电视节目主持人在主持节目过程中运用体态语需要遵循电视节目传播的特点和规律，在不同类型节目中灵活应用体态语，从而适当地调节和控制，塑造优秀电视节目主持人的成功形象。

现从新闻评论类节目、综艺类节目、生活服务类节目、访谈类节目主持人等不同类型电视节目来加以分析：

一、新闻评论类节目主持人的体态语运用特点——端庄、沉稳、自然大方

在新闻评论类节目中,主持人无论采用坐姿还是站姿,体态的整体感觉都应该是端庄、沉稳,自然大方,给人留下干练的印象。

1. 重视正面表现

新闻评论类节目主持人在演播室出镜时与观众都是正面交流,所以应直接面对观众,正视观众,要着重正面表现。

2. 以端庄自然为美

自然意味着不做作、不勉强、不局促,端庄即端正庄重。端庄自然可以形容神情、举止,也可以形容外部形象,是一种内外兼修而达成的气质。新闻评论类节目主持人的体态语运用一定要以端庄自然为标准,以适可而止为尺度。

3. 善于运用微身体动作

微妙的动作常常传递着重要的情绪情感信息,对观众的吸引力很大,善于运用微身体动作能给人以自然得体又神采飞扬的美好印象。

常用的微身体动作有眼光的闪动和嘴角的牵动。此外,微笑是最重要的微身体动作;眉眼的细微变化颇能传情达意,但要准确、适度地运用;身体微微前倾的姿势会显示出强烈的交流欲,但过分会有些压抑,微微后仰的姿势会显得自信、洒脱、权威,但过分也会显得自负、骄傲;脖颈的微身体动作可表现为略有点头意味或略有摇头意味,传达正面或负面的信息等。

4. 应注意的事项

应注意以下几点:挺胸抬头给人以充满自信的印象,立腰、收腹,双肩自然下沉,显得端正庄重、自然大方;如果只盯镜头中一点,很容易使目光僵滞,而如果看镜头中的一线(虚拟的横向线条)而不是一点,便有了灵活自然的眼神;以头部的微小动作跟上眼睛的动作,配合起来看提示器,状态就会自然流畅。

二、综艺类节目主持人的体态语运用特点——热情、舒展、大家风范

节日联欢晚会或主题综艺晚会是电视综艺类节目的典型形式,而主持人就

是节目现场的串联和组织者。节目的主持人是在整台节目中倍受瞩目的人物，主持人应该既有挺拔端庄的体态，又有丰富灵活的体态语运用，要通过热情舒展的体态表现，显示其大家风范，充满亲和力与感染力。

如果要主持一台电视文艺晚会的话，主持人无论如何也要展示"明星"风采，才不至于破坏晚会的艺术气氛。当倪萍身着传统中式礼服带着微笑款款而来时，每一位观众都会被她体态流露的热情气息所感染。

1. 重视全方位体态表现

综艺类节目主持人要纵横全场、广泛交流，与搭档、嘉宾、观众相互配合、相互呼应，因此体态必须是全方位的。比如面对大家问好和侧过身去问候嘉宾时形象都要大方、热情。主持人毫不造作地表现出的气质，辅以举止动作和面部表情等手段，成为其鲜明的个性特点。

2. 善于感受节目现场气氛，根据现场情况灵活调整自己的形体动作

综艺类节目的主持人应善于感受节目现场气氛，根据节目现场情况灵活调整自己的形体动作，以取得生动的效果，显出热情、大方、从容、舒展的风范。

3. 强化入场、淡化退场

入场和退场的基本体态都是站姿和步态，但体态所需呈现的效果是不一样的。入场要强调热情、大方、有"精气神儿"，步子轻快有弹性并富于美感，要与场上气氛相协调，挺胸抬头带着由衷的笑容对观众行注目礼。走步时宜微侧身，体现出"面对观众，向观众致意"的感觉，有时还可以伸臂做一个引领或邀请的手势来强化这种感觉。引领、邀请或介绍的手势应落落大方、从容、舒展，手臂可与肩平或比肩稍高。

入场走到适当的位置后，从容自然地面对观众站定，此时环视一下观众，给观众、也给自己一个转换节奏的时间再开口说话。女主持人的站姿宜挺胸收颔，双腿和双脚跟并拢，脚尖分开，约45度角呈V形；男主持人的站姿宜双脚平行，两腿稍分开。

主持人退场时则应淡化自己的吸引力，应有把观众的注意力转移到下面的节目上来的感觉，"自然淡出"，步子轻、稳地悄然退至幕后，引出下一个节目的出场。

4. 与搭档默契配合

综艺类节目通常有两个或多个主持人搭档，搭档之间的体态语关系的把握也很重要。主持人在台上与搭档进行交流时，要注意运用较近空间人际交流的

体态规律,不能在台上旁若无人地说话,应和交流对手有手势、眼神和表情的呼应,而且这种呼应应自然充分,不能似看非看或急匆匆地瞥一眼又转过头去。默契的搭档懂得互为红花、互为绿叶的道理,懂得在对方有突出表现时让自己成为帮衬者,成为绿叶而不去争春。如果两个人都连说带比划,一定会给人留下抢舌、争出风头的印象。

三、生活服务类节目主持人的体态语运用特点——亲切可信、温文尔雅

以社会生活服务为宗旨的各种电视节目统称生活服务类节目,这类节目题材内容十分广泛,表现形式也多种多样。在生活服务类的节目中,主持人的举止应亲切、可信、生活化,表现出契合观众收视心理的生活气息。

生活服务类节目一般由两个或多个主持人搭档主持,有别于综合娱乐类节目主持强烈的现场感,也不同于新闻评论类节目单一的交流方向。生活服务类节目主持人以热情、亲切的服务意识感染观众,其体态语运用依据节目特性,应注意以下几点:

1. 全方位体态表现

由于主持人之间、主持人与观众之间的多向交流及轻松的节目氛围,主持人头部的动作、躯干四肢的动作不可避免,加之很多节目主持人都走动进入节目现场,于是注意全方位的体态是必需的。

2. 以温文尔雅为美

生活服务类节目主持人就像生活在群众身边一样,因此体态应以众多群众的审美要求为准,体态感觉是自然、积极、充满兴致的,不能求新求异乃至脱离群众,要以温文尔雅为美。

3. 形体表现与有声语言协调统一

在节目中形体动作与有声语言相伴而来,应协调统一二者的关系并注意三点:第一,形体动作对有声语言起有效而生动的辅助、补充作用;第二,形体动作要跟上有声语言的意义内容和语言节奏;第三,体态表现要显得亲切可信。比如,在节目中主持人的点头、摇头、微笑或专注的眼神等表情和动作,正是对有声语言有效而生动的补充。

电视节目主持人风格与节目主持艺术

四、访谈类节目主持人的体态语运用特点——轻松、平易、和谐交流

访谈类节目是以语言交流为主体的节目,主持人与访谈对象之间的谈话是以人际交流的方式进行的。在访谈的各个场合中,主持人也要格外注意自己的体态。在与重要人物访谈等庄重的场合主持人要庄重大方,在其他场合中主持人则应力求轻松、平易,要在平等、民主、和谐的氛围中与所访谈的人进行有效的交流。作为谈话节目主持人,实际是谈话现场的中心和组织者,需要把握的体态感觉是轻松、平易、强调有效交流的,只有这样才能放松自己,调动对方,达到和谐交流的目的。

首先主持人要摆正自己的位置和心态。好的谈话节目主持人善于让自己以一个普通朋友的姿态进入谈话现场,而老师向学生提问式或学生向老师请教式的心态都是不可取的。访谈中人与人之间空间距离很近,只有采用自信、平等、与朋友交流的心态才会有轻松、平易、和谐交流的体态。如果再有一些沟通、交流的知识和技巧,体态语的运用就更游刃有余了。

1. 坐姿是访谈最常用的形体姿势

坐下来可以稳定、从容地谈话,所以坐姿是访谈最常用的姿势。女性的坐姿可以使上体微向侧转,两臂自然放松,双手可手心相向随意地合在一起放于腿上,两腿弯曲并拢,双膝稍移向一边,靠外侧的脚略放在前面,也可以两脚一前一后地着地。这样的坐姿显得既有控制,又不过分拘禁、封闭,同时也比较优美。

尽管坐姿是一种相对轻松的姿势,却很容易暴露形体中的问题,应注意避免的主要问题有:

一是瘫坐,即腰向前弯,脖子向前伸,四肢无控制地摊开,身体(尤其是腰部)缺乏控制,显示出对自己的形象毫不在乎;

二是过于对称的坐姿显得拘束,如挺直腰和脖子,端正地坐着,双手放在两膝上或两手相叠捂在小腹上,显得紧张而充满戒备。

2. 体态表现应利于轻松、平易、和谐的交流

谈话对象之间应该有适当的空间距离,以 1~1.5 米为宜。谈话对象坐好交谈时,应该使双方的眼神能够很方便地对视、交流。访谈中人与人是近距离接触,因此眼神、表情对交流的影响至关重要。

访谈节目的谈话主体是被采访的客人,主持人表现出乐于倾听和交流的样子是很重要的,但要做得自然、真诚。身体微微地前倾,头微微地侧着及微笑

都是对谈话者和谈话内容感兴趣的表示，如点头表示同意，微微皱眉表示疑惑等，要注意动作不要做得太夸张。一个成熟、自信的主持人不会过于频频地点头或过于热切地注视着被采访者。值得注意的是：交谈时身体微微前倾的姿势是积极倾听并乐于交流的表示，但身体过于前倾就有急于打断对方或与之争辩的倾向；若身体微微后仰会显得自信、洒脱、权威，但过于后仰则有躲避谈话或显得傲慢的倾向。这都不利于平等地交流。

3. 要兼顾与个体的对话和与观众的交流

谈话节目主持人的形体动作既要有利于与谈话对象对话，又要照顾到与全场观众甚至电视机前观众的交流。体态语的运用要做到面对少数人和面对观众相结合，目光的专注与环视相结合，表情手势的个体交流与群体交流相结合，要在"一对一"和"一对众"之间有灵活的转换，这一点尤为重要。

我们远远不能穷尽所有电视节目中体态语运用的问题，重要的是掌握电视节目主持人体态语运用艺术的内在规律，只有这样，才能在千变万化的节目中触类旁通、运用自如。电视节目主持人应不断加强体态语运用的艺术修养，使体态语与主持人本人自然而有机地结合，与有声语言和谐配合，并能在镜头前对体态语的艺术特点运用得游刃有余，使体态语准确、优美、自然融洽地与节目和谐统一。

总之，一个外表得体、举止有度、谈吐不俗、气质高雅的主持人形象才会引人注目、受人敬重，才会有更大的影响力。电视节目主持人不应把主持节目时的"体态语"看作平常事，而应视为一种艺术去执着地追求。只有不断加强体态语运用的艺术修养，才能不断提高电视节目主持的艺术水平。

以上对体态语的含义、作用以及如何运用体态语作了一些探讨，而就中国电视事业的发展趋势来看，主持人对体态语的了解和运用还需进一步规范和提高，这对优化我国电视节目主持人的水平和提高主持人的素质具有重要的意义。

对体态语的学习和灵活运用是每个青年主持人的必修课，从学习到得心应手地运用还是存在一定距离的。主持人的魅力贵在自然，这里的自然，是指体态语与主持人本人自然而有机地结合，而不是机械地模仿。因此，青年主持人应注重实践，努力掌握其中的技巧，并灵活运用。青年朋友们要对自己的体态进行有效地训练，使之准确、优美、富于表现力，塑造自己优秀节目主持人的成功形象。

电视节目主持人风格与节目主持艺术

第四章 电视节目主持人的服饰语言艺术

服饰作为电视节目主持人的无声语言，直接参与视觉形象的塑造，传达着主持人的思想、个性、文化修养与艺术品位，帮助主持人与受众进行美的交流。服饰语言是否得体，与电视节目的成功与否相互关联，因此我们要充分认识服饰设计的重要性，学会正确运用服饰语言。

无声的服饰语言也是主持人自身文化素质的外化。服装和饰物是传达信息的载体，在特定的传播条件下，具有明确的表情达意功能。作为非语言符号，服饰不仅可以传达时代气息、文化背景等信息，而且也是个人身份、职业、性情、爱好的表征。美国著名形象设计师乔恩认为："我们的着装影响着外界对待我们的态度。"服饰在视觉效应上的作用不言而喻。

在电视传播中，主持人的服装语言同样具有吸引观众注意的作用。整洁得体的服装和配饰不仅给观众带来了视觉愉悦效果，还强化了主持人具有的视觉冲击力，而且对节目传播的内容也有辅助性作用。服饰是完成形象塑造的有机组成部分，通过服饰可克服或改善自身的某些缺点，进而更好地增强和展示自我形象的魅力。

第一节 着装原则与服装选择

一、着装三原则

着装原则可以归纳为TPO，TPO是英文中的时间（Time）、地点（Place）、场合（Occasion）这三个词的缩写，是指人们在着装时要注重时间、地点、场合这三个客观因素。

1. 时间原则

人们在着装时应考虑时间因素，做到"随时更衣"。时间涵盖了每一天的早间、日间、晚间三个时间段，也包括每年的春夏秋冬四个季节，以及不同时期的特点。

白天是工作时间，着装时要根据自己的工作性质和特点，总体上以庄重大方为原则，如参加社交活动或公关活动，则以典雅端庄为基本着装格调；晚上以宴请、舞会、音乐会一类的正式社交活动居多，故晚上着装以晚礼服为宜，以形成高雅大方的形象。

人们在着装时也应遵循一年四季的变化规律，做到冬暖夏凉、春秋适宜。夏季以轻柔、凉爽、简洁为着装格调，切忌拖拉繁琐、色彩浓重；冬季以保暖、轻便为着装原则，即使房间里暖气再足，也不能穿着薄薄的纱裙；春秋两季着装的自由度相对大一些，但总体上以轻巧灵便、厚薄适宜为着装原则。

随着社会的发展，人们的着装观念会发生一定的变化，一个时期有一个时期的流行趋势，因此着装要考虑时代的特点，尽量避免穿着与流行趋势格格不入的服装。

2. 地点原则

地点也是决定如何穿衣的重要因素，特定的环境应配以与之相适应、相协调的服饰。

例如：穿着西服步入高级酒店；在高尔夫球场要穿休闲便装、专用皮鞋、戴太阳帽；在网球场要换短运动衣、网球鞋、系上发带；在游泳池要着泳装、戴泳帽和泳镜。

以新闻主持人或记者为例，服饰语言的功效和意义在于，它可以提高对观众的吸引力，确立主持人平等亲近的地位，特别是可以使劝说性信息的传播达到预期的效果。身着什么服饰，要根据具体地点而定，如到矿井里面去采访，最好穿工装，戴上安全帽；到农村去田间采访，最好穿着朴素，不要西装革履，花枝招展。

3. 场合原则

根据场合选择服装是说要根据不同的场合以及自己在其中所扮演的角色来选择服装。人们的服饰也要与场合和气氛相协调，适合活动的特色要求，服饰的款式和色彩要与之相配，实现人景相融的最佳效应。

场合分为公务、社交、休闲三大类。公务、社交属于正式场合，要求正规讲究；休闲属非正式场合，应随意、舒适、轻便。宴会、舞会、演出等社交场合要穿得尽量隆重，可以穿礼服、民族服装；办公、会议等工作场合要穿得正式得体，可以穿西装、套裙；居家、购物等休闲场合则可以任意发挥个人的想象力，根据自己的喜好来穿着。

电视节目主持人风格与节目主持艺术

二、服装选择以协调为宜

着装选择以协调为宜,协调是指一个人的穿着要与他的职业、年龄、形体、肤色和性格相适应,表现出一种和谐感,给人以美的享受。

1. 根据年龄选择服装

年轻人的穿着应鲜艳、活泼和随意一些,充分体现出年轻人的青春美,而中老年人的服装则要注意庄重、雅致、整洁,体现其成熟和端庄。

2. 根据体形选择服装

服饰是完成形象塑造的有机组成部分,特别是需要全方位展示形象的主持人更要通过服饰克服或改善自身的某些不足,进而更好地增强和展示自我形象的魅力。

扬长避短是服饰选择与搭配的策略——首先要客观地认识自己的体形、面貌并利用衣着来强调、突出自己的优点,尽量将缺陷减弱到最低点,不要选购因距离太近便会暴露出自己缺陷的衣服。

要懂得深的颜色具有收缩感,而浅颜色有膨胀的感觉。

要尽量避免水平线出现在身体不够健美的部位上,因为水平线具有较强的吸引目光的力量。

如果你的体形较胖,选择衣服时宜选用直线条、装饰不多的服装,衣服要稍长、略瘦些,衣袋呈直形,领子用尖角,可以显得秀气些,还应选厚薄适中、柔软而挺括的衣料。服装的质地太厚,会显得笨拙,也不能太薄,薄使体形显露无遗。例如,太贴或者太飘的衣服都不适合丰满的女主持人,有质感的面料在修身塑形方面是很有效果的。从静态的观念来说,一般体形胖的人穿深色的衣服,可以产生收缩的视觉效果,穿纵条纹衣服可以看起来修长些。反之,则适用瘦人。

如果你是一个高瘦的人,衣服就要选用色彩鲜明的印花、格子布,并且要短些、稍宽些,不应穿领口深而尖的服装。服装的面料也不应过薄,以免显得呆板而没有韵味,也忌讳从头到脚都穿深颜色的衣服。

如果你是颈部短粗的人,宜穿敞领或低领口的上衣。女性可以把头发剪成较短的发型,这样会使脖子显得有所增长,最好避免穿戴任何高衣领或紧围脖子的项链,忌留直或卷的长发。

如果你的手臂较长,就不要穿瘦长袖子的衣服以及任何袖口边太紧的衣服,应选择宽袖口的衣服。

3. 根据肤色选择服装

人的皮肤颜色是有差异的，不同的肤色可配以不同颜色的服装进行修饰。

通常所说的（浅黄色的）皮肤白净的人，穿什么颜色的衣服都合适；但肤色白皙的人宜选浅淡或稍深的颜色，不宜穿过浅或过深的服装，因为穿着的色泽过浅过淡会产生无血色的感觉，而深色又会使人感到"黑白"分明，看上去过于呆板。

皮肤较黑的人，要尽量避免穿深色服装，特别是深褐色、黑紫色的服装。一般来说选择红色、黄色的服装比较合适；皮肤黑中透红的人则应避免穿红、浅绿等颜色的衣服，而应穿浅黄、白色的服装。

总之，中国人的肤色一般是偏暖色调的，服装的颜色也应以暖色调为主，有时根据自己的皮肤情况选择偏冷色调颜色的服装也会使自己很有魅力。

4. 根据职业选择服装

不同的职业有不同的着装要求。例如：教师一般要穿着庄重一些，不要打扮得过于妖冶，衣服的款式也不要过于怪异，要求留下一个值得尊重和威严的良好形象；医生穿着要力求显得值得信任、庄重和富有经验；青年学生穿着要朴实、大方、整洁，不要过于成人化；演员、艺术家则可以根据他们的职业特点穿得时尚一些；主持人的穿着应有目的、灵活地选择，穿着打扮应该与所主持的节目风格相称。

三、女性职业服装的着装规范

1. 女性的职业服装千万不可以透

天气再热，衣服再薄，也不能使内衣、背心、文胸、内裤等若隐若现，甚至一目了然。

2. 不可穿着不讲究

不可卷袖子、敞扣子、颜色过乱、饰物乱配、不烫不熨。

3. 注意服装的样式

服装的样式不要怪异，可以选择连衣裙或套装、套裙等。

4. 女性穿短裙时要注意长筒丝袜的颜色

长筒丝袜要选择与自己腿的肤色接近的颜色，绝对不能在裙子与袜口之间外露大腿部分。

5. 鞋的样式应与时间、地点、目的相配合

人们对鞋的样式有自己的爱好，同时也应与时间、地点、目的相配合。

第二节　电视节目主持人服饰的基本要求

电视节目主持人的服饰应服从以下基本要求：

一、服从节目的需要

电视节目主持人对于穿着的个人好恶必须服从于节目的需要。

服装艺术所追求的最高境界就是和谐。对主持人而言，服装应与人及节目和谐。主持人的服饰要服从节目的需要，具体地说：

在新闻类节目中，主持人的衣着应该端庄、严肃且质朴无华。一般可穿衣领、肩部有明显清晰轮廓线的西服套装，喜庆节目也可以穿色彩鲜艳的服装以烘托气氛。

综艺节目的主持人则通过时尚、前卫的服饰展示其"明星"风采。如果要主持电视文艺晚会，主持人无论如何也要盛装打扮，才不至于破坏晚会的艺术气氛。

生活服务类的节目中则应生活化、随意、舒适，多以休闲的衬衫、T恤、裙装示人，表现出契合观众收视心理的生活气息。

少儿节目的主持人尽可能使自己的服饰可爱、有趣、天真活泼、富于奇特的想象。

在现场采访的各个场合中，主持人也要格外注意使自己的衣着与环境和谐。在采访重要会议、重要人物等庄重的场合，主持人的服装也要正式。在其他情况的各种场合中，主持人的服饰则应力求轻松、随意、与所采访的人群相配合，这样便于为观众所接受并和观众产生交流，整洁的休闲装便是主持人很好的选择。

二、追求个性与风格

主持人追求服饰个性，首先要自我认识、自我定位。自我认识即了解自己的自然条件（年龄、肤色、脸型、形体等）和内在素质（身份、个性、气质、修养等）。

自我定位是指对自己有理想形象的设计。作为主持人的形象定位，要在节目形象和自身形象中寻找一个恰当的契合点，展现独具魅力的个性形象。

通过自我认识、自我定位，选择适宜的色彩、款式、面料、饰件，塑造最佳的自我形象，如端庄典雅、秀丽娴静、亮丽潇洒等。著名的美籍华裔主持人靳羽西女士的服饰色彩偏爱用简洁而鲜明的红与黑，烘托出了她端庄秀丽的气质、容貌和热情、奋进的生命力。她那鲜明的色彩搭配，给人以强烈的视觉印象，与靳羽西丰富的内在素质和谐地融为一体。

服饰个性化的最高境界就是和谐美观的整体效果。当然和谐不能刻意，对于服饰个性化的追求不能偏离自然、大方，在这个前提下典雅也罢，活泼也罢，随意也罢，过分的刻意就会失去自然。

主持人追求服饰个性化，绝不是标新立异。个别主持人不分场合都戴着帽子、墨镜面对采访对象和观众，自以为潇洒有个性，其实是对他人的不尊重，也是自身缺乏修养的表现。

在电视节目主持中，同一套服饰集中在不同的节目中重复出现是忌讳的。

三、注重服饰品质

主持人在考虑服装是否与自己和节目相称之外，还要考虑服装自身的五种主要元素：质地、款式、颜色、图案和尺寸。

就质地来说，应该尽量选择质地比较好的服装。

服装面料的质地要好，高档面料本身就给人以高贵感。有些高档面料在镜头中的效果尤其明显。最好不穿混合料子的服装上镜，因为有的混合料子在镜头里看是一块儿一块儿的，使人身上显得不干净。

款式的原则是简练、大方，过于复杂、繁琐的服装会使主持人难以显示自己的气质。

由于灯光和摄像机的综合作用，强反光或发亮的面料在屏幕中会产生耀光和损失层次感；而过于吸收光线的面料则会使所有接近暗色调的层次感损失掉。电视节目主持人服装的颜色也和化妆一样要避免高亮度、高纯度、高反差的颜色，否则摄像机只会使它们夸张、失真；相比之下，色彩柔和、纯度低、反差小的服装在电视机上更容易造成美感。

过于细小、复杂的图案在生活中也许很美，但电视的低清晰度，导致其不易表现这些精致与纤巧的细节，而只会是模糊一片，反而是那些简单的图案能够产生较好的效果。还有，过于琐碎的图案，比如细小的条条儿、道道儿、块块儿、点点儿等，在镜头中会产生簌动，同样影响整体视觉效果。

对于尺寸的要求就是合身。

电视节目主持人风格与节目主持艺术

中国主持人理论研究的老前辈壮春雨先生曾这样论述主持人的着装问题：从形象的角度考虑，选择服装，第一要考虑合乎年龄、身份，第二要考虑美观，第三要考虑适用，第四才是考虑时髦。如果把时髦放在第一，流行什么，就赶着穿什么，往往效果不佳，甚至适得其反。达·芬奇就说过："你们不见美貌的青年穿戴过分反而折损了他们的美乎？"作为主持人，对服饰更应该格外重视，不能完全按照自己的喜好着装，而应根据时间、场合与节目内容着装，即为观众着装，为节目着装，力求服装与节目特色、环境要求、谈话对象和电视观众视觉心理相统一，以取得良好的个人外表形象。

第三节　服饰的色彩搭配艺术

节目主持人着装效果如何，由全身的穿着是否协调而决定，包括色彩、外型、个性、时间、场所、节目类型等要素搭配和谐才会产生美的效果。其中关键的要素便是色彩，可以说衣服颜色是主持人形象中最具情感特征的部分，而且颜色的组合要协调。

一、颜色代表的意义

不同颜色的服装穿在不同的人身上就会产生不同的效果，不同的颜色代表不同的意义，借助色彩可以烘托自己的个性：

红色是一种刺激性较强的颜色，它意味着激情、炽热、奔放和精力充沛。

黄色是一种健康的色彩，意味着希望、明丽、轻快、单纯与健康。喜欢黄色的人做事潇洒自如、精力旺盛，是个身心健康的人。

绿色是一种令人感到稳重、安适的颜色，绿色还代表了积极、新鲜、生命力和青春的活力。喜欢绿色的人性情平和，乐观且充满希望。

蓝色本身是一种令人产生遐想的色彩。深蓝色具有深邃的特征，表现出自信、沉静、平稳、宁静和镇定自若；浅蓝色是一种清雅的色彩，代表着纯洁、清爽、文静。

紫色是寒色系的代表，表示高贵、华丽、稳重，它象征着权力。

褐色表示谦和、平静、亲切，它可以和任何颜色搭配，因此被称为安逸祥和的颜色。

灰色是一种随和的色彩，它具有与其他任何颜色搭配的多样性，是中间色的代表色彩。

白色表示纯洁、明亮、高雅、纯真、朴素和神圣,但容易使人产生膨胀感。黑色是一种神秘、悲哀、静寂、高贵并且可以隐藏任何缺点的颜色。

二、服饰色彩的搭配艺术

1. 服饰应注意配色的协调

"远看色,近看式样",色彩在服饰中有重要的作用,因此主持人的服饰应特别注意配色的协调。颜色搭配得体,能直接地展示出主持人的审美品位。

黑、白、灰为无色色调,可以单独成一体,可以互相组合,也可与其他颜色组合,几乎所有衣服都有它们的影子。

色彩分为:红、橙、黄、绿、蓝、紫;其中红、橙、黄为暖色,给人以温暖、生机勃发的感觉,也可使整体产生膨胀感。

绿、蓝、紫为冷色,给人以冷峻的感觉,也富有收缩感。

红与绿、橙与蓝、黄与紫等为对比色,对比色的协调是比较难的,但以一种稳定的色彩为主色,另外以少量明亮的对比色为辅色,那就会取得比较好的效果。

深色不一定就是黑、红、蓝、紫、绿,有一定深度、给人以重量感的都是深色。深色的品质稳重、深沉,有收缩感,浅色明亮有膨胀感。

2. 服饰深浅色的组合采用衬托的方法

深浅色的组合采用衬托法,其方法主要有两种:

一是横向深浅组合,是指内外横向层次排列的对比,这种深浅明暗的衬托使整体更有层次,更有变化,更为生动。一般的做法是深外衣加浅内衣或浅外衣加深内衣。

二是纵向深浅衬托,一般的组合为上深下浅和上浅下深,即深上身浅下身和浅上身深下身。

3. 服饰色彩搭配应注意的问题

(1)最易活用的黑色。黑色服装适合各种场合,然而如何与其他颜色的服装搭配好却大有学问,一般认为白色是它的最佳配色。以黑色为主,白色为点缀,显得清爽自然;黑色与红色搭配色彩极为鲜明。如红色上衣配黑色裤,或黑色外套配红色裙子,再围上一条红围巾,外出采访时显得既干练又优雅。

(2)必备的白色。白色可与任何颜色搭配,但要搭配得当,也要用心考虑。白色下装配以带条纹淡黄色上衣,是柔和色的绝配组合;对于粗条纹服装来说,红白搭配是大胆的结合。

（3）最易搭配的蓝色。在所有的颜色中，蓝色最容易和其他颜色搭配，不管是近似于黑色的蓝色，还是深蓝色都比较容易搭配，而且蓝色还有紧缩身材的效果，极富魅力。

生动的蓝色搭配红色，使人显得妩媚、俏丽。《快乐大本营》中的李湘，身穿红色T恤配以蓝色的牛仔裙，一举一动都显得充满活力，非常成功。

（4）充满魅力的灰色。灰色有各种浓淡色调的变化，自有一种魅力。整齐的灰色套装配白衬衫则会显得端庄大方，展现魅力。《生活》节目的主持人赵琳曾穿着红色毛衣、白衬衫配灰色短裙，成功地塑造了她可爱动人的形象。

（5）温文尔雅的褐色。褐色服装温文尔雅，搭配起来比较困难。褐色与白色搭配，给人一种清纯的感觉，增添红色毛衣、红色围巾，会更加鲜明生动，俏丽无比。

（6）服饰颜色的一般类型。一般来说，颜色可分为活泼色调、柔和色调、自然色调、深暗色调和无色色调。

活泼色调色彩鲜艳、热情，给人以华丽、时髦甚至夸张的感觉，并带有异国情调和异族情调。

柔和色调色彩淡雅、娇媚清爽，给人以明亮轻快的感觉，是春夏季节不可或缺的颜色。

自然色调以大自然颜色为参考色，如土黄色、茶色、橄榄绿等安详、恬静又稳重的颜色，从不同组合变化中又能变幻出大量色彩，神奇莫测。

深暗色调指以酒红色、深黄色、藏青色为中心的深郁、沉着的色调，在浓厚中包含着华贵与雅致、稳重与热烈，是一种矛盾的混合色，深受知识型主持人喜爱。

无色色调，黑、白、灰为无色色调，这是三种最有代表性的色调，可以单独成一体，可以互相组合，也可与其他颜色组合。黑、白、灰是配色中的最安全的颜色，它们最容易与其他色彩搭配并取得良好的效果。

三、服饰色彩搭配的基本手法

1. 统一法

统一法是使服装色彩获得统一色调效果的方法。这种色调统一的配套方式，效果独特，富有迷人的魅力，对不同气质、不同风格的主持人都很合用。

例如，倘若上下衣着都是蓝色的，那么鞋、袜、帽等也应是蓝色的；倘若上穿白色衬衣，下着白色短裙，那么鞋、袜、帽，以至手提包等也应是白色的。

2. 点缀法

点缀法是在统一完美的主色调（包括主色、陪衬色）的基础上，加上醒目的小块色作点缀，起到画龙点睛的作用。

例如，身穿一身黑色或白色衣裙的女主持人，胸前戴一朵红色小花，腰部系一条红色腰带，或是胸前插一朵粉红色羽绒花，再系一条银色腰带作装束等，这种以醒目色作点缀的配套，效果清新、雅丽，别具风韵。

3. 对比法

对比法也叫衬托法，这种方法是通过色彩的互相对比或衬托来加强服装的美感。俗话说："红花虽好，也要绿叶扶持。"它强调的就是对比或衬托的魅力。

例如，黑色套装配白衬衣，深色上装配浅色下裤等，这种黑与白、深与浅的对比，色彩明朗，格调新颖，具有深入浅出的效果，对增加美感作用显著。

4. 呼应法

呼应法是同种色或类比色的彼此互相照应，相得益彰，创造和谐统一的美感效果。

例如，青莲色的套服，上衣印有红白色花纹，配上白色镶红或青莲色边的帽子，以及类似花式的鞋、袜等，可使红与红、白与白、青莲与青莲等色彩相互照应，相得益彰。

5. 衔接法

这种方法的要点是让对比色（红与绿、橙与蓝、黄与紫）通过一种中性色（如黑、白、金、银等色）的混合，使人产生色彩连接的感觉，因而也就达到和谐统一的效果。

例如，红色的半袖衫，绿色的短裙，配上一条白色（或金、银、黑色）的腰带，那么上下衣的色调就会衔接起来，达到和谐统一的效果。

6. 分块法

分块法也叫块面拼接法，就是把不同色泽加以巧妙地拼接，使服装产生既对比又协调的效果，具有浪漫的色调。分块法选用颜色最好不超过三种。

一般来说，衣服的颜色以"三色"较为适宜。所谓"三色"，就是全身的衣服颜色最多不超过三种。颜色不要太杂，否则就像中央电视台资深化妆师徐晶老师常用的比喻："穿得跟虎皮鹦鹉似的。"颜色也不要太鲜亮，"清色系"的服装，所谓大红、大紫、大绿、大黄之类，在镜头前还是慎穿为好。

色彩搭配还要考虑到环境因素。记得有一位女选手上身穿一件米黄色职业装，下身穿一条深蓝色的西裤，刚好那天演播室里的背景板也是深蓝色的。结果可想而知，监视器里看上去就好像她在表演空中悬浮的魔术。

世上没有不美的色彩，只有不美的搭配。各种颜色的组合可以创造出一个多姿多彩的世界，若颜色搭配得体则能直接展示出一个人的审美品位，但稍有不慎就会成为一个受人嘲笑的调色板。因此，谨慎选择服装颜色非常重要。

第四节 特定场合的服饰规范

电视节目的录制现场可能是特定场合，所以主持人就要根据特定场合以及自己在其中所扮演的角色来选择服装。

一、喜庆场合的着装

喜庆场合是指结婚庆典、公司庆典、欢庆舞会、联欢会、朋友聚会、生日欢宴等。

为了与这种气氛相协调，参加者着装应注意以下几个方面：

1. 色彩要适当

选择的色彩以明快、亮丽为主，可以欢快、喜气、鲜艳一些，不过在参加婚礼时客人应该注意打扮得不要过于出众，以免喧宾夺主。

2. 款式要得当

正式的喜庆场合，对男士的服装款式要求比较严格，应该穿中山装、西装或自己喜欢的服装。一般的喜庆场合可以穿着宽松、潇洒一些，比如可以穿两用衫、夹克衫、牛仔服等各式便装，但要穿得整齐、干净。女士服装款式选择的余地比较大，可以根据季节与自身的特点选择自己喜欢的款式，但要注意不要穿得过于怪异。

女性参加晚会、宴会的服装，就质料而言应以丝、丝绒、雪纺纱和绸缎最为适宜，轻软而富有光泽，最能衬托出女性高雅、窈窕的身姿；而毛、棉织的衣料则显得笨重、光泽也较差一些，不适宜参加晚会、宴会。颜色应以黑白两色最佳，红色、蓝色等纯色也可以选择，因为纯色能够很好地显现女性的身段，容易给人以端庄之感，也可以按自己的身材优势灵活选择；鞋跟应有一定的高度，以便走起来摇摆身姿，仪态优雅。

二、庄重场合的着装

庄重场合主要是指正式宴请、庆典仪式、会议、谈判、会见外宾等正式场合。着装必须遵从以下三点要求：

1. 要按规定着装

参加者应该穿着比较严肃的正式服装。男士可穿西装、中山装等；女士则可以穿各种套装、晚礼服或旗袍、长裙等。服装的色彩与款式要表现出风度与教养，衬托出文雅的气质。要注意：在庄重的场合，参加者不要穿便服、两用衫、夹克衫、T恤衫、牛仔服等，更不能穿短裤、背心与超短裙。

在正式场合女士不宜穿半袖装或无袖装；不得光着脚穿鞋子，不得穿拖鞋、凉鞋、镂空鞋。在正式场合女士可以穿长裙、裙子，在庄严肃穆场合，女士的裙长应过膝。

2. 要按规范着装

着装，特别是正式服装的着装，是有一定规范的，一定要按照这些规范着装。

3. 注意礼貌着装

着装要讲究礼貌，如：进门后应主动脱去大衣、风衣、帽子与围巾；不要当众解开衣扣或脱下上衣，如果气温确实很高，经主人同意可以宽衣。

男性在室内一般不要戴墨镜，在室外遇有隆重仪式或迎送场合也不应戴墨镜。在社交和工作场合，不宜佩戴太阳镜。

三、交际场合的着装规范

1. 交际场合对服装的要求

在交际场合，各国各民族对服装有不同的要求：

西方各国参加各种隆重的典礼仪式要着礼服或深色西服。

一般而言，我国男子的礼服为上下身同色的毛料中山装，穿黑包皮鞋，现在更多的男子穿着西装参加正式活动。

女子按季节和活动性质不同，可穿西装下配西裤或裙、民族服装、中式上衣配长裙或长裤、旗袍或连衣裙。

女子穿西装时的注意事项：在配西装裙时，西装上衣应做得长短适中，以充分展现女性腰部、臀部的曲线美，要穿长筒袜；如果是西装配裤子则可将西装上衣做得长些；无论配裙子或裤子，一般采用同一面料做套装，使得整体感强。鞋和袜子要与西装搭配。女士在穿西装佩戴胸针时应别在上衣左侧衣领上。高度应该在从上往下数第一、二颗纽扣之间。

2. 职业女性交际场合着装的注意事项

（1）注意服装的样式不要怪异。

（2）注意穿着讲究。不可卷袖子、敞扣子、颜色过乱、饰物乱配、不烫不熨。

（3）衣服套装不允许过大或过小。上衣最短齐腰，西服裙子不能太短，要合体典雅，体现服饰美。

（4）不允许衣扣不到位。不能不系上衣扣，敞胸露怀。

（5）不允许不穿衬裙。衬裙颜色要与套裙颜色相协调，不允许内裤为人所见。

（6）不允许内衣外现。衬衣不应透明，内衣不能从领口露出；不能不穿衬衫，天气再热，衣服再薄，也不能使内衣、背心、文胸、内裤等若隐若现，甚至一目了然。

（7）不允许随意搭配。套装不能与休闲装混穿，不能与牛仔服、健美裤、裙裤"合作"，黑皮裙、黑皮靴也不能当正装来穿。

（8）不允许乱配鞋袜。套装应穿黑高跟或半高跟皮鞋、肉色丝袜，不要穿花网袜，不能露袜口。

第五节　女主持人的服饰

一、女主持人的服饰策略

为使女主持人的服装不再古板、单一，大方而不失女性风度，美观而不失女性风韵，青春而不失女性优雅，女主持人的服饰策略是在专业形象和女性气质两种角色里取得平衡。为此，笔者设计了几种女主持人服饰的策略，教你获得最佳公众印象，平添几分人气，迈上成功的阶梯。

1. 庄重大方型

着装外形飘逸柔软，着装整体色彩上可以考虑灰色、深蓝、黑色、米色等较沉稳的色彩，给人留下干练朝气、充满亲和力与感染力的印象，此外也可以选择白色。考虑到女主持人要面对公众，必须始终保持衣服外形的整洁，因而应当尽量选用不易起皱的丝、棉、麻以及水洗丝等面料。

2. 成熟含蓄型

总的来说，西服和西裤的搭配，显得成熟稳重、帅气潇洒、自由豪迈。连衣裙适合身材窈窕的女性，黑色的连衣裙，流畅而华丽的线条，令身体的美无言地展示，神秘的黑色适合成熟而含蓄的女性。优雅利落的套装，给人的印象是井然有序，至于颜色，当然还是以白、黑、褐、海兰、灰色等基本色为主，若嫌色彩过于单调，不妨扎条领巾或在套装内穿件亮眼质轻的上衣。

3. 素雅端庄型

穿着符合身份、清洁、舒适，能适当地展现女性的气质与风度，因此，服装应注重配合流行但不损及专业形象，要"在流行中略带保守"。太薄或太轻的衣料会有不踏实、不庄重之感；衣服样式宜素雅，花色衣服则应挑选规则的图案或花纹，如格子、条纹等。

4. 简约休闲型

这是指把简单中的优雅、舒适中的休闲、简约和性感混合在一起。如白色或者深蓝色细格的棉质衬衫，修身的设计，半透明的质感，内衬白色吊带背心，会令你人气大增。

5. 清纯秀丽型

这类女主持人着装应该文雅、端庄、无华，色彩不要太鲜艳，款式要尽量简洁，不宜太暴露，要把大方、整洁作为基本要求。服装的样式可以选择连衣裙或套装、套裙。

二、女主持人的几种服饰创意

女主持人的服饰不仅可以体现形态美，还可以反映出主持人的节目特征及其形象要求。

1. 庄重大方型女主持人的服饰创意

大多新闻评论类节目女主持人的形象反映出精明强干的特点，多以传统规范的套装为主,给人以庄重、可靠的印象,因此,具有相对稳定的服装样式和整体着装规范。她们喜欢那些穿着活动方便而看起来又挺帅气的服装,如衬衫、外套,服装始终保持端庄、大方、整洁。

2. 柔顺、典雅型女主持人的服饰创意

生活服务类节目女主持人被称为"大众儿媳",观众审美情趣造就了其柔顺的性格特征。柔顺的女性喜欢象征女性的饰物,如花边、蕾丝、碎褶的软裙,绣着可爱花纹的衣摆,宽大的纱袖等;佩饰方面,有丝质的缎带、羽毛一类的胸花,细长型金属制品项链;颜色偏爱中间色调,不喜爱太强烈对比的配色,柔和的色调加上弧形的线条剪裁可以强调柔顺的个性特点。

典雅型女性的服饰多注重剪裁的线条,合身简洁的造型,并注重服饰、饰品的配套,给人以清新优雅、落落大方的印象,因此,服装多在简洁、大方的格调中尽量追求完美和高品位的设计效果。色彩常以白色、粉色、中灰、米色、红色等为主要基调。

3. 时尚、外向型女主持人的服饰创意

多数综艺娱乐类节目女主持人都具有外向的性格特点,热烈、动感的服装为她们活跃现场气氛、参与各色游戏提供了便利条件。

个性外向的女性在服装方面喜欢开放的款式,一般为飞肩式的无袖设计、宽松的腰身系上一条腰带,裙摆也以宽大的为多,大型的耳环、大珠串成的项链颇能符合外向性格的个性美。

时尚女性的服饰创意,多以现代设计的观念和视角,用明快的设计语言来体现时尚倾向。面料多为平面、光滑或有弹性质感、具有现代时尚效应的,没有固定的色彩倾向,随着流行色的更替而变化。

4. 青春活泼型女主持人的服饰创意

少儿类节目女主持人应有活泼好动的个性特点。

青春活泼型服装的特点是:常用褶裥、蝴蝶结等来调和稚气,给人以跃动、纯情、稚嫩的感觉,因此,服装饰品的搭配注重趣味性和夸张感,服装色彩以鲜亮为主并紧随流行色的步伐。

如果希望强调自己的个性美,可较多利用荷叶边或是船形领线设计,服装的颜色尽量鲜艳,如大红、大黄之类的暖色系。鸟毛式的衣摆、袖摆也能绽放热情的火花,增加热烈的气氛。

不需要风情万种,女主持人聪明的天性以及对美丽的敏感,使得她们能够轻而易举地将流行元素融进服饰中,成为服饰的流行感觉的点睛之作。

第一部分　电视节目主持人与主持艺术综述

第六节　女主持人的佩饰

佩饰要搭配得出色的确不容易，从佩饰本身的色彩、材质、形状、大小和衣服的搭配性，到几种佩饰之间的彼此辉映都要考虑，使得"穿着很有品位"。

一、女主持人的首饰

精巧得体的首饰是点缀女主持人形象的必需品。女主持人选择首饰除需根据季节选择相宜的首饰外还应注意以下几点：

1. 项链、耳饰等首饰的大小

（1）上镜时戴耳环"尺寸一定要大到一定程度"。综艺、时尚类节目的主持人所"承载"的首饰可能是较大的，至于一位形象较大气的主持人则可以戴相当于眼睛大小尺寸的耳环或更大，气质典雅而保守的主持人并且主持较庄重的节目则适合中等大小的耳环。

（2）项链的长短也不能忽视。一般而言，脖子短的人适合锁骨以下到胸线以上之间长度的项链，过短的项链和垂吊式的耳环都会让脖子看起来更短；而脖子长的人可选择戴短项链和项圈，有坠子的长 V 字形项链则会将脖子拉得更长，除非穿高领否则应该避免。

2. 项链、耳饰等首饰的形状

在选择首饰的形状时，其原则是首饰的形状不可重复脸型，当然也不可极端相反。如：

圆脸：适合有坠子或长于锁骨的项链；耳环和项链坠子要选择直向长于横向的设计，如长方形、菱形、泪滴形等，不要选择大圆形、横椭圆形、正方形。效果是增加脸的长度，减少脸的宽度，创造脸的角度。

方脸：适合有坠子或长于锁骨的项链；耳环和项链坠子要选择直向长于横向的弧形设计，适合椭圆形、月牙形等，不适合方形、三角形等多角形。效果要增加脸的长度，减少脸的宽度。

长脸：不适合有坠子的、V 字形的长项链；要避免瘦长形状的耳环或坠子，如长椭圆形、长方形、长葫芦形等，而圆的、方的、横的、扇形的都可以。效果是增加脸的宽度，减少脸的长度。

甲字脸：适合戴起来可以产生"圆效果"的项链；耳环和项链坠子适合下缘比上缘宽的造型，如泪滴形、葫芦形等，避免心形、惊叹号形、菱形或细长的耳环及坠子。效果是增加下巴的宽度。

3. 胸针的选择

胸针在女主持人的配饰中是重要的。胸针的颜色最好与衣服颜色产生深浅对比，以收红花绿叶之效。女主持人在选择胸针时可以遵循以下原则，为塑造自身形象起一种画龙点睛的作用。成熟女性佩带嵌有珠宝而富价值感的胸针，可以衬托出一种高雅持重的气质；年轻的女孩则应选式样活泼的胸针，不宜戴得珠光宝气，如戴贵重的胸针反而显得老气。

4. 佩戴首饰的四个原则

第一个原则是数量原则。饰物不宜太多，一般不应超过三件，同类首饰不超过一件。

第二个原则是搭配原则。服饰的和谐美是重要的。

第三个原则是质色原则。质地和色彩要和谐，和谐产生美，一般佩戴首饰时力求同色、同质地。

第四个原则是习俗原则。要尊重中国传统习俗。

戴不戴饰品，戴什么饰品，戴多少饰品，与一个人的个性有关。对于电视节目女主持人来说，不是不准戴饰品，可也绝不是戴得越多越好看。珠光宝气往往并不能使人熠熠生辉。戴首饰是女主持人的专利。生活中，男人戴一条项链、一枚戒指未尝不可，可身处电视节目主持人这样一个大众传播角色中，就不合适了。

5. 戴饰品要注意反光的问题

容易反光的东西很多，比如耳环、项链、手链、戒指、胸针、腰带扣、裙带扣、手表、发卡、扣子、眼镜腿、指甲油等，这些，能避免的就应该避免。演播室的灯光亮度很强，身上亮晶晶的东西多了，总是不自然美观的。另外，有的摄像机遇到这种情况会收光圈儿，结果是饰品的亮度合适了，但人的肤色也随之暗了下来，可谓得不偿失。

总之，戴首饰总的要求是要符合身份，以少为佳。佩戴首饰要点到为止、扬长避短、突出个性、懂得寓意，总的目标是不变的，就是使人看起来干净、利落、优雅、气质好。

二、女主持人的围巾

围巾有薄纱的、玻璃纱的、丝绸的、棉的、亮缎的、细褶的、素色的、豹纹的、圆点的、印刷字母的、竖条的、四角图案完整华丽的、正方的、细长的、三角的等。其色彩、图案、形状各具特色。主持人在搭配时,可以在颈前系蝴蝶结,可披在领口里,可拴在挎包上,梳长发的可束在脑后。

对于女性主持人,无论是外出采访,还是在演播室内出镜,选择一款漂亮而适宜的围巾装饰自己,既简单又出色。不少女性新闻主持人用一条色彩鲜艳的丝巾点缀在颈部,显得端庄而俏丽。围巾可以衬托出迷人的脖子和上身,巧妙地使用围巾,还能起到扬长避短的作用。

围巾在服装中起到画龙点睛的作用,而色彩则是服饰的灵魂,因此在选择围巾时首先要从色彩着眼,其次才是看质地和花纹,同时还要考虑搭配在什么颜色的服装上,要有目的地选择。

围巾与服装的颜色搭配有以下几点原则:

1. 素色服装与彩色围巾的搭配

如果是素色无花纹的西服套装,可选配有花纹的彩色围巾,其主色调应倾向于冷色(如蓝、绿、紫)或是暖色(如红、黄、赭)。

2. 花色服装与素色围巾的搭配

如果是花色的西服套装(大花、小花及条格服装),则可配素色围巾(单一颜色),这样搭配既可以表现围巾的美又可以增添服装的色彩;如果花围巾与花衣服混在一起就会产生零乱感。

3. 同类色调的深浅搭配

同类色调的深浅搭配会产生活泼、飘逸感,如深红色服装配浅红色围巾、浅驼色服装配深驼色围巾、湖蓝色服装配浅蓝色围巾等。

4. 对比色调的搭配

如绿色服装可搭配一条红色围巾或以红色为主的花围巾,给人以轻快活泼感;黑色套装可搭配一条红色围巾;天蓝色套装可搭配一条黄色围巾或黄色调花围巾。

5. 深浅色调的搭配

深色服装可选配浅色围巾,浅色服装可选配深色围巾。如深蓝色服装可选配浅色或白色围巾,显得精神抖擞、庄重大方,也可用浅色鲜艳的围巾;乳白色服装可配玫瑰红色围巾；大红色服装可配一条黑色围巾。

年轻的女主持人围巾与服装色彩的搭配、对比可以大些，这样才能增强围巾的效果。如果蓝灰色调套装配上一条色彩浓艳的围巾或对比较强的花围巾就会显得生气勃勃，而浅灰色套装搭配一条浅黄色调的围巾就会显得高雅、庄重和轻快。

身材修长、体态苗条的主持人，应选用大花纹图案且色彩对比强烈、尺寸较大的围巾，在质地上可选择蓬松感强的围巾，可增加丰满感。

三、女主持人的腰带

腰带是服饰中具有重要点缀作用的饰物，能使服装显得有生气，别具特色。

腰带的种类和款式很多。腰带有皮革的、人造革的、塑料的、棉麻纤维的、金属制品的等，不同质地的腰带可以随季节变化而选用。

系腰带以穿连衣裙和裙套装者最适宜。特别是女主持人，因为节目类型、精神气质、个性爱好、体形等不尽相同，因此，选择腰带不要模仿别人，更不能追求时髦；胖人宜用较窄的，瘦人宜用较宽的。一般来说，女主持人不宜选择过宽的腰带，带上的饰物也不宜过多，以简洁、明快为好。同时还要注意和服装的其他饰物相协调。

腰带的色彩要与服装合理搭配。一般的原则是：素色衣服与对比色腰带相配，款式可简单一点，只作色彩搭配；如果是同色，款式则要复杂一点，还可以加些配物，以强调腰带的存在；至于色彩鲜艳、图案强的衣服则应佩戴单色、款式简洁的腰带。

第七节　男主持人的服饰

一、男主持人的服饰类型

1. 礼　服

（1）燕尾服。正式的礼服是燕尾服，这是最隆重的穿着，通常是男主持人主持大型节目或高档演出时的着装。燕尾服内必须穿白色背心和有硬胸的白衬衫，领带用白色的蝴蝶领结，手套与上装口袋中的手帕也都是白色的，鞋袜以黑色为宜，胸扣、袖扣用珍珠为佳。

（2）中山装。中山装是我国的礼服。一般来讲，作为礼服的中山装多采用深色。男主持人以浅色的中山装加上本身的儒雅气质同样也可以展示出不凡的魅力。

（3）唐装。唐装是最能体现中华民族传统文化的服装。常有男主持人在主持庆典类节目时穿着，颜色艳丽、跳跃感强，充分体现出喜庆的气氛。

2. 西 服

西服是男性日常穿着的基本服装，男主持人无论外出采访或是在演播室出镜，西服都是首选。男主持人可以根据自己的喜好和节目需要恰当地选择颜色、款式等。穿好西服的关键在于搭配适合的领带和衬衫。

（1）衬衫。衬衫款式和颜色的选择一定要讲究。长脸型的人要选择小方尖领；圆脸型和方脸型的人则要选择长尖领衬衫；一般要选择白色、单色或是浅色条纹和浅色提花衣料；浅色衬衫一般要配深色外衣，使人显得清爽整洁；深色衬衫一般要配浅色外衣，领带也要用浅色，否则会因内外一色而无法显出层次。

（2）领带。领带的材料、式样、色彩、图案种类繁多，选择领带的式样要随外衣款式而定，领带色彩应以外衣、衬衫的颜色而定。

选领带主要是质地和颜色的要求，领带的时尚打法有：

一是有个窝，这叫"男人的酒窝"。

二是打领带不用领带夹。用领带夹的一般是 VIP 或者穿的是职业装，因为在他们的领带夹上有职业标识，一看就知道他是"哪方神圣"。

三是领带的长度，领带的长度通常为 130～150 厘米。领带的箭头以在皮带扣的上沿为宜，当穿上西装外套时领带不会显露出来。

男士领带的图案应规则传统，蓝色、黑色、紫红色等单色领带较适用于公务社交场合，而多色领带不应超过三种色彩。

领带夹的正确位置是在衬衫从上向下数第四、第五颗纽扣之间。多考虑金属制品并以素色为佳。

（3）合体的西服。一套男西装是否合体，首先要看领子，西装领子应紧贴衬衫领子，一般西装领应比衬衫领低约 1～2 厘米；其次要看与领子缝相连的驳头。西装驳头是全衣的"核心"，居于人体的中心部位，好的驳头看起来薄而挺括，驳口线活而不死，给人以生动帅气和富有活力的感觉。

烘托驳头的是两胸，前身片胸部饱满而有弹性，使人感到男子的胸襟和气度。男西装的肩头必须平坦而刚劲，犹如擎天之势。

由胸向腰推进,西装板形把男子腰间流畅的曲线展现出来,柔中带刚,与人体腰部要协调吻合。

西装的下摆线应与地面平行,给人以坚稳可靠的感觉。

总之,一件合体的男西装既要忠实地展现人体的健美匀称,又要有效地弥补人体的不足,塑造男子美的形象。

3. 运动装

运动装的款式自由轻快,色彩多用有个性的明亮色调,其特点是活动时穿着十分轻巧方便。潇洒的长裤与毛线上衣或运动衬衫的配合也属运动装。

男主持人外出做旅游节目时为了方便活动常穿运动装,尤其是年轻男主持人更能通过运动装显出动感的形象。

4. 轻便装

轻便装不仅可以作为家庭生活装,同时也能作为较正规的外出装和办公装。其特点是款式轻松,造型较宽松,色彩常用多色彩组合。比较有代表性的轻便装有无领外衣、猎装、贴袋外衣、夹克衫等。

生活节目的男主持人穿便装出镜主持,形象造型轻松随意、亲切、和善,可缩短与观众的距离。

二、男主持人服饰的配色

男主持人服饰的穿着贵在和谐,不仅款式的搭配要恰当,而且色彩的组合也要协调。

1. 冷、暖色调

红、橙、黄、绿、蓝、紫中红、橙、黄为暖色,给人以温暖、生机勃发的感觉,也可使整体产生膨胀感;绿、蓝、紫为冷色,给人以冷峻的感觉,也富有收缩感,无色彩的黑、白、灰都有冷感。

身材瘦高的男主持人穿着暖色调的服装会显得丰满些,在运用暖色调时常用两种方法:

(1)同类暖色不同深浅明度的组合。深色的品质稳重、深沉,有收缩感;浅色明亮有膨胀感。如整套外衣用褐色,衬衫用明亮的浅褐色,而领带用介于两者之间的褐色。因为人的肤色也是暖色调,因而暖色调的同类色组合缺少变化和对比,往往缺少生气。

（2）暖、冷结合法——暖色调为主，适当引入冷色调。暖色调最佳的运用方法是以暖色调为主，适当引入冷色调。如褐色的套装，衬衫用明亮的浅褐色，领带用绿色比较适宜。

在冷色调中，蓝、黑是男子服饰最常用的色调。冷色调富于收缩感，对体型肥胖的人有很好的调节作用；由于冷色调的收缩性可使服装的轮廓边缘模糊，因此能起到掩饰缺陷的作用。冷色调常用的配色方法也有两种：

（1）所有颜色都用冷色调。如西装、衬衫和领带都用冷调，可使全身的收缩感进一步增加。

（2）冷色调为主，恰当运用暖色调。如西装用冷色调，衬衫和领带恰当地运用暖色调，冷暖有机结合可以加强整体效果。如蓝色套装配上黄色领带或灰色套装配上红色领带都是比较好的搭配。

2. 对比色

红与绿、橙与蓝、黄与紫等为对比色，对比色的协调是比较难的，但以一种稳定的色彩为主色，另外以少量明亮的对比色为辅色，就会取得比较好的效果。

3. 深浅色的组合运用

深色不一定就是黑、红、蓝、紫、绿，有一定深度、给人以重量感的都是深色。深色的品质稳重、深沉、有收缩感，是男子各类体型都适用的色彩。在穿深色套装时，衬衫和领带的配色相当重要，一般可选择有快感的条纹衬衫和明亮色彩的领带。

浅色明亮有膨胀感，一般多为夏季用色。浅色服装适合不胖不瘦、略显清瘦的体型及中等身材和矮身材的男子。男子常用的浅色有浅蓝、浅绿、浅灰及浅驼色。在选用浅色套装时要注意衬衫和领带应选择冷色调的冷质材料。

深浅色的组合，采用衬托的方法有两种，具体内容，参见本章第三节"服饰的色彩搭配艺术"。

4. 服饰配色中的注意事项

（1）主调鲜明。应围绕一个主要的颜色进行配色，配用色不宜多和杂，应有层次变化，各种配色与主色相关联并能烘托主调，使主调更鲜明。

（2）主题突出。从季节考虑：春季宜用轻快、明亮度较高的色彩；夏季宜用清爽或对比关系比较强烈的色彩；秋季可使用与金秋时节相适应的暖色系，如褐色、苔绿等；冬季可用无彩色的黑、灰色，也可以反其道而行之，采用明亮的、有活力的暖色调色彩。

从服饰用途的性质考虑：礼服要选择高贵、稳重的深色；运动装选择明亮度较高的跳动活跃的暖色调；生活装一般采用含有不同程度灰色的冷、暖色调等。

（3）配色协调。"远看色，近看式样"，男主持人在选择服饰时应特别注意配色的协调。

服装的价值在于表露人的气质。成功的穿着能体现自己的喜好，又能衬托一个人的优点和个性。不论男女主持人，都可以遵循这样一条简单而永不过时的原则：不穿太暴露或者缺乏想象力的服装。

第一部分　电视节目主持人与主持艺术综述

第五章　电视节目主持人镜前交流艺术

第一节　电视节目主持人的镜前表现是个人综合素质的体现

　　电视节目主持人作为连接节目与观众之间的桥梁，它缩短了观众与传播者的心理距离。主持人只有了解节目，正确地分析自己，才会与节目相融合。在主持节目时，一方面要演绎节目的创意，另一方面又要调动观众的兴趣。只有通过镜头前的感情交流，才会使电视节目成为一个既具个性又相互补充完善的统一体。

　　一个优秀的节目主持人在节目中表现出来的人格魅力、学识修养，可以给节目增光添彩，成为节目的标志，使许多观众因为喜欢这位主持人而更喜欢他主持的节目。所以，有一个为观众接受认可并欢迎的节目形象，是主持人形象定位的另一种含义。主持人的思想及审美倾向在节目的主持中是重要的，有时，一定的思想和审美思考便形成了一个节目的灵魂。即使是在一些时事性和政论性较强的节目中，虽然要更多地服从于社会、民族和意识形态的制约与规范，但也可以体现出自己强烈的情感特色和基本审美倾向。而在更多的节目，如科技、文化、娱乐、生活、法制、体育等节目的主持过程中，主持人的思想倾向和审美倾向更能够得以体现，特有的思想情感和审美倾向的流露，更易于感染受众，使人们得到启示和教益。

　　主持人的定位，从宏观角度看，应明确主持人在社会中的公众形象，从微观角度看，是指主持人在节目中的具体形象。所谓形象，并不是指主持人的相貌特征，而是指综合意义的整体形象，是一个主持人在具体节目中的思想感情、言谈举止给观众的整体印象。主持人这种大众传媒角色，既要代表特定的政治、经济利益，又要满足观众的需要。电视台是党和政府的新闻宣传机构，它的性质决定了节目主持人的公众形象就是党的宣传工作者。电视是大众传媒，节目主持人在观众面前不能以专家学者的形象出现，更不能以演艺明星的身份出现，而要以能与观众真诚交流的朋友形象出现。只不过这个朋友，除了平等亲切之外，更应是在思想修养等各方面更胜一筹的朋友。

　　有的主持人在主持中表现出对文化和科学技术及其他知识的追求和探索，

电视节目主持人风格与节目主持艺术

显得典雅、不俗和充满神韵，他们时常表现出对科学奥秘的浓郁兴趣和对大千世界强烈的求知欲望，以及对自然和世界的挚爱，引导人们沉浸在科学和文化的海洋中，从而使人们获得极大的精神享受。

有的主持人在主持中表现出对社会真、善、美的向往和热爱，以及对假、恶、丑的憎恶，他们以高屋建瓴的气势和对真理的坚定信念，不遗余力地伸张世间的真理和正义，呼唤人类的良知，显示出主持人强烈的爱憎情感与对祖国、民族和人民的深情。

有的主持人在主持中表现出对生活的热爱以及由衷的向往，他们有时将生活中严肃的课题衍变为轻松的和不乏兴味的话题。有时则以童稚的表现表达出对生活情趣的领悟，有时则以幽默和含蓄透视出对生活的认知与见解。

总之，主持人在镜头前的表现是个人的综合素质和人格的体现，它与节目的质量息息相关。

第二节　电视节目主持人的镜前内在交流

一、电视节目主持人的镜前交流欲望

电视节目主持人在镜前所表现的各种状态，都离不开与受众之间感情的交流，即节目主持人镜头前的感情流露。如何能够做到准确地感情交流？面对电视屏幕，我们能看到各式各样的播音员和节目主持人，有些人神采奕奕，迫不及待地要与你交流；有些却面目冰冷，似乎是被迫走向屏幕。两种表现，显露出两者交流欲望的差距。在实际生活中，和交流欲望强的人交谈，会感到交谈很融洽，对方的热情也会感染你，引发你的交流欲望；而和没有交流欲望的人交谈，他的情绪也会影响你，使你感到交谈的乏味。

电视节目主持人在面对观众时，其交流欲望会直接影响到观众的情绪状态。具有交流欲望能使你的语言和表情变得诚恳、自然，使人感到你的言行发自内心，不是装扮出来的。

交流欲望与性格有关，外向型性格的人容易与人沟通，愿意与别人交流，更适合于做播音员和节目主持人。内向型性格类型的人似乎不大适宜做播音员和节目主持人。

兴趣可激发交流欲望，在生活中可以碰到这样的情况：一些平时沉默寡言的人，在谈到他们感兴趣的事物时，常会变得两眼放光，口中滔滔不绝，仿佛变成了另一个人。这表明，兴趣可以激发人们的交流欲望。

责任心也能激发交流欲望。对从事新闻报道的播音员和节目主持人而言，社会责任心是使其产生交流欲望的重要因素。强烈的社会责任心能使人们为表达自己的看法四处奔走，其交流欲望会变得十分强烈。

交流欲望还可以来自同情心与爱心。这种同情心与爱心表现为对弱小和困难者的同情，以及对周围美好事物的热爱。它要求播音员和节目主持人具有良好的道德情操。

交流欲望还可以来自理想和信念。在某种理想和信念的驱使下，人们为了使自己获得同情和支持，会用语言去说服对方，使其站在自己一边。

交流欲望是播音员和节目主持人做好工作的基本条件。如果内心没有这种欲望，播音和主持会显得言不由衷，表情也不会有发自内心的真诚和自然。

二、角色意识

"角色"是在表演过程中塑造出来的，因此，提到"角色"就会让人们自然而然地联想到表演。主持人要有角色意识，就意味着主持人要表演。长期以来，电视节目主持人到底要不要表演，在我国一直是一个争论不休的问题。其中，有一部分人持反对态度，他们认为"电视节目主持人不是演员，不需要去表演，表演了就虚假了，就不真实了"。但多数人认为，主持人在录制节目的过程中，恰当地调动身体语言，包括手势、姿态、神色以及适当的有声语言，包括声调、节奏等手段，对所要传播的信息进行讲解、评说、描述，使之更加明确、生动、形象，以达到更好的传播效果，这其中包含有表演的成分。播音员与主持的业务基本功包括一定的表演能力，因此，电视节目主持人应具备良好的角色意识。

三、"潜台词"与内心独白

潜台词与内心独白即内在语与内心活动。所谓"潜台词"就是深藏在台词之中的真正含意。这种含意没有直接说出来，而是通过台词流露、表达出来的。俗话说"说话听声，锣鼓听音"，指的就是话中有话，有潜台词。潜台词表现出说话者的真正意图、真正动机。往往一句话的潜台词与台词的表面字义是完全相反的，如："你真行啊！"这句话的直接意思是称赞、夸奖你能干、聪明、有办法、事情办得好等，但是也可以赋予它含意完全相反的潜台词，说你愚蠢、无能、干出这样差劲的事情、把事全办糟了等，此时其真正的动机是嘲讽、讥笑、责备、斥责。说话的动机和意图不同，其潜台词也就不同。

电视节目主持人风格与节目主持艺术

深入发掘潜台词并把它清楚地传达给观众,这就是主持人创作中要完成的任务。

"内心独白"是指没有台词时人物的内心思想活动。要像生活里一样,对眼前发生的事情有相应的内心感受和内心活动。而主持人内心的空虚势必造成表演的虚假、做作。生活里人们的内心活动是随着事情的发生、发展自然产生的。你同别人谈话,在听对方说话的时候,对方说些什么自然会引起你内心的反应和某种想法;你写文章就要思考文章的内容,想出恰当的词句;碰到要解决的难题,就会认真考虑解决问题的方法和措施。在录制节目的过程中,主持人所说的话是早已熟悉了的,这就不能像生活里那样给你以真实的、实在的刺激。因此,主持人在准备时,就要根据节目的要求,研究当中的情节、事件、台词、人物关系和人物所处的规定情境,找到人们此时此刻所应具有的内心感受和内心思想活动,而且要很具体、很鲜明地确定下来,一般把这称作"组织内心独白"。

实际上我们细细体会一下,生活里人的思想活动是很具体、很丰富的,但并不像说话那样在心里一句一句地念着,而是涌现出某种想法或闪过某个念头。人的意识、判断、反应过程是十分迅速的。比如,突然踩到一条蛇,立即会吓得"呀"一声跳起来,而不是像分析的那样,先意识到踩着一个滑溜的东西,再作出判断:"是条蛇,是条毒蛇",然后才有了反应,"呀"的一声跳起来。这些在脑子里只是一闪而过,也不是以字句的形式那么清楚地出现。即使听对方讲话时,也是在内心引起某种想法、某种思想,或者就是某种情绪、某些形象的再现,而不随着对方讲话的内容产生一句句有头有尾、整齐的"内心独白"。根据生活里的实际状况和实践的检验,我们认为将这些"内心独白"称作"内心活动"更确切些。

第三节 电视节目主持人的镜前语言风格

主持人的语言风格可以更为突出地体现主持人的个性特点。在日常生活中,人们的语言就呈现出各自不同的特点。言为心声,语言的表达,不仅可以实现交流的目的,表现出个人对主、客观世界的认识,同时,又可以通过不同特色的语言,呈现出自身的个性与风格。

富有逻辑性的语言表述,是以说理见长,一般富有较强的逻辑性,不太强调情感的外露和对于语言的修饰,时常凭借自己的理论底蕴和知识结构,举重若轻、深入浅出地分析事态的发展以及事物的本质。其语言特点呈现出理性化、逻辑化，具有突出的深刻性与严谨性。这类风格的语言经常表现出主持人思想的敏锐与睿智，特别是在充满思想交锋的过程中，可以显现出主持人思维的敏捷与精神的超越。

富有文化感的语言表述，一般以纯朴厚重、气度雍容见长，这类风格的语言常常蕴含着浓郁的书卷气，语气温和、委婉，富有磁性，以对于知识的把握彰显出深厚的底蕴和知识的魅力。在这类语言中，时常不乏对遣词造句的不露痕迹的追求，以及对于词汇的造型和形象化的关注，使语言体现出一定的韵律感和节奏性，呈现出音色之美。而在语言的表述过程之中，又融入象征、拟人、双关、比喻等修辞艺术手法，更能体现主持人的智慧与才华。

富有生活气息的语言表述，可以突出其温馨、娴雅、恬静、可亲的特色。这类语言风格的主持人一般不对语言作过多的修饰，不使人感到智慧与才气的外露，而是在一种平和与自由的气氛中体味到平等对话的愉悦。这类语言，一般呈现出清新淡雅、洒脱清纯、活泼明丽的气息，往往能够使人感受到主持人的亲切和平易，以及对话的自由和交流的畅快。

富有幽默感的语言风格则时常体现出风趣、诙谐的语言特色。这类语言往往最能够反映出主持人的机敏与才智。其语言的主要特点即时常以巧妙的比附、善意的嘲讽、欲扬故抑、旁敲侧击等技巧来赢得受众惬意的欢笑，化解困惑。主持人往往以巧妙、机智的语言，时而将繁琐、复杂、艰涩的问题转化为轻松、有趣的对话，时而把受众从一个沉重和压抑的境地引导到和谐的充满谐趣的氛围。

第四节　感情流露——电视节目主持人的镜前外在表现

电视以图像和声音作为信息载体。电视播音员和主持人不仅用语言传情达意，许多时候，电视主持人还直接面对观众讲话。电视观众对电视节目主持人的态度建立在语言和形象的共同基础之上，两者的完美统一才能造就受观众欢迎的电视节目主持人。因此，每一位主持人都要注意自己的形象，不仅是静止的外表，还包括表情、动作等细节。同时，主持人的每一个动作的细节，也都在传递着一种信息，也可以视作感情的流露。

一、电视节目主持人的面部表情是表达感情色彩的重要手段

通过面部表情表达感受和态度，这是人们表达情绪的重要手段。我们不仅

听别人说，还要观察他的表情来判断信息的真实含义。有时，面部表情所揭示的内容可以否定语言的意义。面部表情对于主持人在镜头前的感情流露就像是穿在外面的衣裳，给人的是第一印象，是观众接受主持人感情信息的直接途径。

面部表情的主要作用是表达感情色彩。虽然有时我们也可以通过面部得到诸如同意或不同意的意义表示，但这种意义的表达是通过情绪表现间接得出的。面部表情是复杂的，人们对表情的判断也受到个人经验的限制。

单一的面部表情，如高兴或悲伤，是很容易表现和被人理解的。但是在生活中，我们的面部会由于刺激的复杂性而呈现多种情绪混在一起的混合表情。例如，当我们被电影中不可思议的画面所震撼时，有时会出现惊奇和害怕的表情。汉语中惊恐、惊喜、悲喜交加等词语中都包含着这种混合情绪。在电视中，混合情绪的出现和表露程度不像生活状态那样常见和强烈，但在一些形式较为灵活的节目中，丰富的表情仍然必不可少。

1. 主持人真诚的微笑可以赢得观众的信任感与亲近感

"微笑"是人内心喜悦的一种表现形式，主持人的笑一般都是微笑而不是大笑。主持人真诚的微笑可以赢得观众的信任感与亲近感。主持人的"笑"不但要自然，而且要受到节目内容和风格的限制。最好问问别人，特别是问熟悉自己的人，自己在节目中是笑得多了，还是笑得少了，笑得如何，然后再对自己的笑作有意识的调整。抿嘴而笑，是女主持人尤其应该学会和掌握的技巧。多数情况下是节目内容需要主持人以微笑来配合，使说话、笑容和表意、传情融为一体。

2. 亲切、关注的目光语是获得良好交流效果的关键

"眼睛是人类心灵的窗户"。主持人的目光语在镜头前，把主持人的真实心理袒露无遗。所以主持人必须使自己的目光语含义更加丰富细腻，善于传情达意。亲切、关注的目光语是收到良好交流效果的关键。无论是面对实在的交流对象还是镜头，主持人都要以目光的静态和动态发出眼语，丰富有声语言的表现力和感染力，同时还要注意捕捉观众的眼语，能够灵敏而准确地把握他们的反应，以促进传播和交流更好地进行。

3. 主持人的表情和眼神要生动，要具有独特的魅力

每个人的相貌不同，就决定了每个主持人的表情和眼神会有所不同。表情和眼神是内心世界的显现，也在一定程度上修饰着人的内心。每一位主持人都要争取使自己的表情和眼神生动，具有独特的魅力。

表情有雅俗之分。这既与一个人的知识能力和审美情趣有关，也和幼年时期形成的表情方式有关。同样的一段讲述，有人会表情木然，有人可能表现得

第一部分 电视节目主持人与主持艺术综述

神秘新奇，有人会是睿智的幽默……出现在公众面前的主持人应该要有良好的表情方式，抛弃不恰当的不美的表情方式，逐渐形成自己特有的风格。

眼睛是心灵的窗口，主持人的眼神流露出来的是他真实的内心世界。在伴随语言向观众传情达意的时候，眼神不仅因不同的内心世界而有所不同，也会因各自的修养不同而有区别。

正如知识可以学习，能力可以训练，表情和眼神也是可以通过练习来改善的。要研究他人的表情和眼神，对镜子练习自己的表情和眼神，调整改进每一细微之处，使之习惯成自然，更充分更丰富多采地表现自己的美好内心。

二、电视节目主持人的身体姿势和动作具有传情达意和辅助语言的作用

对电视播音员、主持人来说，身体姿势和动作具有传情达意和对语言的辅助作用。透过电视主持人姿势和动作的表现，受众可以察觉到其情绪变化、性格特点及文化素养。

姿势是指身体在空间中的存在样式。姿势可以分成三类：立姿、坐姿和走姿。依据节目的不同性质，通常主持人的姿势为立姿和坐姿，在演播室中这两种姿势中又以坐姿更为多见。立姿常用于现场主持，画面多用空间范围较大能烘托场面气氛的中、全景。

姿势是一种相对静止的形态，动作则是活动的形态，我们可以将动作看成姿势的连续变化。

动作可以表达出比姿势更丰富的含义，我们用手势和身体动作表达感情色彩。这些感情色彩有时与语言一致，有时可能并不一致。表达感情最常用的方式是手势，用不同的方式挥动手臂，可以表达出轻松、高兴、坚决、愤怒、无可奈何等各种感情色彩。身体动作、表情与手势配合，形成一幅完整的视觉图像。

除了手势，走动的姿势和步态也有明显的表情作用。主持节目时走动的方式会使观众对主持人的性格、素养和性情有一个初步的判断。步伐轻快表明心情舒畅，步伐匆忙表明心情烦躁。步履所传达的感情信息超出一般人的想象。当我们在节目中需要走动时，要考虑用什么样的步伐更合适。

体态举止各有各的习惯。要经过细心研究琢磨，创造自己习惯的举止动作。主持人要坐有坐相，站有站相，还要有良好的行走体态。对于电视节目的主持人来说，大量使用的是手势动作。每位主持人都要认真设计和训练自己的手势动作，都要有自己独到的手势动作体系，建立自己的个性仓库。在说话的过程

中，个人"仓库"里的手势要自然而然地随着语言而动作，千万不要为某句话设计动作，那样多数都会失败。

三、电视节目主持人的感情要真实，发自内心和真挚

播音员和节目主持人不是演员，他们的任务不是塑造各种不同人物，但这并不否定播音员和节目主持人可借助表演手段去增进自己的表达能力。适度的模仿和夸张，只要不过分，不要让人看出表演的痕迹，都是可以使用的。从屏幕效果看，单纯生活化的语言和动作表情有时难以达到理想的表达效果。当然，一切的出发点都是播音员、主持人的感情要真实，是发自内心和真挚的。

人们对播音主持是否存在系统理论，历来有不同看法。我们认为，播音和主持必须遵循某些原则，而这众多的原则也可以归纳成为一个原则，那就是"要有感情交流"。心中有观众，你就能看到观众。拿出你的真心去对待你的每一个观众，相信，一定会成功到达理想的彼岸。

第五节　电视节目主持人的"双方三点"交流

两名主持人共同主持时的交流方式是"双方三点"交流。

双方，就是两名主持人一方，观众一方。三点，就是主持人甲和乙各为一点，观众为一点。无论是主持人甲还是乙，说话时都要顾及另外两点，与之交流。不能只顾观众，更不能只与主持伙伴谈得热闹，置观众于不顾。主持电视节目进行三点交流时，要注意两名主持人互视的目光一致，不能你看我时我看观众，当我意识到你的目光转过来看你时，你又回过头去看观众一方了。如此反复，扰乱了观众的视线和思绪。在这方面，两名主持人的配合与默契就显得十分重要了。要敢看对方，要真在看中进行语言和思想的交流。

主持人在三点交流时要以面对观众一方为主,大多数的语句是对观众说的。电视主持人之间互视的时候，多数的句尾是对观众说的，切不可两人对话忘记了观众那一方。

两名主持人共同主持，不能是将一篇话简单地拆分成你两句我三句。那样就失去了两人对话的意义。既然是两个主持人，那就要充分利用两个人的优势，使语言活泼起来。两名主持人共同主持要进行语言设计。可以互相招呼，向对

方提出一些要求；互相插话，为对方要说的内容铺垫；互相提问，设置引人关注的悬念；互相打趣，引起谈话的兴致；互相竞争，争相为观众讲述些什么。在两人主持的语言中，第二人称除了呼唤观众之外还在呼唤搭档的主持，第三人称也常常是面对观众指主持的对手而言。在这方面，相声的某些机制值得我们借鉴。

两人以上主持是"双方多点交流"。多点就是要照顾到与更多主持人的交流，但是别忘记观众的那一方是交流的重点。

还应注意以下几点：

真听真想，就是别的主持人说话的时候自己要认真听他说什么，不能走神，同时要跟着另外的主持人说的话真的去想，去理解他说的意思。只有这样，不同主持人的语句衔接思路才能连贯顺畅。两名主持人的上下句衔接可能因思考有所停顿，有的主持人害怕这样的停顿太长，其实主持人思考停顿的时间正与观众的理解思考时间吻合，并不会有拖延的感觉。

真问真答，也是同样道理。主持人之间的问话设计有两种情况：一是疑问，二是明知故问。不论是哪种情况，都要以真实的心态来问。装腔作势地提问、故弄玄虚的回答是不会得到观众认可的。这里，内心的真实比什么都重要。

第六节　电视节目主持人镜前交流应注意的问题

一、适应变化而不是固守自己

作为电视节目主持人，经常要随着节目的变化而不断地调整自己。这种调整，从宏观考察，包括气质、意蕴、形体语言以及主持词的表述方式；从微观审视，包括服饰、化妆、发型、语气甚至手势的不同。要依据不同节目的内涵、形式以及所要表达的题旨，变换和适应特定节目的风格。

比如，在主持《共度好时光》等综艺节目时，着重营造节目的热烈、欢快、火爆和喜庆氛围，与此同时，注意引领和提升受众的审美趋向和视点；在主持戏曲栏目《戏苑景观》时，从服饰、台词处理以及形体语言融入与民族艺术相协调的舒缓、优雅，于平朴中见精深，在简约里显内涵。而在主持娱乐性谈话节目《周末合家欢》时，更要注重语言的平实性和交流的亲和感，并把串联台本中所有自己的串接词，经过思考和消化，转换成"我"自己的语言，从而使规定的台词带给观众家常话般的感觉。这样做的好处在于，拆除了横在主持人与观众之间那道无形的墙，拉近了距离，产生了共鸣，沟通了情感，形成了你说我说大家聊的家庭式气氛。当然,在特定的大型节目里,主持人必须背熟特定的大段抒情性的台词,并尽量使台词口语化,不是去朗诵,而是来述说。这当然需要下一番功夫,而这"功夫",不是在荧屏之内,是在荧屏之外,正如诗家常说"功夫在诗外"。

二、平视观众而不是俯视观众

电视是大众的媒体,我们是受众的朋友。这句话看似简单,其实做起来并不容易。作为电视节目主持人,往往被人作为"文化的使者"。如果不能从正面的意义上理解这句话,主持人往往会溢发一种先天性的自傲心理,而这种居高临下的潜意识,即使经过掩饰,也会于语气、手势甚至眼神中流露出来。而一旦你的潜意识被这些细节出卖,这座"桥梁"便会断裂,"脸面"便会生涩,"符号"也将模糊。

举个例子。大家都喜欢《实话实说》的主持人崔永元,很多人说是因为他的幽默,这固然不错,然而,比他更幽默、更善于临场调侃的主持人还少吗?为什么他们并没有遮掩崔永元身上所透射出来的光彩?其中最重要的一点,就是崔永元的真诚!而主持人一旦拥有了这种人格魅力,他就会拥有观众,拥有掌声,拥有朋友。

把观众视为朋友,这是一种境界,一种心态,一种觉悟。说起来,没有哪一位主持人不把观众当作朋友,不信您可以听听,在每场节目的开端,主持人都会说一句"亲爱的观众朋友"。然而,真把观众当作朋友了吗?怎样把观众当成朋友?是真心把观众当成朋友还是一句客套之词?反馈的效果自有差异。尤其在访谈节目中,主持人往往把自己定位于采访者、主动发问者,一问一答,大功告成,却没有把自己融入"朋友"之中。崔永元则不这样,他把真诚埋藏于"调皮"之中,在带着"坏笑"的发问中,可乐之处他也乐,动情之时他也哭,不明白了他也问问,而明白了他也点头。这种可爱的"老实",这种可贵的"诚实",这种卸掉主持人的架子和面具的"踏实"风格,使他赢得了观众的认可和喜爱。

三、流露真情而不是表演真情

主持人不是演员,即使是演员,也要融入自己的真情实感,或体现或表现出来。现在歌坛倡导真唱而拒绝假唱,在主持人中也应该提倡真情而排斥伪情,这也是实践和追求的一种境界。一期主题是"我的父亲母亲"的《周末合家欢》

节目中，主持人在访谈一位观众时，观众讲述了一段与父亲之间难忘而感人的经历，这段经历唤起了主持人的记忆，于是，未经导演同意，主持人即兴地讲述了自己和父亲的故事。在讲述时，主持人抑制不住内心的激动，泪流满面，结果，主持人的情绪感染了观众、导演以及撰稿人等。节目结束时，他们没有吝啬夸赞的言词，高度肯定了主持人的临场发挥。这个节目也因情感真切、构思独特，而荣获了辽宁省电视节目播音作品一等奖。为此，我们悟出了一个道理，那就是：电视节目主持人，应该要流露真情而不是表演真情。

四、主持人是节目的参与者而不是旁观者

一台文艺晚会的构成，需要方方面面的综合构件，而最终是以主持人贯穿始终，把握节奏，调动情绪、审述题旨、串接场序。主持人应由节目的旁观者、欣赏者，转变为参与者、表演者。这种"假定情景"的即兴表演，既能活跃气氛，缩短与受众的距离，又能激活参演者与观众的情绪，形成一种熟悉的陌生化的审美沟通。

戏曲栏目《戏苑景观》的一期节目是由著名评剧表演艺术家花淑兰和著名相声演员王志涛联袂表演评剧《花为媒》中的"报花名"，这是一段带有"间离效果"的引进跳出式幽默表演，一庄一谐，妙趣横生。而主持人则以京剧《卖水》中的"报花名"介入，由于主持人事先认真学习并经过演练，主持人的表演不但使观众惊奇、惊喜，而且鼓荡起两位老师的表演激情。这场以"报花名"为情节线索，以讴歌祖国民族艺术"花满九州"为主旨的晚会，赢得了观众和专家的喜爱，主持人也因此而荣获全国电视节目主持人"金话筒"大赛银奖。主持人得此殊荣并不是因为他的表演多么精彩，多么专业，而是在鼓励和肯定主持人参与节目、参与表演的这种精神，这种构想。颁奖时，评委黄望南老师特以这个节目为例，希望主持人要积极参与到节目中。这也是综艺节目主持人应具备的素养和能力。其实，主持人走入表演空间，与演员和观众以表演的方式进行情感交流和思想沟通，已为越来越多的电视台编导和主持人们所接受和实践，因为这是一种与观众快乐共享的体验，平视介入的过程，心灵对话的沟通，情感交流的另类方式。

五、适当的幽默而不是简单地搞笑

生活需要幽默，电视节目也需要幽默。幽默不是简单地搞笑。所谓幽默，是揭示事物之间的倒错关系。只有看透事物之间的关系才能看到事物之间的倒

错关系,产生真正的幽默,所以幽默是才学的标志。

主持人在节目中要有适当的幽默,这些幽默也是建立在主持人熟悉生活中有关事物关系的基础上的。但是要注意不要单纯为了让人笑而出怪相,要防止庸俗,切不可将无聊当情趣。

幽默在谈话节目中出现比较多,这是因为谈话的过程中,有关事物发展变化的叙述可能引起人们对于各方关系的感悟,从而产生对倒错关系的揭示。

六、掩饰错误而不是强调错误

主持人也有可能在主持过程中出现口误类的错误,这时的原则是掩饰错误而不是强调错误。一般的个别字音播得有缺陷,可以不考虑它,继续说下去。听的人不会留有什么印象,决不能停下来强调错误,更不能有翻眼吐舌头类的动作。实在有措词不妥的地方,可以及时重说一遍正确的语句,那出错的地方也很快就会被人们忘掉。也可以用补充的方法换一个角度多说几句,话说得全面了,错误也就不存在了。此外,在比较活泼的节目里面还可以开个自嘲的玩笑,然后再重说一遍正确的语句。

七、常说的话要常讲常新

主持人每次主持节目时都要说开场白,向观众问候,介绍本次节目的内容。这样的话说多了,就有可能在主持人嘴里变"油",虽然说得十分熟练,但却说得没有味道,没有热情,给人一种不认真的冷漠感觉。

当片头和音乐结束,主持人出现于屏幕之上的时候,就如同主持人敲开观众家门,第一眼和观众对视,神情和语气都应该是真切热情的。无论这种访问有多少次,每次的目光相视都是同样的心灵沟通,真切热情。这是人之常情。如果不是这样,那该是多么不友好!双方心里都会不舒畅,不自在。所以,主持人在每一次节目中说那些说过无数遍的话的时候,一定要有这一次的真切与热情,有这一次最新的感受。

第一部分　电视节目主持人与主持艺术综述

第六章　在创新中形成电视节目主持人的个性风格

主持风格是电视节目主持人在节目主持中的创作个性和艺术特色，也就是主持人在实践中形成的一种具有自己特色的风度和格调。风格也是主持人独特"自我"的展现。

风格，让我们把不同的主持人区别开来；也正是风格，让受众认可了主持人。这里"风格"所要求于主持人的前提条件是：必须把"真我"坦诚于人，而不是刻意打造和有心模仿的外在包装。它的基础便是品性、素养、智能等。

如果要做一个受观众欢迎的优秀的电视节目主持人，除了全面提高主持人素质以外，关键还要在创新中形成主持人的个性风格。

第一节　电视节目主持人的风格是个性化的标识

一、风格是主持人综合素质的定型化与表现

风格是什么？按照《辞海》的注解，"风格"是指文学作品的思想与艺术特点的形成和综合。具体到电视节目主持人，这里的"风格"，应是综合素质的定型化及其特殊表现。换言之，当主持人已经或可以认为具有"风格"时，他（她）应当被广大受众作为典型化的认定而不致混同于其他主持人。比如，赵忠祥的沉稳和老到，倪萍的投入与深情等。当他们出现在荧屏上时，观众可以根据其形象展示和声音传播，一眼就认知他们是谁而不会被认错，即使他们在节目换档和角色易位时，受众也决不会感到"陌生"。就这样的意义而言，风格对于主持人，是一种特定的形象印记，也是区别于其他主持人的全息符号。凭着这一印记与符号，人们认定了心里熟悉的主持人。

111

电视节目主持人风格与节目主持艺术

二、主持人的风格是个性化的标识

不同风格正是不同主持人个性的定格与展示。千篇一律、千人一面的"共性"模式，必然会淹没风格特性的存在，愈是鲜明个性的张扬，愈足以实现风格所具有的魅力。但就主持人风格而言，更重要的是节目定位与鲜明个性的自然契合。因为，只有在相应适合的栏目、节目播出中，你才有机会和条件显示出主持人个性的独特性和主持人独特个性得到张扬产生的积极效果。这方面最典型的例子便是香港凤凰台节目主持人各有特色的个性表现。吴小莉的《小莉看时事》、杨澜的《杨澜工作室》、陈鲁豫的《凤凰早班车》，都是因为节目本身为她们提供了充分发展特长和独特个性的广阔空间；而她们在节目主持中，又发扬了她们自身个性的长处，使之灵动鲜活，摆脱了统一样式的桎梏和束缚。因而，从某种意义上讲，风格也就是主持人个性弘扬的体现，并且正是主持人的独特风格造成和促进了电视名牌栏目（节目）的形成。

一般寓于个别之中。我们在强调节目主持人的艺术共性时，更应强调节目主持人的艺术个性。在遵循艺术共同要求基础上形成主持人艺术个性，是更高一层的修养。艺术风格独具一格，乃是一位艺术家成熟的标志。电视节目主持人的主持风格是在主持节目过程中具有个性化的特征。

一些主持人艺术家已经形成了自己独到的艺术风格，还有一些主持人，正在形成自己的风格，他们都赢得了观众的普遍好评。有的自然、亲切，有的庄重、平实，有的潇洒、自如，有的真挚、流畅，有的粗犷豪放，有的清丽委婉，有的含蓄深沉，有的泼辣俏皮等，都为观众所喜闻乐见。作为一名电视节目主持人应该不断探索，不断创新。

第二节 主持人的个性风格形成电视节目的艺术特征

主持人是电视节目十分关键的因素。很多时候，观众看一个节目，其实是在看一个主持人。他（她）像一块磁石一样吸引着观众关注他（她）的话语和举动。有个性风格的主持人，对于强化电视节目的传播效果起着十分重要的作用。

比如，我国台湾中天电视台的《康熙来了》播出时间作为非黄金时段的晚上10点，却屡创电视收视率奇迹，这不仅是幕后优秀制作团队的功劳，作为主持人的徐熙娣（小S）和蔡康永更是两大功臣。蔡康永和小S一庄一谐，一动一静。小S喜欢不顾形象地卖弄搞笑，蔡康永则在淡定中带着睿智与诙谐。他们插科打诨，完美配合，创造了《康熙来了》的辉煌。蔡康永带有一身的文卷气息,在节目中衣着装扮诡异,却让人觉得亲切,语气温柔,话语颇具智慧与魅力;而小 S 则直率犀利,肢体动作非常丰富,她衣着性感,经常对上节目的男艺人放出大胆豪放的话语。个性大相径庭的二人造就了一加一大于二的效果,令观众耳目一新。另外值得一提的是,和大陆许多综艺节目不同,《康熙来了》的主持人大多是现场发挥不需要完整的台本。受众在主持人采访环节当中不难看出,《康熙来了》在节目前期的准备过程中,制作人给出的采访提纲一般比较框架化,让主持人有一个大体的参考方向,至于问怎么样的问题,具体到什么程度,都是由两位主持人自己现场发挥。一般由小 S 负责深度挖掘问题,而蔡康永就把握大概的流程和进度。他们没有拘泥于一隅,一攻一收,根据自己的个性与经验随时发问,与现场嘉宾就像朋友间聊天一样进行节目,因此非常容易在无意中挖掘到一些观众完全猜测不到的笑料。两位主持人反应极快,而且有极好的面对意外情况的主持功力。他们用随性和聊天的问答模式使节目充满乐趣和笑点,这样就满足了受众观看这个节目的目的。主持人作为牵引《康熙来了》的重要角色,是内容的重要组成部分,也是把握节目内容、决定节目节奏还有走向的引领者。蔡康永和小 S 以个性化风格,为《康熙来了》带来了强大的力量。

观众会因为喜欢某位主持人而喜爱其主持的节目,因此我们要根据节目自身的定位和风格选择恰当的主持人。比如湖南电视台都市频道《超级英雄》的主持人汪涵,幽默中不失严肃,大方中带点俏皮,让全国电视观众都非常喜欢他,而《南京零距离》的主持人孟非则是该节目的一个标志,拥有不可替代的地位和独特性。

电视节目其实就是主持人的节目,许多观众记住或者喜欢某个节目往往是和这个节目的主持人密切相关的。比如,崔永元的《实话实说》、王小丫的《开心辞典》、窦文涛的《锵锵三人行》、陈鲁豫的《鲁豫有约》等。主持人有时候成了收视率的保证,主持人自身的才华、风格、魅力,在很大程度上决定了节目的质量,主持人的个性风格成了电视节目吸引观众的艺术特征。

第三节　在创新中形成电视节目主持人的个性风格

电视节目主持人是电视节目的脸面、符号或者是电视节目与受众之间必不可少的桥梁。然而,在不同的电视节目中,怎样为自己的风格定位?换言之,在不同特色、不同形式的节目中,作为节目主持者,有何相同或不同的个性特点,从而使自己的"脸面"增色,"符号"鲜活,"桥梁"平坦,这是所有电视节目主持人要探索并努力达到的一种境界。

　　电视节目主持人只有了解受众、勇于实践,善于创新,主持人的话筒与屏幕才会有源源不断的活水,主持人才会在不断创新中形成自己的主持风格。主持人的个性风格也直接影响到节目的格调和趣味。

　　一个受欢迎的电视栏目往往离不开一个受欢迎的电视节目主持人。当年中央电视台《为您服务》的主持人沈力至今家喻户晓,就是因为她用标准规范的口语、真实的情感、精辟的见解、机智的谈吐以及独特的个性魅力在观众的心目中树立了优秀主持人的成功形象,同时也形成了自己优秀的主持风格。担任电视节目主持人工作的青年一代应以老一辈著名主持人为楷模,争取做一名优秀的主持人,在电视节目主持的创新中形成独特的主持风格。

第二部分

电视节目主持人风格及其艺术特点

第七章 感同身受、春风化雨型电视节目主持人

第一节 电视新闻评论类节目主持人——欧阳夏丹

一、主持人欧阳夏丹简介

每天清晨，拉开已被阳光打上一层金色光芒的窗帘，阳光肆无忌惮地落在地板上，电视里传来朝气蓬勃的声音，揉揉惺忪的睡眼，看到一张绽放着明亮笑容的面庞，就在这样轻松、温暖、明快的氛围中新的一天开始了。欧阳夏丹就是以这样的方式陪伴了无数观众的无数个新一天的伊始。

数年如一日，这个桂林姑娘美丽的笑容和明快的声音刻在了无数观众的心里，这一切的开始还要追溯到欧阳夏丹2003年的一个选择：选择上海安逸稳定的生活，还是选择北京漂泊不安的未来。就像欧阳夏丹充满活力与朝气的嗓音一样，她的个性也充满挑战的激情。来到北京，一个简易的衣柜，一套略显寒酸的出租房，一段充满未知的恐惧和激动的新路程展开在欧阳夏丹的眼前。

"黑夜给了我黑色的'眼圈'，我把它奉献给《第一时间》。"欧阳夏丹总是乐观地面对一切困难，她的性格似乎从她的主持风格中就可以看得很清楚。不到三年，欧阳夏丹的努力就被肯定。2005年，欧阳夏丹获得了央视"十佳主持人"的称号。2009年的6月17日，欧阳夏丹完成了她在《第一时间》的旅程，这一段奇妙美丽的人生经历不但是欧阳夏丹人生的转折点，也在无数观众的成长历程中留下了一段美好的记忆。六年的时间，欧阳夏丹陪伴着无数的少年长大，成为拥有梦想的年轻人，陪伴无数青年变得更加成熟，在每一个早晨，伴着她明亮的笑容开始奋斗的一天。相信欧阳夏丹这个美丽的名字会永远和《第一时间》这个节目融合在一起。

紧接着，欧阳夏丹加入中央电视台新闻频道的大家庭，从2009年的8月3日开始主播央视新闻频道每天傍晚的《共同关注》。2011年，主持风格和经验都已成熟的欧阳夏丹顺利地经过公开透明的竞聘方式，成功加盟"国脸"阵容，

成为中央电视台一套的一名《新闻联播》主播,获得了包括很多年轻人在内的观众朋友们的肯定和喜爱。

二、欧阳夏丹的主持风格概述

欧阳夏丹为什么能够以相对快速、顺利的方式从上海一路到北京,再从中央电视经济频道到新闻频道,最后到央视一套的《新闻联播》?有人说她太幸运,但是幸运的另一个名字就是努力,在主持人的事业上努力修炼基本功,形成自己的主持风格。欧阳夏丹在《第一时间》鲜明的主持风格正是折射她平日主持功力的镜子,让无数的观众因此而喜欢她、支持她。她那感同身受、春风化雨的主持风格别具特色,这种风格的形成与她起家的《第一时间》节目有着密切的联系。这个早间节目要求欧阳夏丹在自己本来温柔、亲和的主持风格上加入朝气蓬勃的元素。从上学期间就一向以优秀要求自己的欧阳夏丹面对早间这个特殊的工作时段,暗暗地要求自己,这个节目的主持风格应该是温暖积极的,是明快向上的,是轻松快乐的,这是她在这个时间段感受到、也想要传递给观众的感觉。六年的打磨,欧阳夏丹就这样以一颗感同身受的心慢慢形成了最能引起观众共鸣的春风化雨般的主持风格。

三、欧阳夏丹主持风格的艺术特点与示例

1. 话语充满关怀,主持有收有放,收放自如

示例:欧阳夏丹讲述奥运冠军马林的泪水。

欧阳夏丹:"今天,他终于拿到了这枚金牌,证明了自己,同时也告慰了逝去的亲人,我想在这个时刻,我不知道他的心里在想些什么,可能只有眼泪,一切尽在不言中吧。"

评析:

欧阳夏丹的话语总是充满关怀,但是又不过分怜悯,直击人心里最柔软的地方,但又不让人觉得难堪。"他终于拿到了这枚金牌,证明了自己",相信这句话让马林感觉很中听又很窝心,"同时也告慰了逝去的亲人",接下来的这句话又让被访者心里马上五味杂陈。欧阳夏丹的言语不起哄,不怂恿,不"教唆",让受访者在她的话语中感受到各种情绪,调动受访者的思路。

"我想在这个时刻,我不知道他的心里在想些什么,可能只有眼泪,一切尽在不言中吧。"欧阳夏丹的主持有收有放,收放自如,通过这一段话,观众可以感受到她在娓娓道来中强大的运筹帷幄的主持技巧。

2. 说出来的话，让人觉得很有说服力、诚恳，又很自然

示例：欧阳夏丹主持中央电视台经济年度人物评选颁奖典礼。

欧阳夏丹："今年的经济年度人物评选呢，其实不仅仅是要解读2008年的中国经济，更是要以改革开放三十周年为坐标来共同预见我们中国经济未来的发展方向。"

评析：

可能有人质疑欧阳夏丹主持中这些话是有人撰好稿的，如果不考虑这种情况的话，我们不得不佩服欧阳夏丹的语言运用能力和语言表现能力。如果我们考虑这种情况，我们也不得不佩服欧阳夏丹在主持中的二次创作能力，包括：断句的自然、说话中的情感把握得当、语言表达的连贯性、书面文字的口语化。

不管什么样的情况，这些话从欧阳夏丹的嘴里说出来，一方面让人觉得很有说服力、诚恳，另一方面又很自然，很随意，这就是主持中语言表达的功力。

3. 非常简单的一句话，却让观众感觉很优雅、有礼貌

示例：欧阳夏丹主持湖南卫视金鹰节颁奖晚会。

欧阳夏丹："谢谢，再次恭喜二位，也让我们记住今晚所有的泪水和感动。"

评析：

非常简单的一句话，却包含了当时主持人应该道出的所有意思，而且让观众感觉很优雅、有礼貌，并且照顾到了各方面。欧阳夏丹说了对获奖者说的，说了对颁奖者说的，说了对观众说的，而且仅仅是在这简短的一句话里。

4. 讲述简单易懂，让人感觉很舒服，引起嘉宾共鸣，自然地提出问题

示例：欧阳夏丹在中央电视台《东方时空》的连线中采访曹景行。

欧阳夏丹："是的，我想我们今天演播室请到的嘉宾可能电视机前的观众朋友们一定不会觉得陌生，经常可以在电视节目上看到他，而他个人行走和发展的轨迹也是相当有意思的：祖籍浙江，在上海长大，八十年代移民香港，那现在呢，大部分的时间是待在内地。因为工作的关系，他是频繁地在香港和内地之间来回地穿梭，做学者，做新闻，他就是资深的媒体人曹景行。你好，曹先生！"

曹景行："你好！"

欧阳夏丹："曹先生是身份很多元，而且关注香港和内地之间的关系很长的时间。"

曹景行："实际上很简单，中国人，这么大的范围，都应该去看看。"

欧阳夏丹："都应该去走一走，看一看，感受一下哈。那您可能有很多个人

的这个感受、故事、经历，跟我们分享一下，就是这十五年来，香港在这个经贸啊，旅游啊，还有人文等方面走过了一个怎样的轨迹？"

评析：

这一小段的主持展现了欧阳夏丹的概述能力，还有与嘉宾拉近距离、自然地提出问题的能力。"祖籍浙江，在上海长大，八十年代移民香港，那现在呢，大部分的时间是待在内地。因为工作的关系，他是频繁地在香港和内地之间来回地穿梭，做学者，做新闻，他就是资深的媒体人曹景行。"一般来说，介绍一个人容易显得无聊且冗长，但是欧阳夏丹的这一段讲述却简单易懂，语言文字的使用上听起来也略有押韵，略有排比，给人的感觉很舒服。

"都应该去走一走，看一看，感受一下哈。那你可能有很多个人的这个感受、故事、经历，跟我们分享一下，就是这十五年来，香港在这个经贸啊，旅游啊，还有人文等方面走过了一个怎样的轨迹？"在应和嘉宾的话语之后，引起与嘉宾的共鸣，然后自然地提出问题，这样提问显得不生硬，问题间的过渡很自然。

5. 自然的口语，真诚的微笑，亲切的主持风格

示例：欧阳夏丹主持中央电视台经济频道的《第一时间》。

欧阳夏丹："享受充满资讯的早晨，欢迎收看《第一时间》，各位早上好，我是欧阳夏丹。莫斯科动物园里最近新出生了一只小企鹅宝宝，那么它和其他企鹅兄弟不同的是，它可是专家们亲手孵化出来的。"

评析：

主持中央电视台经济频道《第一时间》期间的欧阳夏丹，不用笔者赘述，她用自然的口语，亲切的主持风格，略带撒娇的与观众亲近的方式，形成了家家户户早间的一道风景。

最后我们完整地摘录一段欧阳夏丹在《第一时间》开播四周年的节目上讲述的开场白，一起感受欧阳夏丹创造的这个独一无二的主持人物——《第一时间》里的欧阳夏丹。她亲切、自然、可爱、朝气蓬勃，她用家常唠嗑的语言和真诚向上的微笑为无数个早晨传递了正能量，相信无数观众都将会记住《第一时间》里欧阳夏丹的主持风格。

欧阳夏丹在中央电视台《第一时间》开播四周年的节目上讲述的开场白：

欧阳夏丹："欢迎收看《第一时间》八点时段的节目，大家早上好，我是欧阳夏丹。这里是中央电视台二套节目，今天……刚才大家看到的这一段录像，是四年前我第一次站在演播室里面对镜头时候的样子，那也是我们《第一时间》栏目在清晨第一次和大家见面。唉，我发现人再回看以前的老照片啊，老录像啊的时候真的是不太好意思看，因为觉得，哎哟，那个时候人怎么那么土，那么傻啊，但是呢，我想属于那个年龄段的那种纯真、懵懂和稚嫩还是多多少少

让人觉得回味的。特别高兴的是呢，四年过去了，我们和《第一时间》栏目共同成长，也特别高兴能在四年的时间里面和所有的观众朋友们一起分享了这么多的喜怒哀乐，那么没有大家的鼓励和支持，也就没有我们的今天。所以在这个时候，我们特别想对所有的观众朋友们说一声，谢谢你们，谢谢你们的支持。那四年过去了，我想我们的理想也并没有改变，那就是在每个清晨为大家提供一份营养丰富的资讯早餐。好，一起来看一看今天的早餐合不合大家的胃口。"

自然的口语，真诚的微笑，亲切的主持风格，《第一时间》形成了早间的一道风景。

第二节 电视谈话类节目主持人——陈鲁豫

一、主持人陈鲁豫简介

陈鲁豫，父母籍贯组成了这个极具诗意的名字，人们习惯只称呼她的名——鲁豫，也因为《鲁豫有约》这个节目的知名度，以及鲁豫在这档脱口秀节目中的亲和力，老百姓就像叫自己女儿一样，叫这个瘦小的优秀主持人——鲁豫。

没有人会想到这个酷爱黑咖啡的女孩是如此的强大：她主持过《香港回归世纪报道——60小时播不停》；她即时旁述《黛安娜王妃葬礼直播》；她报道过千禧之旅、美国总统大选、"9·11"事件、阿富汗战争、伊拉克战争等，她瘦小的身躯下是一个强大的中国新女性。她是2010年《国家形象系列宣传片》的中国代表人物，是享有国际盛誉的"东方奥普拉"。

在英语奥林匹克竞赛中获得第一名，鲁豫插上英语的翅膀，一路飞翔，直到从国外留学回来，在凤凰卫视落脚，实力的最初证明开始在《凤凰早班车》。鲁豫的主持风格是温婉亲和的，"新闻"这个词和鲁豫放在一起似乎不是很搭调，但是，凤凰就是善于在逆境中涅槃，鲁豫开创了"说新闻"的新闻节目主持风格，硬是把《凤凰早班车》变成了和自己的主持风格最匹配的新闻节目。也可以说，是鲁豫创新了新闻节目的主持方式，同时找到了最适合自己的主持方式。就像是鲁豫历尽曲折却又打动人心的爱情——13岁相识，18岁相爱，21岁分开，9年后又相遇，鲁豫终于找到了心的归属。鲁豫的主持生涯也一样，她最终在凤凰卫视专为自己打造的脱口秀节目《鲁豫有约》中找到了事业的归属。

《鲁豫有约》采访过无数的各界名人，获得了2002年凤凰卫视十大观众最喜爱节目的第二名。尔后，随着《鲁豫有约》极高的受欢迎程度，鲁豫带着自己温和亲切的主持风格走进了千家万户，先后在各电视台以及《湖南卫视》播

第二部分　电视节目主持人风格及其艺术特点

出,最后以《爱传万家——说出你的故事》落定在安徽卫视。鲁豫那份亲切的真诚感和与人交谈的那份感同身受的贴近性,使得鲁豫不但被无数的观众喜爱,并且被世界人民赞为"中国的'奥普拉'"出现在 CNN 上,关注和肯定的目光支持着鲁豫在电视节目主持的道路上愈走愈远。

二、鲁豫主持风格概述

鲁豫的主持风格是"感同身受、春风化雨型主持风格"的标准范本。著名节目主持人汪涵曾经说过这样的话:"春天最美的是什么?他们说是云、花、绿叶。其实最美的是春天的风,如果没有风,云也不飘了,树叶也不动了,湖面也没了涟漪了,好的主持人就要像春风一样。"如果说汪涵的主持风格带给观众的感受是春风拂面、深入浅出的轻松和智慧,那么鲁豫就是春风化雨般温婉和美丽,在温和亲切的主持氛围中,鲁豫娓娓地问问题。但是大多数时候,嘉宾不会觉得这是在问问题,更多的感受是,鲁豫在表达一种理解和认同,所以面对鲁豫你不会紧张,只会随着她温柔的话语,越来越感动,越来越平和。

看鲁豫的节目,你可以拿着红酒窝在沙发上,不用思考,只要带上心,随着鲁豫的一颦一笑,放松自己,这对于紧张忙碌的现代人来说,就是最好的休息。看《鲁豫有约》你会发现,不管来宾有着怎么样的人生或是做着怎么样的事情,鲁豫都会平等地接受他的一切,因为包容和理解是她的外衣,感同身受和设身处地是她的精髓。

从《凤凰早班车》开始,鲁豫就习惯在做节目之前大量地"做功课",《凤凰早班车》每一天早上的准备工作都是一场战争。四点起床,顶着星星月亮就开始用惺忪的眼睛盯着报纸、手里记着笔记、耳朵听着新闻,五点到六点的简短时间里,就要熟悉所有新闻大事,并且达到能"说"出来的程度,然后紧接着就要开始直播。到了《鲁豫有约》,虽然是相对轻松的谈话节目,虽然是预录的非直播节目,但是严谨认真的鲁豫依旧会为了更加了解当期的嘉宾仔细地准备着。正是这种敬业之心,鲁豫才能在节目中自如、亲切、坦然地面对每一个嘉宾的每一个故事,表现出感同身受的真心,然后用最温婉和顺的交谈方式慢慢地融化对方,让嘉宾以一种面对老友的态度自然地说出答案,整个节目进行得如流水般顺畅与平和。这便是鲁豫感同身受、春风化雨型的节目主持风格。

三、鲁豫主持风格的艺术特点与示例

看《鲁豫有约——说出你的故事》,知"春风"如何"化雨"。

1. 饱含人情味的鲁豫式开场，是那么的真诚、温暖

示例1：鲁豫专访蔡琴。

鲁豫在专访蔡琴时开场是这样说的：

"我第一次见蔡琴是在2003年的广西南宁民歌节上，那天蔡琴的话筒出了些问题，很长时间没有声音。但是她特别镇定，对观众说，只有这样你们才能知道我唱的是现场而不是对口型。我记得蔡琴在舞台上穿了一件大花的长裙，刚开口唱了一句，全场已经是掌声雷动。这次我采访蔡琴是第二次见她，她正在北京为自己在首场演唱会和一张新的专辑忙着做宣传，我们的采访安排在晚上九点半，蔡琴特别准时，九点三十分出现在采访现场，而这时她已经连续工作超过十个小时，即便如此，蔡琴神采依然。"

示例2：鲁豫专访李银河。

鲁豫专访李银河的开场：

"作为读者，我很喜欢王小波的作品，读他的作品是一件非常快乐的事情，作为女性，我很欣赏王小波的夫人李银河，我觉得她很坚强。2000年春天，我在香港的红磡火车站曾经见过李银河，那天她拎着行李，好像在等人去接她。当时我是远远地看了看李银河，总觉得她的身影看起来很孤独。三年后，我在北京李银河的家中又见到了她，她比我想象中的要健谈，要开朗。"

评析：

不管是谁，不管他是来自演艺界、文学界、政界或是一位普通的老百姓，鲁豫都是在用心去感受他的人生。鲁豫的开场都会结合自己对所专访对象的感受和评价开始，而那些感受又是那么的真诚、温暖。

2. 触动别人内心的感受，有如春风化雨

示例1：鲁豫专访叶刘淑仪。

鲁豫在专访叶刘淑仪的时候，因为叶刘淑仪曾被任命为香港特别行政区保安局局长，所以鲁豫开场后首先问叶刘淑仪的是："现在你在街上，有人碰到你的时候，是叫你叶局长还是叫叶太太？"

叶刘淑仪："还有人叫我局长（此时的叶刘淑仪已经提交辞呈，正式离职）。我在日本的时候，每天都碰到香港人。有一次在火车上碰到，那一家人对我说，我永远是他们的局长。"

鲁豫："听到别人叫你局长的时候是什么感受？"

叶刘淑仪："我用广东话和他们说，我是过去的局长，现在不是局长了，你们叫叶太太就可以了。"

鲁豫："我那天在香港的新闻片里看到，很多人围着你，你在说一些感谢的话。当时我在想，叶局长会不会流眼泪，我在电视画面里没有看见你流眼泪，

但是后来我看报道说,当有人给你送花给你照相的时候,你还是流泪了。"

叶刘淑仪:"老实说,我流眼泪最多的一次,是在保安局的欢送会上,因为面对相处了五年多的同事,真的很难过,但一般我是不会轻易地表露我的感情,我觉得应该有一定的节制。"

示例2:鲁豫专访著名文学翻译家、作家文洁若。

鲁豫问道:"萧乾先生后来跟您说过他对您第一面的印象是什么吗?那时候您就跟照片儿上那样,是梳两个大辫子吗?"

文洁若:"对,两个大辫子。那时在北海划船的时候,他趁我没注意给我拍了一张照片,那是他最满意的一张照片。"

3. 永远怀抱着一颗温暖的包容之心

示例:鲁豫采访金星。

鲁豫采访金星时,说:"那是2002年早春的一个下午,我们在北京一个酒吧约见金星,她打扮得温柔而优雅。在绝大多数人眼里金星是异类,但是她很勇敢,敢于把自己从七尺男儿变成了窈窕淑女。相形之下,倒像是我们似乎没有那么大的勇气去接受她。"然后,鲁豫很自然地问金星:"会有婚姻吗?"

4. 像同朋友谈心一样,投入嘉宾的故事中

示例1:鲁豫专访李宗盛。

鲁豫专访李宗盛时,李宗盛说到自己帮家里做一些活,会修瓦斯炉、热水器之类的东西,还帮别人家送煤气罐,鲁豫很惊异又很赞赏地问:"你还送煤气罐啊?"

李宗盛:"对呀,对呀,那时候我们家经营了一家小的瓦斯行,经常就会有人打电话来说,喂,长城瓦斯行吗?我是谁谁,赶紧给我送罐瓦斯过来,我就骑摩托车,穿着夹脚拖鞋就去了,其实那时候还蛮过瘾的。"

示例2:鲁豫专访著名作家叶永烈和他的妻子杨惠芬。

鲁豫专访著名作家叶永烈和他的妻子杨惠芬的时候,提起往事:"您知道请一个秘书要多少钱吗?虽然不开工资,但我知道您去任何地方出差,都会带一个记录,就是阿姨的身材尺寸,帮她买衣服,或其他东西。"

叶永烈:"对。"

杨惠芬:"他对我是非常好的,因为在'文革'当中家里很困难,他可能觉得自己拿工资给我买衣服,肯定钱不够,于是他就利用空余的时间学会了做衣服。"

鲁豫:"您还会做衣服呢?"

叶永烈:"对,包括她那个风雪大衣,都是我做的。"

杨惠芬："那时候上海街上有卖纸样的,他就把纸样买到了,然后自己买布照纸样裁,裁好以后就给我做衣服。就像我有的灯芯绒的衣服穿旧了以后,因为他是念化学的,会染衣服,所以他就自己买的染料,在面盆里把水一烧,把衣服浸上去,就把旧衣服给染好了。第二天我去学校,其他老师说我怎么又穿了一件新的灯芯绒啊,我说不是新的,是我爱人给染的,她们都觉得染得怎么这么均匀这么好啊,她们也都要我爱人给染几件。所以后来我有的同事会把家里小孩穿的衣服拿过来,他也帮助染。"

鲁豫:"您这么全面啊。"

示例3:鲁豫专访成龙。

鲁豫专访成龙时提到:"您和邓丽君是什么时候坠入爱河的?"

成龙:"我认识邓丽君的时候,那个时候我跟我的一个女朋友在迪斯尼乐园玩,然后那天她和她的一帮朋友也在迪斯尼,我看见她了就走过去,随便聊了几句。"

鲁豫:"那个时候她也已经很红,你也已经很红了?"

成龙:"对,后来我就给她打电话。她说她要学溜冰,刚好我那个时候就在学溜冰,我就主动说要教她。后来我们就一起溜冰,每次溜完冰的时候她回家,她妈妈会给她煮汤喝,然后就叫我也上去喝汤,很自然地我们就走到一起了。每天我不做事的时候就打电话给她,她也会打给我,就是一起吃饭,看电影,拍照,两个人聊聊天,其实那个时候很开心。"

鲁豫:"对啊,我觉得听起来挺好的。"

成龙:"但是我不会欣赏那种东西。"

鲁豫:"什么叫你不会欣赏那种东西?"

成龙:"就是很讲究的精致生活。她要吃法国餐,两个人中间还放个花,我就要把花拿走,看也不看一眼,吃饭还弄什么花,真是的。点菜的时候英文我又不懂,她很内行,英文,法文都很精通,我又不会看,就点不了。她会问我吃什么,我就很生气,怄气给她看,点了这个那个的很多,菜上来我又不吃,拿起来倒掉,不吃买单走人。"

鲁豫:"那她不要气死了?"

成龙:"气,她很气,我越看她生气我越开心。"

鲁豫:"真是太气人了。"

成龙:"对,我那个时候就是这样的性格,很花花公子,永远不懂得什么是幸福,更不懂得去珍惜。其实邓丽君她是一个很好的女孩子,只是我们认识的时间不对,是错误的时间认识在一起了,我那时候太不懂得珍惜。"

5. 问观众想要知道的问题，以便观众理解谈话内容

示例1：鲁豫专访任贤齐。

鲁豫在专访任贤齐的时候，问："你当时到滚石不兴奋吗？滚石是个很大的公司呀。"

任贤齐："兴奋。但是刚到那么大的公司，一个人都不认识，就傻傻地站着，别人还以为我是送快递的呢。按当时出片计划排队的话，其实我要排很久，又因为我不是重点歌手，所以那个时候就出现在年度解约歌手的名单里面。"

鲁豫："什么叫年度解约歌手？"

任贤齐："就是说公司对于既不会帮你发片，也不想耽误你的前途的歌手，就会提前解约。当时我被新格唱片公司卖到滚石去的时候合约上还有几年的时间，但是滚石又不想给我发唱片，于是就打算把我解约了。"

示例2：鲁豫专访罗大佑。

鲁豫专访罗大佑的时候，问罗大佑："那隔壁班的女孩呢，当时你真的喜欢隔壁班的一个小女孩吗？这是我一直好奇的，特想问的。"

罗大佑："当然有啊，这个不但有，而且它永远是个秘密。"

（罗大佑的《童年》里有一句歌词是这样唱的："隔壁班的那个女孩怎么还没经过我的窗前。"）

示例3：鲁豫专访叶永烈。

鲁豫："您这么全面啊。"

叶永烈："因为我是念化学的，北大六年化学，这个染衣服还不是小菜一碟了。"

杨惠芬："他还会纳鞋底呢，我说他是家里的'三脚猫'。"

鲁豫："什么叫'三脚猫'？"

杨惠芬："就是说样样事都会干一点儿，但又干不精，叫'三脚猫'。比如说平时的家务事情什么的，都是我做的，炒菜啊，买菜啊，都是我做。但是家里东西坏了，比如说洗衣机坏了，冲水马桶坏了，我就说'阿烈，快来呀'，他马上就会想办法给你修好。"

第八章 深入浅出、智慧大气型电视节目主持人

第一节 电视综艺娱乐类节目主持人——汪涵

一、主持人汪涵简介

提到汪涵，有人会带有偏见地认为，汪涵出名的节目不就是《天天向上》嘛，那可就忽略了汪涵走向《天天向上》的艰辛之路。路途上无数的荆棘扎进脚里磨成了茧，汪涵用自己的智慧与勤奋，勇于历练，才有了今天的成就。

曾经的汪涵是个名不见经传的小人物，在湖南卫视做过打杂工。抓住机会，当然也正是他的智慧与勤奋使得他一步步走向梦想的主持之路。从1998年的《真情对对碰》开始，《玫瑰之约》《音乐不断歌友会》《幸福双响炮》《越淘越开心》《越策越开心》《超级英雄》《天声一队》《金牌魔术团》《超级女声》《汉语桥》等，汪涵走过的路、正在走的路都是形成他今天主持风格的重要"推手"。

曾经的汪涵也很青涩，没有胡子，没有眼镜，剪着一个稚嫩的少年头。那时的汪涵也还没有形成一套属于自己的完整的主持风格，但是才华横溢的汪涵还是慢慢让观众看到了他的魅力。

他很善于搞笑，但是这种汪涵型的搞笑却很高级，这叫做幽默。哪个主持人承受得起幽默这两个字？汪涵当之无愧。

他很稳重，但是这种汪涵型的稳重又很圆滑，这叫做成熟。稳重的人很多难逃呆板无趣的禁锢，汪涵的成熟却独具魅力。

他很活泼，但是这种汪涵型的活泼让你笑后回味起来依旧乐不可支，这叫做深度。每一个笑料都不低俗，却又浅显易懂，观众一听就能共鸣，再听更有乐趣，三思又很有道理。

汪涵是什么星座、什么血型的？汪涵是哪儿的人？汪涵是哪年哪月哪日出生的？汪涵获过什么奖项？我们转念一想，对于汪涵，我们似乎意外地没有很

想去了解他的信息或是"八卦"消息,因为智慧的汪涵把自己打造成了一个风格强烈的主持人,我们在乎的是汪涵今天在节目中讲了什么笑话,说了什么名言,演了什么桥段。汪涵就像不是他的本名一样。汪涵曾说,"人生有不同的面具,舞台上有舞台上的面具。""汪涵"这幅面具属于电视节目,而并不代表着某一个生活中的人,就像汪涵自己说的,"所谓明星主持人什么什么的,几十年后,万事皆空,所以根本不要说'明星',心生欢喜就好"。

二、汪涵主持风格概述

汪涵的形象出自于他对自己主持风格的精准定位,给自己起"汪涵"这个的名字,也许就期待着今后自己主持风格的走向。有底蕴是可持续发展的利器,也是现在汪涵能够做到每一个笑料都有深度、幽默、"深入浅出"的基础。智慧也许来自于天赋,但其中百分之九十九来自对走过的路的领悟,这也正是我们不用"聪明"来形容汪涵的原因,因为天赋的含量少于后天的历练。汪涵说希望自己保持着属于节目的态度,这也就是汪涵主持风格的进化。汪涵的主持态度是对自己该如何做好一名优秀的电视节目主持人的智慧的总结,深入浅出的表达。汪涵提笔挥毫,大气地在态度和风格间画上了一个等号。就像汪涵自己所言,"我是'无宗限',没有任何宗派的限制"。汪涵的主持风格想必也是"无风限"吧——没有任何风格的限制,这样在舞台上,扮演主持人汪涵的他才真正是"无风限",这才是汪涵最大气的智慧。

现在的汪涵有着自己明确的主持定位,他的主持风格在岁月中打磨,不仅打磨出了一副现在特有的装扮,而且打磨出了无人能及的深入浅出、智慧大气的主持风格。

三、汪涵主持风格的艺术特点与示例

1. "大叔"爱用最潮的词,有亲切感,拉近和观众的距离

示例:2011年4月22日湖南卫视播出的《天天向上》。

开场,汪涵说道:"各位亲爱的观众朋友们,你们现在收看的依旧是我们至潮至'in'的青春励志的娱乐脱口秀节目'特步'天天向上。"

同一期节目中,来宾是知名舞团。汪涵在邀请舞团各位成员上台的时候说:"上来就不一样了。""像明星的感觉。"汪涵很激动很夸张地学着蹩脚的粤语说:"什么感结(觉)?!什么感结(觉)!"

评析：

汪涵最初走红的时候，他最主要的主持风格之一，就在于汪涵会说很多方言。简单地说，就是很有语言天赋。他对于什么场合、对着什么样的人，使用什么词汇和什么方言更能引人共鸣，把握得非常准确。在一个受众以年轻人为主的娱乐脱口秀节目中，汪涵很喜欢运用一些当下最潮的新词，有些似乎我们都会觉得汪涵可能不太知道词的意思，但是这样却更能增添"笑"果。一个长着一张大叔脸的资深主持人使用年轻人在网络上聊天、"混"论坛才会使用的新潮词语，本来就是一件让人觉得很有欢喜感的事情。加上汪涵又常常在充满新潮词汇的谈话中加入一些不知道是哪个地方的不太标准的方言，一方面是有亲切感，一下子拉近了和观众的距离，另一方面，这种不标准的发音更有一种逗笑的作用。

2. 深入浅出的联想，让人会心一笑的语言魅力

示例1：2011年4月22日湖南卫视播出的《天天向上》。

汪涵："枫哥（指钱枫），你今天怎么把自己弄成一个胡萝卜就来了这儿。"

钱枫："这不是胡萝卜。"

汪涵："火龙果！"

钱枫无奈地说："这是有名的樱木花道造型。"

同一期节目中，Quest crew舞团的队长因为脚受伤，无法跳舞，所以坐在椅子上表演了一段手指舞。表演完后，汪涵深情地说："身残志坚啊。"然后问欧弟："你会不会跳手指舞。"欧弟就把右手握拳举起来然后学机器人，手臂上下动。当欧弟手臂向下的时候，汪涵就顺势出了个布。每次欧弟手臂向下，汪涵都张开五指出布，竟然成了剪刀石头布，全场大笑。

同一期节目中，因为Quest crew舞团的队长说自己喜欢超女冠军江映蓉，所以汪涵马上假装转变节目形态做成真情访谈节目，说："人间有真情，人间有真爱。今天江映蓉是否能够来到节目现场，五秒钟倒计时。五——四——三——缺——一。"

同一期节目中，Quest crew舞团成员秀完一段舞蹈之后，汪涵也让主持人小五秀一段舞蹈。小五在舞蹈中做了倒立的动作，衣服里不知道装了什么稀里哗啦都掉了出来。汪涵和其他主持人赶忙上前挡在小五前面。一会儿，汪涵问小五："都捡起来了吗？哦，都捡起来了哈。我以为你的胆结石都掉出来了呢。"原本有点尴尬的现场一片哄笑。

示例2：2009年10月30日湖南卫视播出的《天天向上》。

该期节目中邀请的是曾参与国庆阅兵典礼的少先队员组成的鼓号队，《天天向上》的主持人们出场的时候全体主持人也敬着少先队队礼出场，汪涵说：

"知道吗?这是全景式的少先队队礼。"说着,就敬着少先队队礼从左转到右,"可以照顾到每一个角落,全景式,一百八十度海景房"。

示例 3:2009 年 7 月 3 日湖南卫视播出的《天天向上》。

郭敬明为大家展示自己平时的一些化妆品时,汪涵对着郭敬明说:"你好专业啊,你都能够说这种专业术语。玻尿酸是什么东西?"

欧弟口误说:"泼尿酸呢,是一种……"

汪涵:"什么叫泼尿酸!还泼硫酸呢。"

郭敬明:"它就是填充皱纹,是持续十二个小时。"

汪涵:"哪里有皱纹,只要一涂。"

钱枫:"可以把皱纹填平吗?"

郭敬明:"但是它不是永恒的,它就是即时的,比如说你上节目之前你可以涂一下。"

汪涵:"这就是胶水嘛!"

评析:

汪涵的笑话都不像笑话,但是却有能让人会心一笑的魅力;汪涵的幽默听起来都很简单,细想又回味无穷;汪涵的无厘头换了别人都想不到,但是汪涵说出来,你就会觉得太有道理了,就是那么回事儿。这就是汪涵主持风格中"深入浅出"的体现。汪涵的脑子转得很快。但是又不像何炅那样。何炅透着一股八面玲珑的机灵劲儿。汪涵和何炅都是很有智慧的主持人,但汪涵的智慧更深沉一点,看起来是简单的,听起来是好笑的,想起来又是智慧的,这就是汪涵。不用低俗,不用卖弄,不用胡扯,汪涵的脑子高速运转着,可能对于每一个环节,他都有一百个进行方式,对于别人的每一句话,他的脑中都有一万个回应方式。他随手取出来一个就能逗笑大家,至于取出那一万个笑点中的哪一个,汪涵会很稳重地对应场合。他的联想能力起着桥梁的作用,把脑中的万千想法和现场具体情况串联起来,就有了那些深入浅出的精彩主持片段。

3. "自来熟",拉近与来宾之间的距离,活跃现场气氛

示例 1:2011 年 4 月 22 日湖南卫视播出的《天天向上》。

因为请的是美国知名舞团,所以在谈话的时候,有些比较长的问题,主持人在问的时候很纠结,汪涵就说:"我们请一下那个'翻哥'和'翻姐'。"

"翻哥"和"翻姐"其实就是负责翻译的工作人员,汪涵给人家临场起了个外号。

示例 2:2009 年 10 月 30 日湖南卫视播出的《天天向上》。

汪涵问老师:"这些乐器都是学校给他们买的吗?"

老师:"不是,这是国家给的。"
汪涵:"那今天来了多少学生?"
老师:"应该是来了三十一个。"
汪涵:"三十一个乐器加起来大概多少钱?"
老师:"我们参加六十年大庆阅兵的时候,我们是八十六个人。"
汪涵:"八十六个人。"
老师:"八十六个人,国家给的乐器是一百万。小号,就那一把小号是一万三(人民币)。"
汪涵:"真的!来来来,小号。"汪涵招呼拿小号的学生过来,"一万三。我们这个小朋友,人送外号'一万三'。从此以后叫他'一万三'啊。"
评析:
拉近与来宾之间的距离,是一个好的主持人活跃现场气氛必须要做到的。方法有很多,汪涵最常用的就是说来宾家乡的方言或是给来宾起一个可爱的外号。

4. 问题"特别",说话"含蓄",让观众陷入想象的语境中

示例1:2011年4月22日湖南卫视播出的《天天向上》。
节目中请上来的两位负责翻译的工作人员,汪涵给人家起名叫做"翻哥"和"翻姐",两位上来之后。
汪涵:"来,自我介绍一下。"
翻哥:"大家好,我叫雷尔。我是今天的翻哥。"
翻姐:"大家好,我叫甜甜,我是今天的翻姐。"
汪涵像哄小孩似的娇嗔地问翻姐:"甜甜,是哪里银(人)?"
翻姐:"长沙人。"
主持人欧弟:"甜甜是长沙妹陀(长沙方言)!"
翻姐:"我在英国留学。"
汪涵言有所指地说:"应该不会那么巧吧……"
翻哥:"我们是十几年前在英国就认识。"
欧弟:"哦~"
汪涵:"原来你们是早就认识了……"
田源:"哦,你们仅仅是认识,没有别的什么关系吧。"
示例2:2009年7月3日湖南卫视播出的《天天向上》。
汪涵问嘉宾郭敬明:"你现在公司签约很多作家吗?"
郭敬明:"对对对。"
汪涵:"我告诉大家啊,他很厉害,现在开公司很赚钱。这个可以讲吧?"
郭敬明尴尬地笑。

第二部分 电视节目主持人风格及其艺术特点

汪涵:"稍微讲一下,反正已经讲了嘛。"

评析:

问问题特别含蓄,其中"特别"和"含蓄"都是要加上双引号的。汪涵不问"你们是男女朋友吗?"之类的,而是装作很自然地说"应该不会那么巧吧……"不用汪涵点明,然后大家都"哦"一下子明白了什么似的。有些时候,可能没有的事,汪涵也没有明确地说什么,但是这么含蓄地一说,好像有什么似的,使得观众多了一分另外的乐趣。要说汪涵说话很含蓄,还真是很含蓄,但是又很直接,很敢说。这就是汪涵主持风格中"深入浅出"的体现。他就是能说一句话,让别人想很多,让观众自己陷入自己想象的各种语境中,别有一番乐趣。

5. 喜欢善意的调侃,也使得节目别有一番乐趣

示例1:2011年4月22日湖南卫视播出的《天天向上》。

汪涵说道:"接下来呢,每个团队,都有每个团队自己的口号。比如说我们每次上节目,'大家好,我们是快乐家族!'是吧,我们会喊我们自己的口号。"

欧弟:"欸,涵哥,喊错了吧,所以我是谢娜咯。"

汪涵:"对啊,你才知道啊。"

欧弟:"那您是?……"

汪涵:"我何炅啊!"

同一期节目中,汪涵问其中一位舞团的成员:"你们目前有没有女朋友吗?"这位舞团成员比了四个手指头,意思是舞团里有四位团员已经有女朋友了。汪涵说:"四个?同时吗?same time?嘘。当我们没问啊。当我们不小心踏到了一个雷区。"(回答问题的那位舞团成员觉得又好气又好笑)

示例2:2009年7月3日湖南卫视播出的《天天向上》。

汪涵问嘉宾郭敬明:"你还有这么多护肤品吗?"

郭敬明:"因为我长了一张小孩的脸。如果变老就会很吓人。那就真的需要照妖镜了。"

汪涵:"不要怕。我在很多年前,我也觉得自己长得很小,我也觉得自己是张娃娃脸。"

汪涵调侃完郭敬明又转而问欧弟:"欧弟,你平常怎么保养皮肤?"

欧弟很认真地说:"就是呢,只用水洗脸。"

汪涵很诧异地说:"你用沙子洗过脸吗!?"

评析:

湖南卫视的两大王牌节目《快乐大本营》和《天天向上》常常是你追我赶地前进着,两个节目都各有亮点,但是收视率上似乎《天天向上》总是比《快

乐大本营》要稍微高一些，不过《天天向上》的好口碑也是大家有目共睹的。来到《天天向上》的嘉宾经常说自己最喜欢的主持人是何炅，最爱看的电视节目是《快乐大本营》。作为好友，汪涵常常喜欢调侃一下何炅和《快乐大本营》。汪涵说何炅是"千年老妖"，有一次甚至带着全体《天天向上》的主持群跑到了《快乐大本营》的录制棚里，现场看起了人家录节目。

除了调侃好朋友，汪涵有机会似乎都喜欢调侃别人，只不过有时候调侃得不太明显。他会"含蓄"地调侃别人。对于欧弟，他显然觉得没有必要说得太间接，而直接调侃欧弟说："你用沙子洗过脸吗！？"大家都知道欧弟不是那个意思。

这种善意的调侃也使得节目别有一番乐趣。

6. 善用修辞，话更显得有滋味，回味留香

示例：2009年10月30日湖南卫视播出的《天天向上》。

节目中请出了一位很资深的优秀教师，他说自己已经五十六岁了，欧弟说："我说真的，绝不是奉承，看起来不像是五十六岁，像五十五岁。"

汪涵："你的眼睛像游标卡尺。"接着汪涵看到了别在老师胸前的姓名卡，"欸，这个胸牌还挺有意思的，我们组找厨师做的吧，像个煎荷包蛋一样。"

评析：

很多人说汪涵很有学识，的确，汪涵对于中国的国粹是非常喜欢和热爱的，他也喜欢研究一些艺术作品，汪涵的学识就表现在说话的艺术上。一句话怎么说都是说，但是主持人就是有要把话说得漂亮的责任和义务。汪涵总能把一句本来是平淡无味的话说得很有意思。因为他说话有时候修辞用得多，而且使用修辞在话中，话更显得有滋味，回味留香，有一种含蓄的美。

7. 主持就像说相声，给嘉宾捧哏，给观众的喜好捧哏，捧得自然，捧到心坎，讨人喜欢

示例：2009年10月30日湖南卫视播出的《天天向上》。

老师介绍参加国庆阅兵的少先队鼓号队说："长沙的朋友们，还有电视机前的朋友，大家好。这支队伍呢，是非常有名的一支队伍，可以说在中国是打得非常响的，参加了十一届亚运会。"

汪涵："呦。"

老师："开幕式和闭幕式。"

汪涵："好。"

老师："远南运动会（远东及南太平洋地区残疾人运动会）的开幕式和闭幕式。"

第二部分　电视节目主持人风格及其艺术特点

汪涵："嗯。"
老师："第七届全国运动会的闭幕式。"
汪涵："嘿！"
老师："以及……"（全场已经没有人在听老师说什么了，全在笑）
汪涵："我给搭一下。"
钱枫："您是捧哏。"
汪涵："对对，听出来了。"
老师："还有那个国庆阅兵。"
汪涵："那是。"
老师："还有参加了奥运会。"
汪涵："呦。"
老师："奥运会当中呢，参加了四场活动。"
汪涵："了不得。"
老师："一场是……"（全场止不住地笑）老师不得不转向汪涵，"谢谢谢谢"。
钱枫："不是，涵哥，你不能这么捧。"
汪涵："那我这样，我干脆和老师站一块，我们搭伙儿来说。"
老师："还有呢，我们参加了奥运会期间天安门的第一场演出。"
汪涵："您瞅瞅。"
老师："我们参加了午门的迎火炬。"
汪涵："嘿。"
老师："和那个电视台的白岩松他们，还有那个五环的设计者，他们都一块儿照相、合影。"
汪涵："嘿呀，太令人羡慕了！"
老师："还看到了姚明。"
汪涵："真的？！"
老师："这么高。"
汪涵："哎哟喂！"
老师："我们还参加了那个世界青年运动营，204个国家的所有的外国朋友，我们都见到了。"
汪涵："204个国家分别是——英国、美国……"
欧弟："欸欸欸。"
汪涵："嗯，还有呢。"
老师："我们还参加了北京市的专场音乐会。"
汪涵："瞧这记性。"

老师:"在金帆音乐厅。"

汪涵:"好!"

老师:"我们还参加了很多,和日本打过三场比赛。"

汪涵:"和日本打过三场比赛。"

老师:"都赢了。"

汪涵:"都赢了?!好!"

老师:"最激动的一件事,使我感觉特别自豪。"

汪涵:"什么事儿!"

老师:"日本人来了之后。"

汪涵:"啊!"

老师:"代表团,我们队伍在前面演奏。"

汪涵:"是。"

老师:"演奏的是《富士之晓》。"

汪涵:"《富士之晓》!"

老师:"演完了之后。"

汪涵:"怎么着!"

老师:"日本人,对着我们的乐队三鞠躬!"

汪涵:"三鞠躬啊,好!为国争光!然后呢!"

老师:"然后呢,当场的书法家……"

汪涵:"当场的书法家怎么着!"

老师:"说给我们写一段书法,当场书法。"

汪涵:"写的什么字儿呢!"

老师:"如听仙乐耳暂明。"

汪涵:"好!欸呀,这个好啊!"全场已经笑得前仰后翻。汪涵还在那很认真地捧哏。

评析:

这一段主持是汪涵主持生涯中的经典之作。本来是老师介绍自己所带的乐队的成就,应该是一段很无趣、听几句就令人很有换台冲动的话,但是汪涵几个字就扭转了形势,谁能想到他会把这么一段无趣的话说成相声一般。本来汪涵和其他的主持人站在一边,应该是别人介绍完乐队的成就之后,就鼓个掌回应一下就可以的,但是老师说完第一句的时候,汪涵一个"哟"字就有了下面像捧哏一样的精彩片段。主持的精髓实际上就像是说相声,只不过不是两个人罢了,你要给嘉宾捧哏,给观众的喜好捧哏,捧得好就能讨人喜欢。怎么能捧得自然,捧到人家的心坎上就是主持的艺术。

第二部分　电视节目主持人风格及其艺术特点

8. 话中有话，提醒嘉宾，显得有趣又让观众听得进去

示例：2010年8月27日湖南卫视播出的《天天向上》。

汪涵问嘉宾张朝阳："您特别喜欢养生啊，您教我们一些养生秘诀，活到一百五。"

张朝阳："嗯，两少两多。少吃少睡。"

其他主持人都发出诧异的"嗯？"

汪涵认真地说："朝阳兄，我们这个节目啊，收视率啊，还挺高的。如果运气好的话，我们可以拿到全国收视第一。"

张朝阳赶紧解释："这个是我自己的经验。"

汪涵："少吃，少吃大概是一天吃几顿？"

张朝阳接上面自己的话茬："不负任何责任。"

汪涵："别跟着一块做哈，你万一要是跟着一块做，活到一百五十岁我们不负责的！这怪不了我们的啊。"

评析：

大家听到张朝阳说养生之道是少吃少睡，听起来似乎有些不合常理，都在诧异之中，而且电视机前面还有那么多的年轻人甚至是小朋友，这句话很容易误导大家，但是面对那么重要和知名的嘉宾，也不好当面质疑，显得太没有礼貌，所以汪涵就含蓄地说："朝阳兄，我们这个节目啊，收视率啊，还挺高的。如果运气好的话，我们可以拿到全国收视第一。"本来是提醒张朝阳不能把话说得太偏激，另一面，还顺带着炫耀了一下自己的节目。然后汪涵又说："别跟着一块做哈，你万一要是跟着一块做，活到一百五十岁我们不负责的！这怪不了我们的啊。"说得观众都笑了起来，其实汪涵也是怕有些观众体质不同，却试用这种养生方法，所以推卸一下责任，不过这么一说，显得有趣又让观众更能听得进去了。

第二节　电视新闻评论类节目主持人——水均益

一、主持人水均益简介

水均益，这个听起来极具内涵的名字犹如其人，尤其是在水均益主持《高端访谈》期间，更体现出他深入浅出、智慧大气的主持风格。

水均益生于一个书香世家，自幼受到良好的熏陶。1984年于兰州大学外语系英国语言与文学专业毕业，接着进入新华通讯社国际新闻编辑部担任编辑和记者。1989年在新华社驻埃及中东总分社任驻外记者。在这期间,水均益的出色采访报道编辑能力得到广泛的认同。水均益作为国内主流媒体首批赴战地采访的记者之一,积极参与了海湾战争的报道,对阿以矛盾、巴以冲突进行了多角度、全面、深刻的报道,是国内国际新闻报道中对中东问题有深刻研究、独特见解的记者之一。从那时候起,经过做战地记者这段不同寻常的人生历练,水均益的主持风格就越加沉稳,越加有智慧,并且在转述给观众的时候又能做到深入浅出,表达得体到位。

1993年,水均益进入中央电视台,参与了《东方时空》《焦点访谈》《高端访谈》《环球视线》等知名节目。他的主持、记者事业也越来越受到各方肯定,成为国内著名战地记者,《高端访谈》不可或缺的主要角色。尤其是水均益在《高端访谈》做主持人期间,成就了他高端大气、充满智慧的主持风格。水均益采访过安南、潘基文、普京、克林顿、布莱尔、李明博、金大中、比尔·盖茨等等世界重要人物。这样高端大气的专访,水均益做了两百多期,并且越做越有风格。因此,水均益这个名字和《高端访谈》这个节目紧密地结合在了一起。2010年,他参与了《中国国家形象宣传片》的拍摄工作,成为了代表一代中华儿女的优秀代表。

二、水均益主持风格概述

水均益任驻外记者的工作经历更加丰富了他的传媒工作经验,在极其恶劣的采访环境中进行良好地采访报道迅速锻炼了他的主持经验,在主持技巧和应变能力上得到了飞速的发展。在逆境中成长,总能更快地飞翔。在任新华社驻埃及中东总分社驻外记者的这段期间,水均益的采访报道编辑能力得到迅速的进步。为了将复杂的前线新闻快速、直接、易于理解地传达给电视机前的观众朋友们,在对现场进行采访报道的时候,他渐渐形成了最快捷、最准确、最易懂的报道语言,并因此渐渐形成了自己的主持报道风格,用最简单的语言进行最有逻辑性的总结和分析,将复杂的报道直接、全面、快速地在恶劣的报道环境中传达出去。水均益的报道采访能力也得到了广泛的认同,他用自己丰富、深刻、全面的语言表达能力和思辨能力征服了万千观众。作为国内主流媒体首批赴战地采访的记者之一,他积极地参与,全面地报道,深刻地理解问题,简捷快速地传达信息,多角度全方位地把握形势,很快便以这种深入浅出、高端大气的主持风格使观众记住了他的名字。

在成就了水均益主持事业高度的电视节目《高端访谈》中,他将自己的采访报道能力进行了全面地展示,不但顺利完成了二百多期的专访报道,并且展示了自己大气的主持风格，也让中国人为传媒界有如此的传媒人感到自豪和骄傲。在《高端访谈》的节目中，水均益不但展现了自己出色的语言能力，而且充满智慧和学识，提问简洁大气，与各界名人、政要等各种被采访人交流顺畅，问题有内涵，提问方式又不难理解。"高端"两个字在节目中被体现得淋漓尽致，不但被采访人物高端，节目提问高端，节目内涵高端，采访内容高端，主持人也表现得有水准，够"高端"。主持人水均益的内涵和素质被全方位多元化地展示出来，也形成了与之相映的深入浅出、智慧大气的主持风格。

三、水均益主持风格的特点与示例

深入浅出、智慧大气型主持人水均益主持风格的特点，可以概括为以下几点：

1. 做好访前功课，才能够和被采访者顺利地进行沟通

面对被采访者是国家政要、企业家或是各界名人的时候，对主持人的要求更高了，必须做好访前功课，才能和被采访者顺利地进行沟通。

第一点，要了解被采访者的背景、经历、成就、弱点、优势等信息，甚至要了解与被采访者相关联的各种人物的基本关系。这样在采访中才不容易踩到"地雷"，或是能够问出有看点有连接性的问题。

第二点，了解被采访者的一些日常习惯。国家政要、知名企业家以及各界名人等这些平日里较忙碌的人，在时间上要求相对严格，有一些个人的基本习惯。如果不了解被采访者的一些日常习惯，很可能使得被采访者在交流中情绪不高，谈话不积极，使得专访进行得不顺利。这些都是做"高端"的访谈必须要做并且要做好的访前功课。

第三点，面对不同国家的被采访者，语言能力必须要过硬。

2. 明确采访目的，运筹帷幄，掌握全场气氛

采访中不能偏离主题太远是主持人需要时时提醒自己的事情，所以要求主持人有能在现场运筹帷幄、掌控全场气氛的能力。不同的被采访者有着不同的背景、故事和新闻点，所以要问出观众想要知道的，领导要求你必须获得的，被采访者应该要说出的"点"，就需要事前明确采访目的。不能像老百姓聊天唠家常一样，想到什么说什么，甚至有时候把对方问得尴尬。主持人之所以称为主持人就是要"进行节目"，其中尤其强调的是"进行"两字。节目有节目的流程，采访就要有采访的提纲，讲究提问的顺序，明确采访的目的，也就是节目主持将走向何种方向，营造一种什么氛围，让观众最终从被采访者身上感受到

电视节目主持人风格与节目主持艺术

什么样的故事和情绪。只有主持人"进行"得流畅，顺利调动被采访者的情绪和积极性，整个节目才能在主持人的掌控之中，节目也才能让观众看得舒心。

3. 保持沉着稳重的主持气质，使节目有一种高端大气的感觉

主持人和节目是生长在一起的，就像树和树根一样，盘根错节，不能剥离。主持人的风格是什么样的，节目的整体氛围就是什么样的，反过来说也是合理的，节目的风格是什么样，主持人就一定不会脱离这个风格太远。主持人和节目相辅相成，相互推动，可以说，主持人和节目是荣辱与共的。而二者间微妙的差别就在于，如果说主持人是在和节目谈恋爱的话，那么主持人在这份爱情中占据主导地位。主持人积极，节目就自然有向上的氛围；主持人轻浮，节目就不可避免地自降档次；主持人稳重沉着，节目就自然有一种高端大气的感觉。

水均益和中央电视台节目《高端访谈》的这场"恋爱"谈得就很好。

水均益深入浅出、智慧大气型主持风格示例：

示例1：2013年3月19日中央电视台伊拉克战争爆发十周年新闻特写。

2013年的3月19日星期二，此时的水均益身处伊拉克巴格达，拍摄伊拉克战争爆发十周年新闻特写。当地时间19号上午十点左右，水均益在下榻酒店录制专题报道。

"在伊拉克有一个最安全也是最危险的地区，这就是巴格达的绿区。这个绿区位于巴格达市中区，占地面积是十平方公里，其实它和我们所居住的这个酒店的阳台啊，只有一河之隔，我们现在通过摄像机来看一下对面的绿区。这里曾经是萨达姆政权主要的标志，一二三（这里水均益觉得自己说得不是很顺畅，所以喊一二三作为剪辑点重新说上一句话），这里曾经是萨达姆政权主要……（说到这里，窗外突然传来轰隆隆的巨大响声，镜头马上伸向了窗外，水均益接着说道）我们现在正在拍摄一个我们的串场，突然间听到了一声剧烈的爆炸声，然后呢，我们现在马上把镜头探出去一看，现在一股浓烟已经升起，可以看到，这还是在绿区附近，如果没有判断错的话，应该就是这个绿区的边上，也和前些天在绿区发生的那起爆炸的，那三起连环汽车爆炸附近的地方……（这里在突然的大爆炸之后，虽然水均益原定的讲述被打断，使得他的话并不是非常的流畅，但是看得出来水均益依旧很镇定，说话的速度和音调都没有什么变化）应该还是在外交部，或者是这个司法部大楼的附近，我们从这个画面中可以看到对面的那几栋，浓烟升起的前面那几栋楼是伊拉克议会所在的地方，旁边也是一些，应该是伊拉克政府的所在地。现在我们可以从画面上看到，这个，浓烟啊，还是很浓的，应该可以看到，从刚才我们看到，我们判断，从刚才的声音可以判断，这应该是一个很巨大的、威力很巨大的一个爆炸。现在是2013年3月19号，距离伊拉克战争爆发十周年，也就只差一天，嗯，这两天伊拉克

第二部分　电视节目主持人风格及其艺术特点

局势有骤然紧张的态势。在上个礼拜四,在这个巴格达绿区附近呢,就已经发生了三起连环的爆炸。事后呢,又在巴士拉的其他一些城市,发生了这个连环的汽车爆炸。在今天,也就是2013年3月19号上午,我们刚刚听到,在巴格达的周边一些地区,包括像萨德尔城,一共发生了八起这个汽车爆炸和恐怖袭击,而刚刚就在几分钟之前,我们又听到了一声巨大的爆炸。现在我们看到的,在爆炸的这个现场的上空,已经飞来了两架直升机,这显然是伊拉克相关的这个安全部队,或者警察部队,特种部队的直升机赶到现场,视察现场情况。做出进一步的反应和处置。"

评析:

从突发爆炸起,水均益的这段临场发挥有近三分钟,虽然有些语句讲述得并不是非常顺畅,但是看得出,尽管爆炸在距离如此近的地方发生,就在所处宾馆的河对面,但是多年的历练和沉着使得水均益除最初被吓了一跳外,他的脸色、音调、语速都没有变化,依旧沉着、稳定,并且尽量把复杂的局势给观众一点一点地分析清楚,包括最近发生的事情、此时爆炸发生的地点、爆炸发生的现场情况以及爆炸之后现场的情况。水均益思路清晰,讲述完整,为观众把如此突然的爆炸观察分析得透彻明白。

示例2:水均益在中央电视台节目《高端访谈》中采访俄罗斯总统普京。

2004年10月11日,莫斯科当地时间下午5点,中央电视台记者水均益采访普京总统。

在采访之前,水均益做了一段顺畅自然的开场,"这里是许多朋友非常熟悉的地方,俄罗斯首都莫斯科的中心,红场和克里姆林宫。一定意义上讲这里连接着俄罗斯的历史和未来,而现在带领俄罗斯人民走向未来的火炬就在俄罗斯总统普京的手中。这位受到俄罗斯人民尊敬的总统,面对的是什么?他正在做些什么?今年是中俄建交五十五周年,普京总统将于10月中旬访问我国。普京总统的这次访华将为中国和俄罗斯这两个伟大国家之间的关系带来些什么?带着这样的问题,我们走进克里姆林宫,对普京总统进行一次别开生面的采访。"

评析:

在示例中我们可以感受到水均益在《高端访谈》中深入浅出的开场功力。

示例3:水均益在中央电视台节目《高端访谈》中采访NBA巨星科比·布兰恩特。

2009年,科比·布兰恩特接受中央电视台《高端访谈》主持人水均益的采访。全程是主持人水均益和科比·布兰恩特之间的英文对话,摘录的是中文翻译。

水均益:给我们讲讲你的中国之行吧(采访从一个开放性的轻松问题开始)。

科比·布兰恩特：感觉好极了。我非常高兴能够来到中国，因为我感觉就像回到了家里。中国人民非常友好，他们取得了伟大的成就，他们也非常欢迎我来到中国，所以我感觉好极了。

水均益：我想今后你来中国的次数会越来越多。因为科比中国基金会已经正式启动了（自然引出接下来的话题）。

科比·布兰恩特：是的。

水均益：这是谁的主意？（简单的疑问引导嘉宾侃侃而谈）

科比·布兰恩特：我想这是我们共同做的事情。因为我们做的每件事情，都是为了对我们的孩子，对我们的后代有所帮助。随着年龄的增长，我们可以逐渐地了解生命的意义，通过打篮球，我们可以获得冠军，但是重要的，是我们有能力去帮助别人。帮助我们的后代，我认为，这就是我们共同做这件事的关键因素。

水均益：我知道篮球对你来说非常重要，但篮球不是你的全部（和嘉宾的心理共鸣，迎合嘉宾的话语开启嘉宾的心扉）。

科比·布兰恩特：是的，打篮球非常有趣，我喜欢打篮球，但我也有能力去帮助别人。引导别人，为别人指引方向，所以我一定要利用这个机会。

水均益：这是生命的全部意义。

科比·布兰恩特：我对此非常同意。

水均益：科比中国基金会，将与中国宋庆龄基金会，成为合作伙伴，我想你一定对宋庆龄女士，有所了解吧（最后的一句话极具技巧，不是疑问却实际上是问题，而这个问题的抛出使用肯定猜测的句型，使得嘉宾的回答虽在主持人的掌握之中，又使得嘉宾听起来舒服，有后路可走）。

科比·布兰恩特：是的，她是一位伟大的女性，伟大的领导者，她乐于助人的精神非常鼓舞人心。宋庆龄女士的这种优良品德，是值得我们去学习和推崇的。

第三节　电视新闻评论、社会教育与生活服务类节目主持人——曾子墨

一、主持人曾子墨简介

曾子墨的美丽外表常常会使人们忽略她的学识和才能，她毕业于"常青藤"盟校之一的美国达特茅斯学院。毕业后任职于美国著名投资银行摩根斯坦利，参与完成大约七百亿美元的并购和融资项目，其中包括新浪上市。2000年，加

第二部分 电视节目主持人风格及其艺术特点

盟凤凰卫视担任主持人,先后主持过《股市直播室》《财经点对点》《财经近日谈》和《凤凰正点播报》,现在担任着《社会能见度》以及《世纪大讲堂》的主持人,这是曾子墨在2007年出版的《曾子墨——留在生命和记忆中的墨迹》第一页中的自我介绍。没有太多的夸耀之词,仅仅是对自己出版《曾子墨——留在生命和记忆中的墨迹》这本书之前的人生历程的回顾。看这些不同于常人的经历,就能预想到曾子墨的青春年华会是一段段充满血泪与光环的奋斗史。再合上书看封皮上堪比电影明星的出色美貌,想起曾子墨说"父母、亲人和爱人,他们的关爱是上天赐予我的最美好的礼物",我们会不禁感叹,曾子墨这个奇女子应该是上天赐予电视圈的最美丽的礼物吧。

曾子墨是湖北武汉人,生在首都北京,看她能说会道又热心肠的善良性格,就像地地道道的北京姑娘。在中国人民大学国际金融专业毕业后,曾子墨到美国留学,1996年在常青藤盟校美国达特茅斯学院毕业,获得经济学学士学位。随后曾子墨加入摩根斯坦利,开始了一段不同于在她那个年龄大部分姑娘所走的道路。接触国际著名的投资银行内的各种大人物,紧张刺激又充满压力的生活像潮水一样向刚毕业不久的曾子墨迎面扑来。她用自己的沉着和智慧去尽力适应,发挥超常能力去完成任务,在纽约总部以及香港分公司参与完成大约七百亿美元的并购和融资项目。这种工作经验对于那个年龄初入社会的青年人来说,实在是一笔难得的财富,但是如果这样的工作机会摆在一个刚走出象牙塔的大学毕业生面前,没有"两把刷子"他们也不会有胆量去尝试。这样看来,曾子墨的成熟稳重和智慧胆识都令人佩服。也是因为这一段不同寻常的经历,使得曾子墨变得更加融入社会,懂得社会生存之道,更敢于面对以后生活中的任何挑战,沉着思考人生中的各种经历。

1998年,曾子墨回到了祖国的怀抱,加入摩根斯坦利亚洲分公司。由于出色的工作能力和智慧大气的做事风格,曾子墨很快就升职为经理。都说充满智慧之人非常清楚地知道自己内心想要的是什么,明白自己在什么人生阶段应该做什么,曾子墨应该也算其中之一。2000年,没有任何传媒工作经验的曾子墨做了一个充满远见卓识的决定:加入凤凰卫视,成了一名主持人。她说:"我不想用自己的生命,去点亮别人罩在我头上的光环。"于是,曾子墨勇敢地走上了自己追求的传媒之路。外界评价曾子墨是一个对新闻工作有热情,有干劲,对财经世界有触角、有判断的女孩子。

在凤凰卫视主持《财经点对点》《财经今日谈》《凤凰正点播报》《经济制高点》《社会能见度》等节目时,曾子墨很快便以专业的财经知识,高度的社会良知和责任感,获得2002年"中国电视节目榜之最佳财经类节目主持人"称号。2007年,她被《南方人物周刊》杂志评为中国魅力五十人之一。聪明的曾子墨根据自己多年主持财经和社会节目以及走访各个有故事之地获得的不为人知的

电视节目主持人风格与节目主持艺术

经历和素材,整理成书,先后出版《墨迹(留在生命和记忆中)》《社会能见度——生命之痛》《中国经济的 12 个问号(曾子墨热度访谈)》等书,获得了观众和读者的喜爱。

在美国著名投资银行摩根斯坦利奋斗拼搏的曾子墨,勇敢地转身投身凤凰卫视开启新的主持之路的曾子墨,获得媒体和观众认同和喜爱的曾子墨,安安稳稳地主持财经和《社会能见度》的曾子墨,现在已经是两个孩子妈妈的曾子墨,依旧美丽大气。她总是那么智慧,知道自己在什么阶段需要什么,应该追求什么,不强求,不冒进,不执着,不功利,不贪恋,却又那么有性格,有自我,这就是曾子墨的充满大气的人生智慧。

二、美丽知性、智慧大气型主持人曾子墨主持风格的艺术特点与示例

1. 含蓄、委婉、表达清楚而又恰到好处

示例:曾子墨在北京师范大学珠海校区的演讲《从华尔街到凤凰的华丽转身》。

曾子墨在和学生交流时的一段话:

"谢谢主持人,也谢谢各位珠海的老师、同学,大家好,我是……(此时,场下同学们对着曾子墨猛烈地拍照,曾子墨稍微停顿了一下接着说道)我其实觉得有点晕哈,好多闪光灯都在亮,一会儿是红光,一会儿是白光,一会儿是黄光,有的好像还在闪绿光(听到这儿,全场笑了起来),各种颜色都有。谢谢大家这么热情。"

评析:

委婉地表示拍照的太多,曾子墨看不清场下各位的样子,也表达了希望大家不要继续拍照的愿望。

2. 表达顺畅,用简单平淡的话语说出了触动人心的话

示例:曾子墨在一次探访灾区儿童活动中的讲话。

"其实,这些孩子的病情的确是让我们揪心啊,但是更令我动容,或者是更给我留下深刻印象的是他们自己这种特别坚强、特别勇敢的性格,包括今天的这个小朋友也一样。我刚才看的这个孩子吧,他可能是这次受伤最严重的,不仅截肢,而且身上还有很多的褥疮。我跟他说,你很勇敢,你很坚强。他一直都是很淡定的表情和我说,谢谢,谢谢你们关心。这些孩子,他们的坚强,他们的勇敢,其实就是我们未来生活的希望。"

评析：

这一段视频中，曾子墨没有化妆，穿着白色的短袖，看得出是临时被抓出来说一下探访灾区儿童的心情和感受。曾子墨不但表达顺畅，而且在言谈中用简单平淡的话语说出了很多触动人心的话，细细体会，还让人别有一番感悟。

3. 大气的言谈打造出曾子墨美丽知性的形象

示例：《凤凰大视野》中曾子墨畅谈货币战争。

"《制高点》是普利策纪实文学奖得主丹尼尔•耶尔金教授的一部财经巨著，被西方媒体誉为我们这个时代经济制度的编年史，对世界各国的经济改革，都具有极高的指导意义，这其中当然也包括中国。2006年10月8日到11日，中共十六届六中全会在北京召开，主题是全面部署构建社会主义和谐社会，海内外舆论普遍认为，这是攸关中国未来走向的重大政策会议，它标志着中国经济发展的施政方向。经过28年的由计划经济向市场经济的改革开放，中国将会从'效率'转向'公平'倾斜，正如《制高点》的作者丹尼尔教授所说，世界上总有国家，在以某些形式为同样的问题寻找着答案。"

4. 感受曾子墨语言的魅力

示例：SNS上曾子墨写下的话：

（1）周末两顿晚饭都在谈教育。一对是典型中国式父母，孩子念最好的本地小学，校外补习高尔夫、网球、奥数、英语，今年夏天就要去美国读寄宿高中。另一群朋友推崇国际学校，认为西式基础教育更人性化，更鼓励思考和创造性。

殊途同归，父母们的目标其实都是独木桥哈佛、耶鲁，北大、清华似乎已变为立交桥。

（2）今天在百年职校与学生交流。学生问摩托罗拉高管：具备什么素质才可成为摩托的一员？高管答：团队精神。在想假如是 Steve Jobs，他会如何回答。在他的字典里，从来就没有团队精神这个词。苹果成为苹果，摩托罗拉依旧只是摩托罗拉，Jobs 成为企业领袖，高管还只是高管，差别究竟是什么？

电视节目主持人风格与节目主持艺术

第九章 灵活变通、八面玲珑型电视节目主持人

第一节 电视综艺娱乐类节目主持人——何炅

一、主持人何炅简介

何炅,著名电视节目主持人,北京外国语大学阿拉伯语系教师,1974年4月28日出生的金牛座。何炅经常调侃和自己一样是金牛座的谢娜,说其是疯牛座。诙谐机智的何炅最初为观众所熟识是从"毛毛虫"开始的。1995年,何炅和刘纯燕在《中央电视台》主持大风车,何炅穿着毛毛虫的衣服在电视机前逗小朋友们开心。伶俐聪明的何炅通过幽默机智的主持语言和亲和善良的主持面貌直至今日仍被很多观众所记得。"毛毛虫"是何炅粉丝的集体回忆。

1997年,何炅大学毕业之后留任北京外国语大学阿拉伯语系教师。第二年,也就是1998年的3月,何炅开始了一段影响他一生也影响一代人的奇幻旅程。当湖南卫视的《快乐大本营》为了留住何炅而改了播放时间时,就注定了何炅和《快乐大本营》堪比恋人般的美丽情缘。十五年来,每个星期何炅都如期在电视机前给我们带来快乐,陪伴了多少孩童变成少年,再从少年变成社会的中流砥柱。尽管主持了很多节目,但是何炅似乎和《快乐大本营》是植根在一起的,他做到了主持人的最高境界:与节目合为一体,盘根相依。节目的风格很大程度上就是他的主持风格。

除了主持电视节目外,非常受观众欢迎的何炅还主持过电台节目,为电影配音、出演电视剧和电影,演出话剧。其中《想吃麻花现给你拧》和《暗恋桃花源》都是倍受观众喜爱的知名话剧。他出过六张唱片和无数单曲,主持过湖南卫视大部分的重大节目,并且热衷公益。有人说何炅是全能艺人,更多的时候,在老百姓心里何炅就是喜欢的主持人,简单的描述,却道出何炅成功的本质原因。他将自我的优秀品质化作主持风格,将主持风格融入节目,这完美的融合铸造了今天的何炅。

第二部分　电视节目主持人风格及其艺术特点

二、何炅主持风格概述

要说何炅的主持风格，就要从何炅这个人的个性说起。何炅，在这个"火树银花"的演艺圈里，可谓是"绝缘体"，几乎没有绯闻，没有负面消息，不和媒体起冲突，就像一个从来不会发脾气的圣人。所以，有人说他"仙风道骨"，不只是因为他身材瘦小、长相年轻，更是因为他表现给大众的那种飘逸的性格。何炅是善良的，这是无可厚非的，但是就像小S徐熙娣说的"谁又是不善良的，你倒是说说是谁？"每个人的本性都是善良的，但是为什么还有那么多令人心颤的丑恶之事？何炅之所以被称为"完人"正是因为他的性格，而性格来自于习惯，习惯来自于"方式"。说话的方式，做事的方式，起居坐卧的方式，与人相处的方式，对待长辈、小辈的方式，何炅都化繁为简地使用一种灵活变通的八面玲珑的方式。何炅的好人缘是演艺圈出了名的，他说自己的交友原则是善良、投缘。没错，何炅知道遇到什么样的人应该说什么样的话最得体，遇到什么样的情况应该怎么回旋最能够缓解危机。不说令人尴尬的话，不逞损坏别人利益的一时嘴快，机智变通的何炅用这种方式与人交往，人缘不好也难。在他这种八面玲珑的处事方式中，没有人是不善良的，没有人是不投缘的，他能够最快速地反应，根据每个人的性格照顾到每一个细节，这是一种优秀的习惯，并以此形成了他灵活变通的好性格，在工作中打造出了自己的主持风格。这种主持风格不是何炅的"专利"，但是也不是易于被模仿的风格，因为这要求有一个机灵到可以照顾到每一个人每一个细节的性格，一种常年表里如一坚持不懈地圆滑变通、善于控制自己的好习惯，一个为人处世不找借口、不推托、设身处地地解决问题的处事方式，还有一份以不为自己而侵犯别人利益的生存原则去要求自己的善良的心。正如著名节目主持人吴宗宪所说的："只有一夕成名的歌手、演员，没有一夕成名的主持人。"

三、何炅主持风格的艺术特点与示例

我们可以从湖南卫视《快乐大本营》节目中感受主持人何炅灵活变通、八面玲珑的主持风格。

1. 机智灵活、八面玲珑

示例：称赞嘉宾"皮肤好"而不是胖，嘉宾开心地笑了。

一期节目中的来宾有些丰满，其中一个游戏是主持人蒙上眼睛，摸嘉宾，然后猜分别是谁。轮到谢娜的时候，谢娜一摸就说出了嘉宾的姓名。何炅问她是怎么答对的,直爽的谢娜笑哈哈地说,她的脸一摸就有肉啊。眼看嘉宾有些尴尬,何炅马上说,我也来摸摸看,然后何炅闭眼一摸,也马上猜对了答案。何炅说,你们知道我是怎么猜的吗?我一摸,那个皮肤最好的就是她。嘉宾马上开心地笑了。

2. 迅速转移话题,现场一下子由尴尬转热起来

示例:2009年11月14日湖南卫视播出的《快乐大本营》。

嘉宾苏打绿主唱吴青峰因为宣传《夏狂热》这张专辑,把头发染成了绿色。何炅对着吴青峰说:"我特别喜欢你《春日光》那张专辑染的粉红色的头发,你那个粉红色的头发实际生活中也像电视上那么粉吗?"然后吴青峰很冷静地迅速回答:"是。"大家都没有想到吴青峰会回答的如此简短,现场一下子尴尬了,何炅马上问:"问一下,现在你这个绿色头发底下有黑色的发茬,是故意染成这样的还是黑色的头发长出来了?"这个问题吴青峰觉得很贴近自己染发后的心声,话就自然多了起来。现场也一下子就热起来了。

3. 迅速结束一个话题,还顺便制造一个小笑点

示例:2009年11月14日湖南卫视播出的《快乐大本营》。

何炅叫苏打绿全体团员介绍一下自己,轮到苏打绿团员中唯一的一个女团员馨仪的时候,谢娜和何炅很默契地一起说"团里,就你一个女生"。何炅说的是:"团里,就你一个女生,大家会不会都很呵护你。"但谢娜说的是:"团里,就你一个女生,大家会不会都很欺负你。"然后下一个团员继续介绍自己的时候,谢娜笑着说,为什么我说的是欺负,你(指何炅)说的是呵护,因为现场大家的注意力都在下一位团员介绍自己上,何炅马上回复谢娜,这就是人品问题。

评析:

在缝隙间,何炅不但快速地结束了一个话头,还顺便小小制造了一个笑点,听见何炅回答谢娜这是人品问题这句话的人不禁会笑起来。

4. 灵活地化解突发情况,信手拈来一个笑点

示例:2010年6月5日湖南卫视播出的《快乐大本营》。

嘉宾是左大建,人们习惯称他为大左。大左喜欢买一些没有什么实际用途的小物件。节目的其中一个环节是让大左拿一些自己平时买的其实没有什么用途的小物件,主持人李维嘉也拿一些自己买的不是很实用的物品。轮到大左介绍自己买的不实用小物件的时候,他买的东西因为在日常生活中实在太没有用,主持人们都对大左很无语,一致责骂大左太浪费钱了。这个时候谢娜小声说:"我能说句心里话吗?其实我挺喜欢的。"大家都笑了起来。何炅马上说:"有没有更悲凉的,被我们骂和被娜姐(指谢娜)肯定,哪个更悲凉?"大家大笑起来。

评析：

本来是何炅在问大左："你说一下，你有没有想到，我们其实对你的东西并没有很认同？你是……"话还没有说完，谢娜就插进来说："说真的……"何炅开始没有理睬谢娜，还继续在问大左问题。但是谢娜不放弃，继续说："我说句我的心里话。"这句话音刚落，何炅还在问大左："你会意外吗？"谢娜看何炅还是不打算理自己，就更走近何炅问"我可以说句我的心里话吗？"本来打算不理睬谢娜插嘴的何炅，看到谢娜这么执着，这个情况下再不理谢娜要说什么，不但场面会尴尬，而且很可能会打击谢娜，何炅转头说"嗯"。然后谢娜说她其实挺喜欢大左那些浪费钱的小物件的，虽然大家都在责备大左。大家被谢娜这句话逗笑了。何炅见机马上补了一句"有没有更悲凉的，被我们骂和被娜姐肯定，哪个更悲凉？"全场一片大笑，场面气氛再次升温。不管是什么临时状况，何炅都能灵活地化解并且信手拈来就是一个笑点。

5. 符合综艺节目要求的出色的语言组织能力

示例：2010年7月17日湖南卫视播出的《快乐大本营》。

节目中的一个游戏环节是用"音乐""想哭""小鬼""老大"四个词语组成一段简短而有逻辑的话。何炅让来宾之一的朱梓骁用这几个词语连成一段话，但是要有一点时尚的感觉。

朱梓骁："在时尚的国度里，没有老大，没有小鬼，只要你不哭你就赢了。"

其他主持人提醒朱梓骁："是想哭啦。""想哭呢？"

朱梓骁："即使你穿得不好看，你也可以出门，但是你别哭，你要是想哭你就听会儿音乐，你不会哭的。"

何炅："你可以直接这么说：'在时尚的国度，没有老大，没有小鬼，不要想哭，还有音乐。'"全场鼓掌大笑。

评析：

不得不惊叹，在那么短的时间里，在那么多人中间，能够快速地完成这种游戏的确需要一定的语言组织功力。何炅多年的历练也是原因之一，但他能在短时间内组成一段既有逻辑又符合综艺节目特质且有笑点的话，也可看出其出色的语言组织能力。

6. 敏锐的洞察力和灵活发散的思维

示例：2010年8月14日湖南卫视播出的《快乐大本营》。

何炅问张翰和郑爽："据传你们第二部合作，假戏真做，是真的吗？而且有短片为证。"

看完短片后，张翰和郑爽解释两人关系亲密是因为拍戏比较合拍。张翰说郑爽要是困了，就会闹觉，然后就会脾气很不好。

然后何炅慢悠悠地说:"那我问一下张翰,你有注意过谈莉娜闹不闹觉吗?"全场大笑,张翰和郑爽尴尬又无语地也笑了起来。

评析:

大家都在探索张翰和郑爽相互爱慕的证据,何炅似乎看到了事情最深层的样子,说出"你有注意过谈莉娜闹不闹觉吗"这样的话,简直就像是给事情结案了,谁还能反驳什么。这样具有洞察力的话,当何炅说出来的时候,大家都会诧异,他的思维竟如此敏捷。何炅的主持,思维常常是发散的,因为太灵活,似乎他看得见事情所有的方方面面。

7. 先做一个优秀的人,再做一个优秀的主持人

示例:2012年6月9日湖南卫视播出的《快乐大本营》。

何炅带领主持人们和嘉宾一起玩了一个游戏,是用一个手机软件拍入嘉宾的大头照,然后由软件给拍进去的大头照打分,分数越高代表这个人越丑,反之,则越美,零分代表最美。

来宾们测试完后,其中一个来宾竟然测出了十分,测出分数比较高的孩子有些不甘心,可爱地要求重测,结果竟然又测出了一个十分,代表最丑。为缓解仍是孩子的偶像团体成员的尴尬状态,何炅马上说,来宾可以测主持人的丑度。来宾拍了何炅,何炅摆了一个严肃可怕的表情,结果何炅也是十分,成了最丑的脸。何炅马上拥抱嘉宾里得了十分的成员说:"我这么多年都是靠花瓶一直在演艺圈横冲直撞。我觉得你最帅,you are number one! I love you! 好,这是一个游戏哈。"

评析:

听到何炅用自嘲的方法安慰,嘉宾也稍稍释然,本来就是一个游戏,没有必要给大家带来不愉快和不必要的麻烦。何炅总是用一颗照顾别人的心来主持节目,而不是一味地追求好笑、收视率。要想在一个领域做得长久,只有用心去做才能打出老字号,而不是一味地追求技巧。这是一个优秀主持人最真实的风格。

第二节 电视综艺娱乐类节目主持人——吴宗宪

一、主持人吴宗宪简介

吴宗宪,已经不仅仅是一个人的名字了。"吴宗宪"三个字就像是一技点人笑穴的绝世招数，听到或是看到这三个字都有让人想笑的力量，堪比"笑气"。听到吴宗宪说最忌讳的事是别人拍他的头，想到他皱着脸用特有的轻浮的嗓音说这句话时，就令人想发笑；听到他说自己最大的缺点是优点太多，更想笑了；听到他说最难忘的事是初恋，莫名地还是严肃不起来；听到他说喜欢的异性类型是眼大曲线好，因为说这句话的人是吴宗宪，所以奇妙地竟然想到眼大曲线好的，莫非是ET那种的？听到他说自己最喜欢的歌手是林俊杰，想到他认真的脸部攒在一起唱"江南"的样子，令人真想一下子笑出来。"吴宗宪"三个字就是这么奇妙，具有这么神奇的力量，可想而知，吴宗宪的主持风格已经深入人心，形成了一种潜意识。

有人说对吴宗宪的评价呈现两极化的趋势。深入剖析来看，其实殊途同归，无非是言其极好然后喜欢或是言其极坏然后喜欢。但是吴宗宪却我行我素，他可以说是从没有因为任何阻碍停止过他的脚步：开经纪公司、唱片公司，拍电影，发唱片。不管是不被看好，或是观众唱着《屋顶》《真心换绝情》《世界末日》却不知道是吴宗宪的歌，或是绯闻不断，新闻纠缠，1962年出生的这个帅气的老男人似乎从没有过想要停下来的念头。就算是6月30号说"我要退出演艺圈了"，7月1号他又说我复出了。机智、灵活、变通这些用在他身上都显得过时了的词，就是他本质的最直接表现，也是他要维持自己不断"折腾"、不断奔跑的生活热情的防护罩。在电视节目《可凡倾听》中，吴宗宪说过的一句话，似乎能够让我们对他生活的信仰和风格有一个透彻的理解——"你既然已经站在101（台北101曾是世界第一高楼）了，你还看你的地板干嘛，为什么不看远的地方呢。"

二、吴宗宪主持风格概述

吴宗宪不刻意给自己贴上幽默的标签，他也不是不幽默，而是他不屑幽默。幽默有的时候带有圆滑变通的为人处世内涵，不直接地披露，不露骨地谩骂，不坦率地批评，在众人一笑中刻画恩仇。幽默有时候太需要脑筋，而吴宗宪的智慧全用在风风火火地生活中，他追求的是不断奔跑，哪怕磕磕绊绊，所以说他是不屑幽默。

吴宗宪不说自己是幽默的，他说自己是"谐星"——诙谐的。诙谐是什么意思？诙谐的意思是"谈话富于风趣，引人发笑"。"诙谐"二字给人更多的感觉是无厘头的、搞笑的、滑稽的。看来吴宗宪给自己的主持风格进行了准确的定位。

吴宗宪说感觉大陆的主持人像是在端着火锅做节目，既怕烫着自己，又怕烫

电视节目主持人风格与节目主持艺术

着观众。吴宗宪倒是火辣,不过他有灵活变通、八面玲珑的主持风格"护体",一般的"火锅"洒下来不会烫到他自己。吴宗宪有着真汉子的精神,他从不回避,不躲藏,火一着,他就出来灭,冲在最前面当前锋,有时甚至让人怀疑他是不是就热爱站在舆论的焦点上。转念回顾,从20世纪80年代吴宗宪参加台湾地区的著名电视节目《五灯奖》获得关注开始,30多年来,缠绕在吴宗宪身上的新闻不断。吴宗宪说"对于搞娱乐圈的人来说,no news is bad news。"但不管经历怎样的困境他依旧屹立不倒,不管哪一件事拿出来都被吴宗宪处理得说得过去。也正是因为这些大大小小的事情,吴宗宪练就了一身八面玲珑的本事,这种本事没有必要在主持的时候隐藏,反而与他的主持风格相得益彰。

三、从节目主持实例感受吴宗宪主持风格的灵活变通、八面玲珑

示例1:2007年12月1日播出的节目《我猜我猜我猜猜猜》,节目嘉宾为知名乐团苏打绿。

吴宗宪:"另外四位团员,我今天找到机会我就会帮你们安排出路,好不好。"

阿雅:"什么东西?"

吴宗宪:"有一句话,我要问一下他们主唱(吴青峰)了。"

阿雅:"哦?"

吴宗宪:"青峰,讲一下……"

吴青峰看到吴宗宪一直看着他不讲话,自己也不知道做什么反应好,只好"啊?"

吴宗宪:"你将来有可能,比如说自己组别的团体,比如说青峰侠。"全场大笑。青峰也无语地笑起来。

阿雅:"我还蜘蛛人咧。"

吴宗宪:"或者自己搞一团,然后你的苏打绿以后就没有,你会把他们都撤掉吗?"

吴青峰:"我相信我们苏打绿缺一不可。"

阿雅:"那为什么其他团员现在表情都很害怕的感觉,表情很僵硬。"

吴宗宪:"他们现在每次录影都当作是最后一次。会不会突然在家里,想说今天睡个懒觉,结果明天一起来呢,诶?!苏打绿在宣传,我怎么在家里睡觉。我的鼓棒呢?!慢慢爬下床,呜呜呜呼呼,很可怜啊,加油了。"

阿雅:"不会啦,人家感情很好。"

吴宗宪:"不能说不会,暂时不会啦。还要再依赖你们,这几天不会啦。加油加油。"

第二部分　电视节目主持人风格及其艺术特点

示例2：2007年12月1日播出的《我猜我猜我猜猜猜》，节目嘉宾为主持人陈建州，外号"黑人"。

阿雅："接下来的这位，我要特别讲一下。"

吴宗宪："真的，好好讲。"

阿雅："我跟他其实是认识很久的好朋友，但是怎么不晓得他已经当了爸爸呢。"

吴宗宪很认真地接话茬："对！而且他在我心目当中是一个好男人的代表。"

阿雅："对对，确实是。"

吴宗宪："有没有看到一段感情，唉唉唉，呼不隆咚的，一谈就是四五年。"

阿雅："好多年，孩子都这么大了。"

吴宗宪："这是首度在我们节目曝光。又是我们艺能界未婚生子的好朋友，欢迎黑人以及黑政纬！"

阿雅："欢迎！"

吴宗宪："哎呀，帅哥帅哥。"

黑人陈建州："嗨，宪哥，好久不见。"

吴宗宪："哎哟，这位黑政纬，介绍一下。"

汪政纬"小朋友"又生气又好笑地说："我不叫黑政纬。谢谢！"

黑人："他不跟我姓。"

吴宗宪："那您贵姓？"

汪政纬："汪。"

吴宗宪："姓汪，哎呀，汪人，你真的是太过分了。"

阿雅："汪人？！一定要（和黑人）扯（上关系）！"全场大笑。

示例3：2011年3月5日播出的《我猜我猜我猜猜猜》。

吴宗宪："三号林朝章，十九岁。1——2——张先生（指当期的嘉宾张铁林）在打哈欠啊，张先生，在重要时刻你突然打了一个哈欠，我刚好整个养分被你吸走。吓一跳。1——2——3！"

示例4：2011年3月5日播出的《我猜我猜我猜猜猜》（回顾带班主持人邀请张柏芝来到节目中的场景）。

吴宗宪对张柏芝说："如果你吃到一个酸中带有一点咸的东西，你会什么表情？"

张柏芝在表演吃到酸中带咸东西的表情，表演完后吴宗宪说："哦，开始了吗？"

张柏芝一副又好气又好笑的表情，吴宗宪很认真地假装不懂："哦！演完了啊？！这个哪有，要夸张一点，我们来看一下黑人（当时和吴宗宪配合主持的是黑人陈建州），来，酸中带咸。"

黑人在表演吃到酸中带咸的东西，一副很夸张的纠结表情。

151

吴宗宪:"啧啧,你这是便秘。"(全场大笑)

吴宗宪亲自示范:"你看,这个酸,要'嘶',然后眼皮抖一下。你来,再来一遍。"

张柏芝又一次表演,这次她的表情很夸张。

吴宗宪:"眼皮要抖一下。"

张柏芝在很夸张地表演眼皮抖。

吴宗宪很平静很认真地说:"你是颜面神经失调是不是?"

示例5:2011年3月12日播出的《你猜你猜你猜猜猜》。

吴宗宪:"哎哟,今天实在太开心了,一见面就是要走这个星光大道,而且跟这个超级美女,配上这个三千万的名车,所以你看多认识一些大老板是有好处的。"

侯佩岑:"今天为了要走星光大道,我身上也好歹花了五千万诶。"

吴宗宪:"有没有看到,手上这个戒指,有没有,四千五百万啊。"

侯佩岑:"宪哥,到时候就麻烦你去结账了。"

吴宗宪:"好,那没有问题,这个就交给我了,那巴厘岛的婚礼也是我去呀。"

评析:

说吴宗宪是灵活变通、八面玲珑型的主持风格是最无须赘言的。然而这种主持风格和说话又赢得一大批观众的喜爱。新闻越多,吴宗宪处理得越灵活变通;主持得越八面玲珑、机智敏捷,观众越是喜欢他。有不断壮大的群众基础,这就是吴宗宪这么多年在我国台湾地区的电视节目主持界无人能及的原因。

第三节 电视谈话类节目主持人——陈汉典

一、主持人陈汉典简介

陈汉典是《康熙来了》的主持人之一,1984年7月6日出生,就读真理大学时任热舞社社长。第一届《全民大闷锅》校园选秀模仿王奖,佛光大学传播学硕士,擅长模仿、演戏和主持。

2007年,陈汉典与著名电视人王伟忠签约,成为《康熙来了》的助理主持人。签约之初,陈汉典只是作为怀孕的小S的按摩助理,制作人为了活跃现场气氛,将他推上了《康熙来了》的舞台。来到《康熙来了》,陈汉典抓住一切机会表现自己,站在蔡康永和小S的身后,时而被小S和蔡康永调侃

第二部分 电视节目主持人风格及其艺术特点

几句,大多数时间备受冷落,但是积极乐观的陈汉典总能找到机会表现自己的才能,跳舞、模仿、演戏,甚至是翻跟头、劈叉,无论什么事情陈汉典都尽心尽力去表演,那份拼命的干劲儿让观众感叹也让观众不得不笑。小 S 和蔡康永见陈汉典拼命卖力地表演和模仿,便配合"打击"他、"冷漠"他,造成了一种尴尬和令人无语的喜感,越来越多的观众看见陈汉典就想笑。看见陈汉典被小 S 和蔡康永吐槽和冷落的尴尬,就觉得积极又灵活变通的陈汉典可爱又好笑。

在《康熙来了》中扮保全大叔、扮宅男、扮大伯、扮医生,然后开始扮演各个时期有新闻点的艺人,扮陈冠希,扮小 S,扮费玉清,扮罗志祥等,陈汉典都能通过夸张的模仿扮演得惟妙惟肖。他扮演的几个经典的角色都让观众记忆深刻,并且得到被扮演明星本人的认可和赞赏。除了模仿,陈汉典有时候还在《康熙来了》里面客串嘉宾,表演自己大学时就很擅长的舞蹈,还帮忙拿道具、做各种杂活。渐渐地,《康熙来了》似乎没有陈汉典就不完整了,每一集的每一个扮相都是节目中一个重要的亮点。

在《康熙来了》受到观众极大的喜爱之后,陈汉典被看中出演钮承泽的电影《艋舺》中的角色。随着电影《艋舺》的大红大紫,陈汉典渐渐变成了炙手可热的明星,在我国台湾地区的大学生论坛上选出的人气男艺人之中,陈汉典排行第六,甚至超过谢霆锋、陈冠希、王力宏、金城武等人。《康熙来了》的制作人对陈汉典的表现赞赏有加,肯定陈汉典说"好得超出预期"。他更被王伟忠称赞是一支上升的潜力股。虽然备受肯定,已经接拍很多电影的陈汉典,依旧没有动摇在《康熙来了》中站在蔡康永和小 S 身后被"调侃""戏弄"的决心。他说,是《康熙来了》打造了自己的现在,不能丢失初心,这也是陈汉典越来越受到广大观众喜爱的重要原因之一。

二、陈汉典主持风格概述

因参加选秀节目获得模仿王冠军而进入演艺圈的大学毕业生陈汉典,无意中被选进《康熙来了》活跃气氛,却令人惊讶地获得了观众的喜爱,渐渐成为《康熙来了》不可或缺的主持人之一。因为在《康熙来了》主持的卓越表现,他甚至接电影、拍广告,然后主持属于自己的节目,这都要归功于他灵活变通、八面玲珑的主持风格。

从陈汉典主持《康熙来了》中的一些小片段,我们可以看到他是如何应对各种状况的,从中还可以看出他在主持中的应对技巧。

三、陈汉典主持风格的艺术特点与示例

1. 敏捷的头脑，灵动的眼神，灵活的表达，变通的反应，在合适的时机，说合适的话

适当的时机就是生命线，这叫做节目主持中的"time"。

示例：2012年9月13日台湾地区中天电视台播出《康熙来了——台湾也有超道地港式美食》。以这一期节目为例，看一下陈汉典是如何在蔡康永、小S和嘉宾们之间紧密的对话中找到各种时机，灵活地让镜头转移到自己身上的。

（1）来宾柯以柔在介绍自己推荐的烩饭："通常我们吃的烩饭，它的酱料就很难渗透到下面去，但是……"陈汉典突然在这里非常大声地应和道："真的！"（众人大笑）所有的人都转头看向后面的陈汉典。蔡康永一副好笑但是略显责备的表情，陈汉典马上解释："真的下不去啊，一般的（酱料）都在上面啊。"蔡康永："你是今天很怕被我们剪掉嘛，所以一直把声音放进来。"

（2）小S问陈汉典："你的问题问了之后大家会怎么样吗？"

陈汉典："可能会会心一笑啦。"

蔡康永："题目是和柯以柔有关的吗？"

陈汉典看蔡康永和小S一直质问他，就是想不让自己问问题，陈汉典马上说道："那我问问看哈，（马上问道）请问香蕉得了什么病？大家来脑筋急转弯一下啦。"

小S："有选择吗？"

陈汉典："没有选择哈。"

小S："皮肤病。"

众人："就只有这样子。""黄疸。"

陈汉典想都没想马上说："也不是，好，公布答案了哈。"

众人大笑："这么快！"

陈汉典："因为我怕节目时间不够啊。香蕉得了脊椎侧弯。"

众人无语。

（3）蔡康永说："所以刚才大家提到腊味饭的时候好像还蛮热衷的。"

陈汉典马上接道："所以接下来为大家推荐的是（突然大声说）腊味饭！耶！"

蔡康永："我们不是讲了要吃腊味饭嘛，他为什么要很大声地再讲一次。"

小S："对啊，还要再重复你的话。"

陈汉典辩解："不是，不是，要有一种很……开心的感觉。"

小S："因为他才是这个节目的主持人。"

陈汉典不知道什么时候窜到了两位主持人的背后悄悄插嘴："之一啦，之一。"

第二部分 电视节目主持人风格及其艺术特点

蔡康永不理睬陈汉典,继续对小 S 说:"他是觉得我们很沉闷,是不是?"

小 S 故作委屈地说:"嗯。(问陈汉典)所以腊味饭一定要用这种音调叫出来吗?"

陈汉典:"因为腊味饭好吃啦。"

蔡康永又问陈汉典:"所以我们现在要吃的是什么?"

陈汉典用超大的音量吼:"腊味饭!"(全场无语中)

蔡康永马上说:"我们是聋子啊"

陈汉典:"不是,就是说好吃嘛。试试看。"

蔡康永:"我不要。"

陈汉典:"好,那不要的话没关系,那我们先问问题啦。"(众人大笑)

(4)蔡康永问林可彤:"所以你找的是?"

陈汉典:"cream 猪仔包。奶油猪仔包,有接到啦,刚刚有接到啦。"(众人乐)

蔡康永:"那最后呢,Cici?"

Cici:"因为他们都是大鱼大肉,这个就是……"

陈汉典马上接到:"XO 酱炒萝卜糕(使用蹩脚的粤语)。"(众人大笑)

(5)Cici:"甜点,对,比较特别,因为一般的甜点都是甜汤或者是冰的,然而这个是原木桶豆花,是温热的,有的时候吃饱可以……"

陈汉典一边给大家挖豆花一边就莫名地笑了起来,蔡康永问陈汉典:"你笑什么?"

小 S:"你是想到什么好笑的事吗?"

陈汉典:"没有,没有好笑的事。呵呵……"

蔡康永:"你要崩溃了吗?"

小 S:"不是,你那个笑声很诡异欸。"

陈汉典一边诡异地笑一边说:"因为我看到你们的碗都是满的。吃豆花应该……"众人无语大笑。

蔡康永一边笑一边说:"没关系啦。"

评析:

在这一期的节目之中,非常明显的就有五次陈汉典找对机会成功地插进话题,不管是尴尬的、好笑的、冷场的、幽默的还是可怜的,各种笑料,都被陈汉典灵活地展现在自己的身上。而且在蔡康永和小 S 的配合下,每一次陈汉典找到时机"插进来"都笑料十足,而且喜感还不重复,不让观众觉得腻歪,有的时候陈汉典是冷场的、尴尬的,有的时候陈汉典是无厘头的,有的时候陈汉典是软弱的被欺负。也许一个来宾一次节目都可能说不到五次话,但是陈汉典站在一边,从事帮忙"拿菜"的这样一个工作都能够顺利地找到机会展现自己，可见他灵活变通、八面玲珑的本领的确是成就他今天地位的重要原因。

适当的时机就是生命线，著名节目主持人刘在石在主持《家族诞生》中有一期节目的嘉宾是演员张赫。张赫请教刘在石怎样在节目中很好地表现自己。刘在石告诉他，什么都不用多想，去表现就可以了。张赫本是演员，依旧不懂应该在什么时候去表现，怎么表现。刘在石说只要表现出最真实的自己的个性就会得到观众认可和共鸣，至于什么时候去表现自己，这就叫做"time"——合适的时机。

对于主持中的"time"，陈汉典便是理解的达人，也是他成功的法宝。寻找合适的"time"就需要敏捷的头脑，灵动的眼神，灵活的表达，变通的反应，才能够在合适的时机，说出合适的话而不招人厌烦，并且还要有笑点。

2. 表现自己最真实的个性，用自身的魅力获得观众发自心底的认同和共鸣

示例：2012年9月18日中天电视台播出的《康熙来了——汉典又来拜访明星啰》。

节目中嘉宾潘慧如说："其实那时候我心里很害怕，想说我们接下来要聊什么，所以我就问汉典说你来我家之前，有想过要问些什么吗？对，然后他就说没有，就是很自然，很放松。"

小S："那他在参观（你房子）的时候，有对你的装潢评论吗？"

潘慧如："没有，他就说好好看哦，好漂亮啊，好大哦，就是这些形容词。然后进了我的更衣室，工作人员就（对陈汉典）说，那你要有一些很有兴趣的事情发问，他就说噢噢噢好，然后他走进去就说，噢噢，你有好多帽子哦，就这样。"

陈汉典："后面有，你们继续看下去嘛。"

蔡康永："后面有话聊嘛？"

小S："我们就是不看你要怎么样。"

蔡康永："我觉得一起看杂志的时候，感觉还不错。"

盛竹如："是是。"

蔡康永："就是比较像陪主人一起。"

陈汉典："对，就是看他以前的一些报道。"

蔡康永："所以适当地表达敬意吗？"

陈汉典："当然，哇，这个好久以前哦，我都还没有出生耶。"

蔡康永："这是什么敬意？！（众人大笑）会不会讲话。"

小S："一直在感叹每一篇报道都太久。"

评析：

陈汉典经常被小 S"嫌弃"不会聊天，私底下很无聊，说的笑话很冷……时而表演得累了还在节目中卖个萌发个呆什么的，就像拼命表演之后瞬间丧失了功利心和企图心了似的。有句话说：每一个爱发呆的人心里都有一个纯净的让人摸不着的小宇宙。陈汉典就像小 S 说的那样，的确令人摸不透，他会抓住机会"发疯了"似地表现自己；他又有时候顶撞蔡康永和小 S，小小地表达一下不满，然后依旧是不管别人怎么冷落他，他都抓住机会就插话、就表演。

不管怎么被"嫌弃"、被不理解，总是有着越来越多的观众喜爱陈汉典，为什么呢？正因为越是这样去说陈汉典，观众越觉得陈汉典是真实的，是不做作的。现在的观众不再像以前一样，认为艺人越是神秘越有不可探索的美感。现在观众要求的是真实，是透明化的，像我们普通人一样，会吃会睡的人性化的艺人。陈汉典本身越是冷漠，越是不会开玩笑，在节目中为了逗大家笑的形象就越有更多人欣赏、喜欢。展现最真实的自己才获得到观众发自心底的认同和共鸣。

3. 犹如"变脸"技艺般的角色转化功力

示例 1：2011 年 2 月 3 日中天电视台播出的《康熙来了——手帕之交，还是青衫之交？》。

蔡康永问嘉宾彦君："好，彦君，你是艺人吧？"

彦君："艺人，对。"

蔡康永："我好像看过你拍广告耶。"

陈汉典："他来过《康熙（来了）》啊。"

小 S 恍然大悟："有。"

陈汉典："有。"

蔡康永转头看见今天扮成蝴蝶姐姐的陈汉典问："你是谁？"

陈汉典赶紧回答："我是陈汉典的好朋友——蝴蝶姐姐。捏泥巴捏泥巴，捏捏捏捏捏泥巴。"

没有人反应，然后现场冷场，陈汉典尴尬地比划着，站在那里。大家哄笑。

蔡康永无奈地笑问："没了吗？"

陈汉典："我今天来跟大家澄清我和陈汉典是好朋友，纯友谊。"

小 S："没有人问你这个啊。"

陈汉典尴尬地说："对，就是想要澄清一下。"

小 S："你没有在喜欢陈汉典？"

陈汉典："当然没有，我发誓。是好朋友。"

蔡康永："为什么你说话的时候很像舞棍阿伯在讲话？"

陈汉典："其实我对舞棍阿伯也是很有研究，我也蛮喜欢舞棍阿伯。"

然后陈汉典就开始慌乱地模仿舞棍阿伯。没有人说话，大家都憋着笑。

陈汉典："因为没有音乐，所以比较干。其实我想跳，却没有来音乐。"（大家哄笑）

蔡康永笑得上气不接下气地说："我们是要把他逼死啊。"

示例2：2011年1月14日中天电视台播出的《康熙来了——不看局部就是美女》。

嘉宾小祯出场，蔡康永说："那个医生来站他旁边，我看看。"

陈汉典："这个是我的作品。其实她是我的作品。"

小祯："你谁啊，你不是黄立行吗？"

陈汉典："阿良。"

蔡康永："他不像是不是。"

小祯："不像。"

蔡康永："他很努力模仿耶。"

小祯敷衍地说："有啦有啦。"

小S："他很挣扎地靠化妆。"

小祯："但你太瘦了，你至少要增胖二十公斤。"

陈汉典："二十公斤，那个不是一天两天就可以增那么胖。"

蔡康永："他讲话语气有没有一点像。"

小祯："也没有。"

陈汉典沮丧地说："也没有，是不是……"

小S："所以算是一个失败的模仿吗？"

小祯："非常。"

陈汉典灵机一动，马上说："骗你们的啦，我装得很辛苦，真的是，一整集现在几十分钟，三十分钟啦，受不了了。"

小祯："真的很像欸。"

小S："其实你就是黄立成啊。"

陈汉典："我是黄立成，对啊。你要看我的锁骨吗？我也有，对啊！"

蔡康永好气又好笑地说："他整个放弃了欸。"

评析：

陈汉典是从模仿比赛出来的冠军，他最擅长的就是模仿各种人。主持人会模仿当然很能为现场气氛和主持功力加分，但是中国的主持人现在还不像外国主持人那样，对于模仿有严格的要求。陈汉典算是主持人里最会模仿的、模仿界里很会主持的，所以在小S和蔡康永都不是非常擅长模仿的《康熙来了》之中，陈汉典就变得不可或缺了。

从单纯地模仿一个角色到模仿一个人，又去模仿另一个人的多层次模仿，

第二部分 电视节目主持人风格及其艺术特点

再到多角色模仿,陈汉典在不断进步。现在的陈汉典能够在任何被突然点到他的时候发挥模仿功力,用最短的时间迅速模仿某个艺人,并且惟妙惟肖还夸张得很搞笑。他机敏的反应和灵活变通的模仿功力给观众留下了深刻的印象。

"台上一分钟,台下十年功"。可以快速穿梭在各种角色之间的陈汉典不但让观众看到了他灵活变通的模仿功力,更看到了他用心表演、用生命去博取观众开心的诚意。他模仿的给观众留下极深印象的有英文补教名师徐薇和著名节目主持人曾国城、蔡康永、盛竹如、李国修、杨帆、蝴蝶姐姐等,这些角色都是陈汉典用心打造出来的。而在节目中,装扮成某一位艺人,突然去模仿另一位艺人,对他来说都不是难事。

4. 适时地截断有些棘手的话题,自然地收住这个话题

示例:2012年9月13日中天电视台播出的《康熙来了——台湾也有超道地港式美食》。

节目中来宾杜汶泽为大家讲有关跳跳糖尺度的故事时,现场没有人接得下去,但是任由杜汶泽说下去很有可能会涉及尺度过宽的问题。这时候,陈汉典马上大声说:"所以接下来为大家介绍跳跳糖啊,这边也有准备。"

蔡康永对小S说道:"你有没有觉得陈汉典扼杀了一个话题。"

陈汉典嬉皮笑脸地说:"对不起,所以我现在不敢对到你们的眼睛。"

评析:

其实看蔡康永说"你有没有觉得陈汉典扼杀了一个话题"这句话时候的表情和语调,甚至是透着一股欣慰,所以合作很久的陈汉典并没有真的觉得自己扼杀了一个话题,而是嬉皮笑脸地说:"对不起,所以我现在不敢对到你们的眼睛。"蔡康永也庆幸机灵的陈汉典在密集的说话中寻找到了一个细微的缝隙插了进去,截断了有些棘手的话题,蔡康永小小责怪一下陈汉典,这个话题就自然地收住了。

5. 无厘头的主持风格,耍宝功力更加令人忍俊不禁

示例:2012年9月13日中天电视台播出的《康熙来了——台湾也有超道地港式美食》。

节目中蔡康永问陈汉典:"可是要先决定吃哪一道菜才要问问题吗?"

陈汉典:"我先决定了,我要吃这个柯以柔的,鲜虾腐皮卷啦。"

蔡康永:"鲜虾腐皮卷。"

柯以柔认真地问陈汉典:"为什么?"

陈汉典:"因为比较近哈,就近。其他的离得比较远。"(众人大笑)

接下来——

陈汉典："我们再来吃饭了哈,福建炒饭啦,这是比较特别的炒饭,对,有点勾芡哈,淋在上面。"

蔡康永:"这个也很少见,阿基师（指的是陈汉典在当期节目中模仿的角色是其他节目中以做美食出名的厨师阿基师）一定知道勾芡是怎么完成的对不对？"

小S马上应和:"是。"

蔡康永转头问陈汉典:"什么叫勾芡？"

陈汉典语塞然后搪塞:"就是,加一些,少许的太白粉,然后,下去抓一抓,那就会有点勾芡啦。"

蔡康永:"什么叫太白粉抓一抓。"

来宾马上指出"没有啦"。"不是。""要过水啦。""要过水的。"

陈汉典有样学样说道:"是,要过水。"

小S问陈汉典:"什么食物不适合勾芡？"

陈汉典:"啊,什么食物,譬如说猪血糕（众人大笑）,或者是爆米花（蔡康永也忍不住捂着嘴乐）。"

还有——

陈汉典提问题:"李白写字在白纸上,为什么是白的呢？"

没有人回答,蔡康永说道:"我觉得杜汶泽不想要理你欸。"

陈汉典:"那你听听答案嘛。"

蔡康永问陈汉典:"他不想猜怎么办？"

陈汉典:"没关系,可能观众朋友想知道。"（众人大笑）

评析：

陈汉典可以说是最标准的全能主持人,所有主持人可以加分的才艺陈汉典都具备,很多知名制作人都预言陈汉典会是吴宗宪的最佳接班人选。

吴宗宪就是以无厘头的主持风格闻名,陈汉典的耍宝功力更加令人忍俊不禁。

6. 欣然地表演,自己给自己的尴尬收场

示例：2012年9月13日中天电视台播出的《康熙来了——台湾也有超道地港式美食》。

节目中蔡康永问:"对于林可彤,你有什么要问的吗？"

陈汉典:"请问在什么时候会喜欢喝汽水？"

众人:"生气的时候。""分手的时候。"……

陈汉典:"这个跟林可彤有关系,这是一个提示啦。"

陈汉典:"是孤单的时候。因为,'当你孤单你会想起谁'（取"汽水"音类似于"起谁"）。会想汽水哈。孤单的时候多少会想汽水哈。"看大家都没有理他的意思,陈汉典马上说:"接下来为大家介绍的是艾里克斯的（食物）。"

第二部分　电视节目主持人风格及其艺术特点

蔡康永："自己转哦。"（众人乐）

评析：

陈汉典在《康熙来了》的节目中有属于自己的一些特定笑点，常常没有人理睬。很多时候并不是大家觉得他不好笑，而是大家，当然也包括观众朋友们喜欢看陈汉典不被人理睬自己尴尬收场的囧样，所以蔡康永和小 S 常常很乐意为陈汉典制造这样的一种氛围，给现场带来另外一种欢乐气氛。

7. 肢体搞笑，不变的万国法则，很有效果的主持技巧

不擅长问问题的主持人就是不合格的主持人吗？理论上是这样的，不会问问题的主持人似乎很难有深度。但是实际生活告诉我们，首先，现代快速紧张的工作之后，难得打开电视放松的观众们，更多的时候并不想要什么深度，有的时候不如引出一个发自内心的笑来得实际。陈汉典越来越受到观众的欢迎也正说明了观众需要什么样的主持人。

那么对于还不是很会问问题的陈汉典来说，他使用的不变的万国法则、综艺者入门的捷径就是肢体搞笑。模仿算是其中的一种，还有故意摔跤，偶尔逮住机会跳舞、翻跟头或是出个洋相，都会让观众开怀一笑，观众笑的同时就是在接受陈汉典的这个主持技巧。

著名综艺节目中《Running Man》中的主持人之一李光洙本是一名演员，和陈汉典一样，并不是很擅长用"说"的方式来主持，但是李光洙擅长用肢体搞笑。他跳舞的笨拙，他跑步的样子，他笑起来的老气横秋，他被欺负时委屈皱巴的表情，似乎只要是来自李光洙的表情、动作都会让人忍不住发笑。肢体搞笑就如一年级的课程，懵懂的孩子进入主持圈，有时候不得不使用但又很有效果的主持技巧就是肢体搞笑。

8. 不管机会再难得，都不可失去礼貌，任何搞笑都要有人情味

示例：2012 年 9 月 17 日中天电视台播出的《康熙来了——毒舌评审，残酷舞台》。

节目中蔡康永对陈汉典说："汉典，扮陶子皱纹好重喔。"

陈汉典："哪里？"

蔡康永："你笑笑看。"

陈汉典："我不是扮陶子姐皱纹重。"

小 S："你是故意加深你的皱纹吗？"

陈汉典："我（皮肤）就这样，扮谁皱纹都很重的。"

评析：

不管是搞笑，还是开玩笑，或是无厘头、耍宝等，都要以尊重别人为前提，不只是因为在摄像机前面是一个面对大众的场合，也是因为任何搞笑都要有人

电视节目主持人风格与节目主持艺术

情味别人才笑得出来。

9. 能屈能伸的"泥鳅"性格，是陈汉典主持风格最直接的表现

示例1：2012年9月18日中天电视台播出的《康熙来了——汉典又来拜访明星啰》。

节目中嘉宾欧阳龙："我有一句话一定要当着小S面前讲。当汉典走了之后，我们几个小朋友在家里就讲：你知道吗？汉典说过，其实小S哦，平常没有在荧光幕前的时候，对汉典好得不行。"

陈汉典："真的，这句话真的！"

小S马上很严肃地看着陈汉典："你在背后说我坏话！"

陈汉典紧张："什么！？"

欧阳龙："说你好话。"

陈汉典："他们很好奇。"

欧阳龙："他就说，你的表现，每天吐槽，吐他的槽，是因为电视的效果，她们还跟我解释耶。"

小S面露喜色："还分析吗？"

欧阳龙："对。"

小S对着陈汉典："所以你在她们面前讲我的什么事是不是？"

陈汉典："就讲说你的人非常的好啊。"

小S马上说："没有提到蔡康永吗？"

陈汉典心虚地说："也有啦，也有……都有……"

蔡康永假做生气："你等着瞧啊（众人笑）。没关系，小S对你好啊。那接下来就由我来扮演坏人啰。"

陈汉典笑里带着紧张："没有，都很好。"

蔡康永不管他继续说："谁让你坐的。"

陈汉典慌张："啊？"

蔡康永继续说："谁让你坐的。"

陈汉典："不是，啊，就是。"然后慌张两秒钟后马上说："这谁的椅子，奇怪，奇怪嘛。"

蔡康永假装应和："哦，椅子不是给你坐的，是拿来给你举在头上的。"

陈汉典苦笑着赶紧说："对！"然后立刻配合演出，把椅子麻利地举上了头顶，一边说："OK，好不好。哈哈，健身嘛。"

蔡康永见他这样配合笑着说："好了，放下来吧，等一下欧阳家的小姐又以为我们在欺负你。"

小S："形象都做在他（陈汉典）身上了。"

陈汉典赶紧对着镜头补说："那是好玩的哈。"意思是不是真的欺负自己。

示例2：2010年10月6日中天电视台播出的《康熙来了——台湾之光脸红相亲会》(节目中陈汉典模仿著名电视人王伟忠)。

蔡康永叫陈汉典过来和林育群站在一起："你知道汉典近来很嚣张，就他是在演艺圈蹿红的速度最快的明星嘛。"

小S："恩，电影明星。"

蔡康永："对不对，就是在《康熙（来了）》，踩着那个《（全民）最大党》跟《康熙（来了）》的头往上爬。"

小S："对，把我们当跳板。"

陈汉典很慌张赶紧说："没有啊。"

蔡康永："就演了王力宏（执导）的跟《艋舺》两部电影，以他现在的影响，他怎么受得了这个人蹿红速度比他快八倍左右。"

小S："他上过美国谈话节目。"

蔡康永："你知道他遇过的最大牌主持人比徐熙娣跟我牌大三四倍那种。"

陈汉典不知道说什么好："哦，嗯。"

小S："你讲出来吓吓他。"

林育群："就是Ellen啊。"

陈汉典赶紧接："哦，Ellen，Ellen Show啊，很棒啊，那很好的节目。很棒。"

蔡康永问陈汉典："你上过吗？"

陈汉典："哦，还没啊。"

小S："你上过最大牌的主持人主持的谈话节目是……"

陈汉典没有等到小S说完就抢着回答："哦，《康熙来了》啊。很棒。"

蔡康永憋住笑说："我们没有访问过你。"

陈汉典："没有访问过我，那可以……下次可以试试看。"

评析：

能屈能伸的"泥鳅"性格可以说是陈汉典坚持走到现在的秘笈，也是陈汉典主持风格最直接的表现。灵活变通、八面玲珑是现代社会里不管在什么单位、和什么人相处都放之四海而皆准的法则。能把这种性格完整灵活地展现在主持中就是陈汉典不败的原因。不管别人说什么，陈汉典都能马上反应并且接受，小S和蔡康永不管怎么逗弄他，他不但不会生气，而且还会给自己找台阶下，有一种不管在什么环境都能活到最后的架势，而这种永远不败的能力恰好就是灵活变通、八面玲珑的主持风格的真谛。

电视节目主持人风格与节目主持艺术

第十章　运筹帷幄、"暗度陈仓"型电视节目主持人

第一节　电视生活服务类节目主持人——孟非

一、主持人孟非简介

孟非，1971年10月出生在山城重庆，幼年随父母来到南京，那时的他也许没有想到自己会一辈子根植南京。即使面对中央电视台的召唤，他仍然选择"最适合自己"的南京。他更不会想到，让他扎根南京的过程竟然如此艰难。

高考落榜，去深圳闯荡，又回到南京，坎坷的经历和信念使他坚定了自己对媒体的情缘。从电视台的接待员到摄像师，再到跑一些小新闻，之后成为一名临时记者，直到孟非作为总摄影师参与拍摄二十六集专题片《飞向亚特兰大》获得全国长篇电视专题片二等奖，孟非终于看见了光亮。但是，也因为太投身于工作导致大量掉发，孟非索性剃了光头，这一个标志性的形象反倒成了孟非现在的特色之一。

"潘多拉"的盒子从《南京零距离》打开，一个新的世界吸纳了历经艰苦的孟非，从最艰苦的时间走过的一切苦痛都转变成了另一种色彩斑斓的新磁场。

2002年的1月，江苏电视台的一个决定成了中国电视史上值得划上浓重一笔的重要进步。原本是《南京新闻》的节目改名为《南京零距离》，它喊出"为平民百姓服务"的口号，选用了孟非这个历经人生百态、最能与平民百姓感同身受的"平民化"主持人。从此，孟非伴随着《南京零距离》这个名字给中国电视史注入了新的血液，孟非也成了谁有新闻线索都想第一个给他的"城市平民代言人"。敢想敢说，针砭时弊，揭露丑恶，点评城市万象，孟非把媒体和舆论的力量用在了最贴近老百姓切身利益的刀刃上。得到领导和观众的肯定后，孟非开始大踏步地开启自己的主持事业，引领了江苏电视台的收视率，更引领了民生电视节目的大发展。

第二部分 电视节目主持人风格及其艺术特点

二、孟非主持风格概述

江苏电视台节目《南京零距离》播出时,孟非开创了当时无人敢尝试的、的确称得上是"平民化"的主持方式。不用太多的稿子,不用太多的策划,用自己的口语像东北农家坐在炕头唠嗑一样和观众聊了起来,时不时加上自己独到、犀利的点评和见解。

《非诚勿扰》从一部电影的名字渐渐变成了一个电视"大型生活服务类节目"的代名词。孟非这样介绍自己主持的《非诚勿扰》,他在采访中说"现在的交友方式很多,我们只是提供一种新的玩法",并点明"电视台做任何一档节目都不可能没有策划",但这都不与任何言语冲突,都完美地结合在了孟非的运筹帷幄中,从而使最知名的民生节目走向观众。冷静智慧的孟非不可能忘记自己曾经受过的苦难,以及自己是如何脱颖而出的。他首先是一个平民,或者准确地说,是一个"民声"代言人,这是观众信赖、依靠、喜爱他的根本原因。孟非对自己的可持续发展进行了最准确的定位:说老百姓心声,道老百姓厌恶之事。这也是他在主持新闻评论节目时,不惧怕任何威胁和恐吓的原因,因为他知道自己的身后是不可计数的老百姓。

孟非说《非诚勿扰》的红火是因为节目形态、嘉宾和主持人三元素。主持人孟非把握着自己和这个节目的方向——大型生活服务类节目。而孟非自己则作为为老百姓发声或者是为老百姓发声提供平台的"将军",经由民生"栈道"攻进观众的心,不管以什么形态的优秀电视节目作为陈仓,孟非占领关中(观众)的中心地位是胸有成竹的。这便是孟非运筹帷幄、"暗度陈仓"型主持风格。

三、从"实战经历"看孟非的主持风格

1. 用幽默"收拾"现场

示例:选自《非诚勿扰》。

女嘉宾:你对女嘉宾的身高有要求吗?

男嘉宾:我感觉您这种身高啊,就已经蛮符合我的要求的。

女嘉宾尴尬地笑了。

孟非赶紧接上:你都不问问人家有多高?(此段孟非第一次用幽默"收拾"现场)

男嘉宾:我目测一下,应该至少在一米七以上。

孟非认真地补充说：再加十个厘米就够了，人家一米八（此段孟非第二次用幽默"收拾"现场）。

男嘉宾：谢谢。

乐嘉：你跟比你矮的谈的时候，你会有什么感受？

女嘉宾：嗯，我觉得足够自信的人会来选择我。

乐嘉：我其实就很想问，你们怎么接吻？

女嘉宾笑得很尴尬，孟非接话：你的这个好奇从第一年开始，一直到现在。

乐嘉：我得到答案了我就不会问，但是一直到现在，我得不到答案。

黄菡：这个我觉得，真的只要转变一下那个，那种非得要男强女弱的那种态度，就可以了。那你（指乐嘉），你就没有跟一米六的女孩谈过恋爱吗？你怎么操作的，用你的话来讲。

乐嘉：你说她（指黄菡）这么贤良淑德，这么淑雅的一个，怎么会跑到《非诚勿扰》来呢，你看她说话……

孟非：就是这两年被你一天一天带坏了（此段孟非第三次用幽默"收拾"现场，全场大笑。此段顺利结束）。

2. 偶尔上演无厘头幽默

示例：选自《非诚勿扰》。

有一期男嘉宾为了参加节目方便，把工作重心放在南京，进而在南京工作。孟非说道："我在想，如果有很多的全国各地的青年才俊，为了上《非诚勿扰》方便，纷纷移民南京，我们南京市招商引资团到全国各地的时候，是不是可以在介绍南京各项招商引资条件的时候，也把《非诚勿扰》说进去。"（全场鼓掌并且大笑）。

"我们可以给我们南京市委市政府的领导建议，出去的时候介绍各种有利条件的时候，《非诚勿扰》是其中一个。"

3. 说话严谨，娓娓道来中不给对方留丝毫缝隙

示例：选自《金鹰电视艺术节》颁奖典礼。

在金鹰电视艺术节上，孟非和崔永元获得金鹰奖最佳电视节目主持人奖，在颁奖时孟非和崔永元在台上的一段对话：

孟非：我没有想到组委会有这么别致的安排，崔老师（崔永元表情怪异，全场笑了起来）。一人问三个问题是吧，我的问题，第一个是，你最近身体还好吧？（崔永元面露尴尬，全场大笑）

崔永元吸了一口气说：我觉得组委会的这个安排特别有道理，我就是代表中国的抑郁症到这来领奖的（全场鼓掌）。那么，他们都觉得抑郁症是病人，是

废物，我想告诉大家，抑郁病人发病的时候他不是个正常人，当他治好病呢，当他治好病的时候呢，他比正常人要棒很多。

孟非：他治好病之后就是中国最优秀的主持人。我之所以问这个问题就是，我一直在台下坐着，我在看这个整个的过程，心情非常激动。我觉得，作为一个主持人很不容易，特别是做一个优秀的主持人特别不容易。他们一直工作，他们不仅要有才华，而且也都很忙，他们一直在忙着生儿子，生女儿。

崔永元：练杂技。

孟非：对，但是崔老师是个例外，他说，他上来说我没有儿子，对，他连觉都不睡，你看（场下有观众笑了起来）。为这事，所以我特别关心你的健康。到你了。

崔永元：该我问了吧。

孟非：对。

崔永元：我们知道孟非不在意发型。

孟非：那当然。

崔永元：但是我们想知道，你喜欢的女孩，她是一个什么样的发型？

孟非：嗯，其实我倒不在乎这个，因为我没有资格去要求别人的头发怎么样，都可以。你有什么建议吗？

4. 时而装萌，将复杂的问题自然地过渡、转换

示例：选自《非常了得》。

在与郭德纲主持的《非常了得》中，一个女嘉宾说是来讨情债的。

郭德纲说：老孟，你听着。

孟非尴尬地笑了。

女嘉宾：孟老师，你真的不记得我了吗？

孟非不说话，低头微笑并且干咳了一声。

郭德纲大喊：老孟！

孟非：那个……

郭德纲：好了好了，这事算我的。

孟非：我们导演组不能老拿这种事惊吓我。

5. "孟非式"调侃

示例：选自《非诚勿扰》。

现场男女嘉宾和乐嘉、黄菡还有主持人孟非一起谈论贤妻良母的概念和理解。

乐嘉：我举一个例子好了，因为我在很早很早以前，有一个女朋友，跟他描述的类型几乎一样……

电视节目主持人风格与节目主持艺术

孟非：等一等，乐嘉，对不起，打断你。从这个节目开始，播到现在，他经常在讲这个，诶，你已经有过N个女朋友，"我很早很早以前，有一个女朋友"，我大致数了一下，这个人数已经到三位数了。

乐嘉大笑，全场哄笑。

孟非：对不起，你继续说。

乐嘉佯装要打孟非。

四、"孟非式"调侃的艺术特点

"孟非式"调侃，可以简单描述为：挑人、看事、语言温和、调侃到位。

（1）孟非之所以给观众留下温和可亲的形象，也正是因为他得体的调侃之道，笔者说孟非是"暗度陈仓的将军"，并没"冤枉"他。孟非绝不是像陈鲁豫或周涛那样的主持人，他的言谈间处处是思考的痕迹。所以在金鹰节上，他和崔永元的对话可以说是完完全全地使他露出了马脚。他是锋利的，是不会让步的"将军"，为了胜利他会想出无数"暗度陈仓"的招数来，但是观众大部分时间却感受不到他的锐利和锋芒，这是得益于他的说话之道。

我们可以看出孟非对于绝大部分人都是彬彬有礼、说话讲究分寸尺度的，调侃的话要不就是藏在话中，要不就是选择可以调侃、能调侃的对象，所以好友乐嘉就首当其冲了。

（2）严肃的事，有争议的事，不容易判明是非的事，容易引起误会的事，孟非绝对缄口不言，绝不调侃；轻松的事，好玩的事，观众喜闻乐见的事，孟非绝对不会放过调侃一下、逗观众一笑的机会。

（3）孟非在主持中虽然经常调侃，但是他在语言的选择上绝对是温和的，委婉的，不伤人感情的，只要有搞笑的效果就行了，绝对不会让别人难堪，不会让别人下不来台。人们经常受到周围人的起哄和"怂恿"，只要周围人一笑，就好像受到了鼓励似的，容易收不住话，就容易把效果做得有点过，可能伤害别人的感情，这种不贴心的主持风格很难达到细水长流、渗入观众心里的效果。不管怎么调侃，人情味不能丢，说得深一点，就是做个好主持人之前，一定要先做一个好人。

（4）孟非的调侃"到位"，绝对说到观众的心里，说到别人一直想笑但是又没抓准的那个点上。孟非一说，观众马上惊呼，说的对啊，我就是这么想的。观众一共鸣，主持人基本也就抓住观众的心了。说简单也简单，说不简单我们就要讲究技巧，主持人只要抓住观众的心，其他的事情基本就是水到渠成。如何抓住观众的心，在孟非这里我们就能学到：要引起观众共鸣，说观众心里所想、说观众嘴上想说的话。

第二部分　电视节目主持人风格及其艺术特点

第二节　电视谈话类节目主持人——蔡康永

一、主持人蔡康永简介

蔡康永是我国台湾地区的著名电视节目主持人，也是一位很受大众喜爱的畅销书作家，1990 年在美国加州大学洛杉矶分校研究生毕业，专业为电影电视研究所编导制作。回到台湾后，他开始从事电影电视片的编剧、影评等工作，后开始主持节目，曾主持过《翻书王》《真情指数》《台北黑眼圈》《两代电力公司》《但是又何奈》等节目，现在专心主持中天综合电视台播出的《康熙来了》。

蔡康永可以说是个传奇的全能超人：

写书——《LA 流浪记》《那些男孩教我的事》《蔡康永的说话之道》等都处在畅销书排行榜的榜首。

编剧——在美国加州大学洛杉矶分校研究生毕业后，写了不少的电影剧本。

电台主持人——曾任台北之音电台总监。

演讲——曾走访北京大学、复旦大学、中国传媒大学、西南交通大学等名校并进行演讲。

杂志总编——1996 年到 1998 年期间担任知名杂志《GQ》国际中文版创刊总编辑，在《GQ》100 期的时候成为首个杂志总编辑的封面人物。

为杂志拍摄封面——曾为《GQ》《北京青年周刊》《时尚先生》《伊周》《新现代画报》《男人装》等知名杂志做封面模特和人物访谈。

蔡康永还曾在报纸杂志上开有自己的评论专栏，发表无数的知名散文，为电影主题曲作词，做过有声读物，编过电脑游戏剧本，有着最勇敢的爱情，穿着前卫大胆的服装，头脑里总有让别人无法理解的奇思妙想。现在的他又爱上了在网上微博写一些人生感悟，转发和评论量都惊人。不管岁月如何流逝，蔡康永话语的力量在年轻人中间的分量依旧是不可低估的。

对于蔡康永的人生内涵，转用蔡康永在网上写的一段话来表达十分合适。来自蔡康永"残酷社会的善意短信"：年轻人的才华这种东西，和冰箱里冷冻的肉很像，再怎么上等的肉，冷冻太久不用，也就酸臭了；如果你知道自己有才华，就跟知道自己冰箱里有冷冻的肉一样，不是什么值得傲慢的事情，把那些才华拿出来做成些什么，胜过存一堆酸臭的肉，塞爆你的冰箱，最后连冰箱都弄坏了。

二、蔡康永主持风格概述

有人说蔡康永是书生。的确,他是一个书生,但是有时候他没有书生的善良,他有点"坏的"。

有人说蔡康永很感性。的确,他常常会为了宫崎骏的漫画情节在节目中自然地落下眼泪,但是有时候他又冷静得可怕。在全场来宾包括小S和陈汉典都因为某个故事哭泣的时候,他却笑着说:"刚打开电视的观众看到这个场景会不会很诧异"。

有人说蔡康永很搞怪。的确,看看他肩膀上的鸟啊,鸟笼啊,鸟的翅膀啊,你头顶难免冒出三行冷汗。但是有时候他又是那么的运筹帷幄,没有观众见到过蔡康永在主持节目的时候有手卡,那么他是如何使节目进行得如此顺畅呢?这个时候的他和率兵作战的将军像极了,完美的战术,准确地进攻,几十分钟的节目让你不自觉地挪不开眼睛。

有人说蔡康永是感性和知性结合的小王子。的确,有的时候他可爱的像个不谙世事的小王子,但那不是在节目中。节目中的他,反而有点黑暗,他会使用战略战术"暗度陈仓",使得嘉宾不知不觉间就"沦陷",所以来宾们都怕被蔡康永问问题,那种感觉就像是面对不知是从正面还是从哪个侧面随时会攻来的敌人,总是让人防不胜防。

以上,这才是主持人蔡康永,尽管身份再多,但他把每一个角色都扮演得很好,主持人蔡康永有着迷人的主持魅力,是一名运筹帷幄、"暗度陈仓"的"将军"。

三、蔡康永主持风格的艺术特点与示例

1. 最符合节目当期主题和最得体的开场词,开场词简洁干练,开门见山

示例1:2012年9月13日中天电视台《康熙来了——台湾也有超道地港式美食》。

蔡康永在开场时候说的开场词如下:

蔡康永:"其实台湾跟香港两个地方,互相往来的人非常的密集,所以台湾的人喜欢吃美食的,到香港去吃的时候,常常会吃得很高兴。香港人到台湾来吃美食的时候,会品尝的是台湾这里的美食。可是我们今天《康熙来了》要介绍的是:在台湾找得到香港菜。香港菜其实大家定义可能会不太一样,所以今天会有专家来帮我们做评荐。这两位专家,他们最近主演了一部电影,在香港

获得了巨大的成功,可是内容,很多限制级的。"

小 S:"很多脏话,很多低级。"

蔡康永:"一定要用香港话来讲才会特别有味道。"

小 S:"所以它在台湾播出的时候是香港话。"

蔡康永:"对,你知道这个男主角就是学佛,可是很喜欢演这些怪异的东西。"

小 S:"本人好像是蛮……蛮素的。可是荧幕上是低级。"

蔡康永:"荤的。"(众人大笑)

小 S:"因为他们这部戏好像叫做……"

蔡康永:"是和低级有关,他今天来要帮我们鉴定一下台湾找得到的香港美食,好,我们请到的是《低俗喜剧》电影的男女主角,杜汶泽还有陈静。"

小 S:"欢迎。"

评析:

开场也不是一件易事,主持人要在最合适的时间里说出最符合节目当期主题、且最得体的开场词,而蔡康永的每一次开场都有值得借鉴之处。

示例2:2009年10月30日中天电视台《康熙来了——超火大明星光临康熙》。

开场,蔡康永:"康熙来了,今天光芒闪耀到让人难以睁开眼睛,有四位大明星光临,欢迎电影《风声》的四位主要的演员。"

评析:

开场简洁干练,开门见山,因为嘉宾是家喻户晓的大明星,有的时候不需要太多的介绍,说太多的开场只会让观众等得难受,嫌弃主持人过于啰唆。但是有的时候,又需要主持人幽默、可爱的介绍,以提起观众的胃口,让观众在没有看下面的节目内容的时候就有一种迫不及待、转移不开目光的感觉。

2. 精于选择语言文字

示例1:2012年9月13日中天电视台《康熙来了——台湾也有超道地港式美食》。

节目中,蔡康永说:"今天我们介绍的是在台湾也找得到的香港美食跟香港人有着不同渊源的四位明星,我们欢迎四位。"

评析:

嘉宾 Alex,他的岳父岳母是香港人;林可彤曾经做客《康熙来了》,在节目中讲述与前男友有关的事情中,令她伤心最久的男友是一位香港人;Cici 的前任男友是一位香港艺人。这种相对来说比较复杂的嘉宾状况,如何使用最简短的词语概括呢?蔡康永选择用"不同渊源"这四个字。仔细想的话,就会发现这四个字用在这里最能够概括当时的嘉宾情况并能给观众最直接的理解,是嘉宾最容易接受的词语。当天《康熙来了》邀请这四位,而不是邀请其他的艺人,将嘉宾和主题链接起来,使用"不同渊源"效果立显。

示例2:2012年9月13日中天电视台《康熙来了——台湾也有超道地港式美食》。

在节目结束的时候,蔡康永对当期节目做的总结语如下:"谢谢你们带来的食物,也谢谢杜汶泽跟陈静带来的这部电影。如果你对香港电影,很怀念它们那个很有力量的感觉的话,这部电影应该会让你满意的。好,谢谢你们。"

评析:

非常简短的结束语,让人听起来非常舒服。不管是宣传电影的来宾、介绍香港美食的来宾,还是观众听起来,这段话都很合适。感谢带来食物的各位,不温不火地介绍电影给观众,没有任何强加或是夸大宣传的"广告"的不舒服感,对电影也做了很好的定位——一部代表香港电影的有力量的作品,可以说照顾到了所有人。其中"力量"两个字,尤其使用得好。蔡康永深知宣传什么,大力赞扬什么,一不小心观众是很容易反感的,但是对于自己很可能没有时间仔细观看的电影,又不能乱加形容词。描述错了,显得自己功课做得不足就来主持了。而香港电影近几年来的确有下滑的趋势,比起以前独树一帜、独领风骚的港式电影,台湾地区的原创电影正在以雨后春笋般的大好气势在票房和口碑上都茁壮成长。那么想在台湾地区宣传一部香港电影,在最短的时间里,使用"如果你对香港电影,很怀念它们那个很有力量的感觉的话,这部电影应该会让你满意的"这样的一种宣传语,体现出主持人对于语言的选择以及对于电影界的了解,对于受众心理的把握以及节目宣传的方式都很有经验,值得学习借鉴。"怀念"和"力量"两个词语都点中了"穴道"。

3. 搭档之间以类似悄悄话的对话形式来引导嘉宾

示例:2012年9月13日中天电视台播出的《康熙来了——台湾也有超道地港式美食》。

节目中小S问来宾Cici前男友是不是香港的艺人,Cici说不是。蔡康永不问Cici,却回过头对着小S说:"她交过很多香港艺人男友啊。"Cici马上辩解道:"没有没有,只有一个啦,只有一个。"

评析:

话题说到这里,大家一下子就懂了小S最初问嘉宾Cici前男友是不是香港的艺人,Cici说不是,就是谎话了。蔡康永一个激将法就让来宾不由自主地在辩解中说了真话。

有些稍微敏感的问题主持人直接问来宾,来宾是不会告诉你的,谁都明白对着摄像机说真话,就相当于在对着全世界广播,所以来宾都会在节目之前告诫自己"不要乱说话,一定要小心,一定不能让主持人在回转的提问中抓住我的小尾巴,不能让观众误会我"。越是这样,主持人越好在这样的来宾身上使用激将法。因为来宾生怕观众误解他,生怕主持人陷害他,生怕主持人不好好问自己就断章取义然后给观众留下误会,越是"生怕",越是辩解,越是辩解,越是容易情绪激动,导致一时冲动,一着急、一不小心,真话就会"自然"地说出来。蔡康永抓住了来宾这种心理,不问来宾,不给你解释说明的机会,他用自己已经做了判断的口气和小 S 说。看似两人之间的话,但是来宾在现场,必然听得见,听见误解自己的话,来宾就会一着急赶紧辩解,如此一来反而坏了事,说了主持人想要的真话。

4. 抓住笑点,机智地结束一个话题

示例:在 2012 年 9 月 13 日中天电视台《康熙来了——台湾也有超道地港式美食》。

节目中,蔡康永问来宾:"香港的火锅是重要的美食吗?"

来宾杜汶泽说:"非常重要,你看郭富城他不吃别的食物的,每一次拍到他都是吃火锅的,他可能不知道牛肉有其他方法可以把它煮熟的吧。"(众人大笑)

小 S:"因为郭富城来台湾也是吃火锅。"

杜汶泽:"所以他挺专一的哈。"

蔡康永:"对,我想跟他姓'郭'有关系。"

评析:

这里本来杜汶泽有一个很好的笑点,在笑点结束话题时就是一个很好的开始下一个话题的时机。当杜汶泽说:"他可能不知道牛肉有其他方法可以把它煮熟的吧。"大家大笑的时候,这个火锅的话题或是郭富城喜欢吃火锅的话题就可以画上句号了,但是这种常识只有主持人应该掌握,你不能要求每一个来宾都懂得在什么时候、什么话语之后结束话题最好,所以如何在"不小心"错过最佳时机的时候不突兀地结束话题就是一门技术活了。

杜汶泽在本可以结束这段话的时候,近乎有点莫名其妙地突然说"所以他还挺专一的"。我们可以设想一下,如果你是蔡康永,你要如何接这一句话。不接的话又好像对来宾不够尊重,也不能接着郭富城专一的这句话说起他的感情事,让郭富城这个大明星"躺着中枪"是不太道德的事情,还是不要做的好。那么怎么接杜汶泽的话,既不"伤及无辜",又能不淡化。"他可能不知道牛肉有其他方法可以把它煮熟的"这个笑点,还能很好地结束话题,一时想不到的话,看看蔡康永接的这句"对,我想跟他姓'郭'有关系"的确能够给我们眼前一亮的感觉,虽然细想这句话接得也不是很有逻辑,但是在电视这种一闪而

过、近乎不留痕迹的"读取"设备上,这就是技巧,不用太咬文嚼字,只要听上去有点道理,然后小有笑点就可以了。蔡康永就用一带而过的方式告诉大家"这个话题结束了"。感受一下,你是不是也有这种感觉,这句话明明就是在说,谁也不要再接这个话题了,可以结束了。另外这句话还有一点笑点,有点无厘头,有点让人无语一笑的另类美感。再者,大家都在笑"他可能不知道牛肉有其他方法可以把它煮熟的吧"这个结束话题的小调侃,也不会太纠结于语法和逻辑的。

5. 激将法,使得来宾不由自主地说真话

示例 1:在 2012 年 9 月 13 日中天电视台《康熙来了——台湾也有超道地港式美食》。

节目中蔡康永:"林可彤会哭,因为林可彤唯一交过一个男友就是香港男友。"

小 S:"对。"

林可彤:"没有,有很多个"

小 S:"有很多个?"

蔡康永:"你有别的男友吗?"

林可彤:"有啊,前男友,有很多个啊。"

评析:

林可彤是比较可爱老实的美女,城府不是很深,蔡康永简单地这么一质疑:"你有别的男友吗?"林可彤想都没有多想,马上说,"有啊,前男友,有很多个啊。"蔡康永心里肯定默默在说:"这个小美女实在太好骗了。" 一个小小的激将法就使得来宾不由自主地说真话。

示例 2:2009 年 11 月 6 日中天电视台播出的《康熙来了——范晓萱的鸡舞风潮》。

蔡康永对小 S 说:"你觉得,你问的话,她会很勇敢地回答你对不对?"

小 S:"我觉得她会耶。"

蔡康永:"所以你想问她……难得遇到这么愿意回答的,你可以任意回答。"

评析:

来宾并没有说自己愿意回答,但是蔡康永先发制人,对着小 S 说:"所以你想问她……难得遇到这么愿意回答的,你可以任意回答。"来宾是一位很有表现欲的人,这么一听,有点下不来台,小 S 之后问她什么她都有一种备受关注的感觉,会老实地全盘托出。

6. 发散思维将实际不相关的事物联系在一起，产生一种语言魅力，活跃了现场气氛

示例：2012年9月13日中天电视台《康熙来了——台湾也有超道地港式美食》。

节目中蔡康永问林可彤："伤你很深的香港男友也会带你去吃很多香港好吃的吗？"

林可彤："因为他吃素，所以不能吃很多好吃的，可是有其他朋友会的。"

蔡康永："你是和杜汶泽交往吗？"

小S马上追问："是吗？"

杜汶泽："这台湾真的很小喔。"（众人乐）

来宾们："这样都遇到了。""对哦。"

杜汶泽："可是我一点印象都没有。"

小S："所以说你伤她最深啊。"

蔡康永："对，没关系，她记得你就好了。"

杜汶泽对着林可彤："不好意思喔。"（众人大笑）

评析：

这一期的来宾杜汶泽吃素，这是大家都知道的，但是在林可彤说之前，没有人会知道她的某一任香港前男友也是吃素的，所以当林可彤为了回答蔡康永的问题，而在无意中说自己的某任香港前男友也是吃素的时候，蔡康永马上联想到了杜汶泽，就问出了这么一个问题："你是和杜汶泽交往吗？"这个问题没有实际意义，大家也都知道林可彤说的这个香港男友绝对不会是杜汶泽，所以就产生了一种把根本不可能相关的人和事联系到一起的这种聪明的发散思维。使人意想不到的这种发散思维带来的语言魅力，虽然有点无厘头，但是想一想又不是完全没有道理，听起来既有新意又很可爱的小玩笑，马上就炒热了现场的气氛，并且把不是很熟悉的嘉宾一下子就拉近了距离，接下来的录影气氛也就轻松了。

7. 留白和尴尬的魅力，主持人掌握好火候，"笑"果明显

示例：2009年8月25日中天电视台播出的《康熙来了——经典老歌康熙复刻版》。

节目中，来宾郭彦甫是双胞胎兄弟中的一个，哥俩一起拍了广告，也有他自己单拍的广告，前面播放的是他自己拍的广告。

蔡康永逗他说："这个不能说明就是你拍的，很可能是你哥哥拍的，因为两个人长得那么像，观众怎么分得清谁是谁。"

郭彦甫辩解说："我们同时拍了一个饮料广告，是两个人一起的。"意思是这样不管是哪一个拍的，两个人一起，总可以说明其中一个肯定是自己了。

没有料到的是蔡康永却说："我们没有要播那一支欸。"

郭彦甫瞬间就尴尬了，几秒钟的冷场后，全场开始大笑，之后也播放了两个人一起的广告，来宾并没有真的生气。

评析：

这只是蔡康永逗嘉宾、故意使嘉宾尴尬的一种主持招数，这就是留白和尴尬的魅力，主持人掌握好火候，"笑"果是很明显的。

8. 运筹帷幄的"毒舌将军"说的"毒舌"话很有"杀伤力"

示例1：2012年9月17日星期一中天电视台播出的《康熙来了——毒舌评审，残酷舞台》。

节目中蔡康永对大学生来宾莉纹说："上次你来表演魔术，反映怎么样？"

大学生莉纹跳完舞后语无伦次地说："就是反映比较平淡，就是一下子，哦，就结束了。就是没有什么效果。我这次所以就是想说来练一个舞蹈。"

蔡康永："你今天效果不错啊。"

莉纹："谢谢。"

蔡康永："崩溃还是蛮厉害的。"（众人大笑）

莉纹很丧气地说："真的很崩溃欸。"

小S："还蛮激励人心的，崩溃之后，然后再重新站起来。"

分析：

这一期节目中，喜爱演艺事业、准备在演艺圈出道的几名大学生来到《康熙来了》，还有一位演艺圈的资深艺人以及一位在唱片界很有名气的大牌制作人。可想而知，这种阵势，对于想要出道当明星的大学生来说，不紧张是不可能的。大学生莉纹本来并不是很擅长跳舞，为了在节目中展示才艺，用了较短的时间加紧练习了一支舞蹈。在高度紧张的情况下，第一次跳的时候莉纹跳到一半就昏头了，忘记了舞步，跳不下去，捂着脸给全场道歉，不敢抬头，一直说着"对不起""对不起"，一阵混乱之后才再一次跳，幸好这次勉强地支撑了下来。大家问她为什么不表演其他自己擅长的才艺，也不至于把自己弄到这般狼狈。莉纹委屈地说，上次表演的魔术被很多观众反映没有亮点，没有综艺效果，所以这次硬着头皮练了一支舞蹈。蔡康永说："你今天效果不错啊。"莉纹正在道谢，蔡康永紧接着就说，"崩溃还是蛮厉害的。"大家一阵大笑，之后小S小小地安抚了一下莉纹。"还蛮激励人心的，崩溃之后，然后再重新站起来。"

第二部分 电视节目主持人风格及其艺术特点

示例 2：2011 年 1 月 19 日中天电视台播出的《康熙来了——年终清仓交换礼物大会》。

节目中，嘉宾柯佳嬿拿出自己收藏的礼物想要和别的嘉宾交换，那是她以前去参加朋友婚礼时收到的伴手礼，而柯佳嬿将要交换的对象是嘉宾蓝正龙。

蔡康永假装悄悄和小 S 说："小 S，柯佳嬿为什么用别人结婚送的东西送给蓝正龙？"

小 S："好讽刺哦。"

蔡康永坏笑着说道："真的吗？"

小 S："是在暗示他新娘嫁的不是你吗？"

蔡康永："真的么，原来佳嬿那么有心机哦。"

蓝正龙一副无奈又好笑的表情。

蔡康永转而问柯佳嬿："柯佳嬿，你这个礼物讯息就是这样喔。"

柯佳嬿说出真相："不是，我不知道我会跟他换啊。"

蔡康永继续"陷害"柯佳嬿："可是你就是选了他的礼物啊（按照节目开始说的交换规则，选择了谁来换的话，就要实现双方互相交换）。"

小 S 又在一旁帮腔："你今天一拿出来这个，你觉得他作何感想。感觉一把箭射在背上。"

蓝正龙："不会，真的不会。"

蔡康永："请问喜饼吃完了吗？"

蓝正龙："我在北京，今天才回来，所以真的没有收到。"

小 S："你完全没有吃到。"

蓝正龙："公司的人说很好吃。"

小 S："可是公司的人打电话跟你讲说，她送你喜饼的时候，你说什么？"

蓝正龙："我没有说什么。"

小 S："你没有觉得惊讶吗？"

蓝正龙："就是觉得有点在开玩笑吧。"

蔡康永："你当时在电话里面是说请公司的同事们把它分享掉。"

蓝正龙停顿一秒后说："没有，我只是说怎么会这样。"

蔡康永："OK。"

小 S："怎么会送你。"

小 S："因为我看到名单的时候我也抖一下。"

蓝正龙："可以帮我问一下你姐吗？为什么要这样。"

小 S："电话拿来！"

蔡康永："而且，你……蓝正龙微博应该也没有关注小 S 吧。"

小 S："好像是没有诶。"

177

蔡康永："那你也没有关注蓝正龙。"
小 S："我没有。"
蔡康永："你们真是恩断义绝。"
小 S 倒抽一口冷气，转而问蓝正龙："你会关注我吗？"
蓝正龙笑着说："不会。"
小 S："那我也不需要。"蔡康永大笑，全场尴尬中。
陈汉典："还是来说交换礼物好了。"
全场嘉宾大声应和："对！""好。""现场怎么搞成这样。""好，来，交换礼物吧。"
小 S："没关系。"
蔡康永笑着说："没事，我们喜欢这种僵掉的 moment（时刻）。对啊，我们互相拿刀在对方背上插的感觉。"
小 S："你知道我们现在很喜欢小应。"
蔡康永和陈汉典："对啊。"
嘉宾杨琪告状说："OK，很好啊，小应刚刚在你们那样（尴尬冷场）的时候，小应冷冷地接了一句，没有 take 而已啊（指摄像机拍摄小应接了这句话，导播没有在电视播出画面中调用这个画面）。'就这样浪费掉五秒欸。'你们整个空气很凛冽的时候，他说就这样浪费掉五秒。"
蔡康永："浪费在我们身上也比浪费在你身上好啊。"（全场大笑）

分析：

因为嘉宾杨琪一直试图告别人的状，这太容易使得现场来宾间的气氛变得紧张，蔡康永作为主持人当然不愿意看到这样的画面，所以赶紧说了一句"浪费在我们身上也比浪费在你身上好啊"，算是比较直接地提醒她，她说的这些话真的很没有营养。显示出蔡康永很有运筹帷幄的大将气场，掌控着全场的气氛走向。而这一整段针对蓝正龙的访问非常精彩，众所皆知，蓝正龙和大小 S 姐妹俩的渊源，而这些有点八卦的东西也正是观众"喜闻乐见"的，蔡康永默默地推波助澜，小 S 冲锋在前，两个人一唱一和把蓝正龙问得无处躲闪，只好实话实说，观众看得也自然是津津有味。

示例 3：2011 年 2 月 24 日中天电视台播出的《康熙来了——女明星就是吃这减肥的》。

蔡康永和小 S 追问来宾殷琦和制作人男友梁赫群分手的细节。
蔡康永问："他（梁赫群）真的是以通短信和你分手的吗？"
殷琦："不是，这不是事实。"
蔡康永："OK。"
小 S："是打电话吗？"

第二部分 电视节目主持人风格及其艺术特点

殷琦："没有，我们之前就聊过。可能觉得说当朋友也非常的合适，就这样。"

蔡康永："所以是好好的见面谈的。"

殷琦："恩，对。"

小S："上次你上节目的时候都还没有分？"

殷琦："没有。"

蔡康永："那见面的时候谈的话，是谁先开口的？"

殷琦："就是，没有谁先开口，就聊着，聊着，突然聊到。"

蔡康永："你说，是聊着聊着，说等一下去看哪部电影，然后就说我们分手好了这样子吗？"（全场大笑）

殷琦也笑了，说："不是，不是，沟通之后决定的。"

评析：

因为嘉宾殷琦一直躲闪问题，甚至越说越离谱，蔡康永听出来之后马上说："你说，是聊着聊着，说等一下去看哪部电影，然后就说我们分手好了这样子吗？"用一种开玩笑的话语实际上是表达对殷琦不认真回答的不满，这种"吐槽"对方的小幽默虽然"毒舌"又很可笑，但的确是种使得对方不得不认真回答问题的好方法。

示例4：2011年3月22日中天电视台播出的《康熙来了——好歌喉二选一》。

节目中，歌手民雄出场后，大家发现民雄变瘦了很多。

小S："你怎么瘦那么多啊？"

民雄："因为最近在忙这个舞台剧，歌舞剧，所以不能太肥胖。"

小S："可是你现在，他变得很Q版欸。"

蔡康永："对啊，就是头比较大颗嘛。"

分析：

因为民雄瘦了以后，身体变得很瘦小，但是头依旧很大，小S很婉转地说"你变得很Q版欸。"蔡康永偏要补一句"毒舌"，说"就是头比较大颗"，现场其他嘉宾产生一阵自己不好意思说的话被点破的幸灾乐祸的快感。

示例5：2011年3月22日中天电视台播出的《康熙来了——好歌喉二选一》。

蔡康永："那我们就欢迎红色门背后的歌手吧。"

小S："欢迎！"

陈汉典："欢迎你们。"

来宾女团Misster："主持人，我们是Misster！Let's go！"

蔡康永："要起飞去哪里吗？"

179

小S:"我刚才在化妆间的时候,我就一直听见她们在另外一个化妆间喊这个团呼,我就很火大。因为我以为她们在后台是拍摄什么很重要的影片,我就问B2说,她们是在拍摄吗?他说没有啊,她们就是跟每一个人都是喊团呼。"

评析:

蔡康永不像小S那样看到小细节就会直率地说出来,他会思考之后再说出来。他说的"毒舌"的话,仔细想的话,"杀伤力"更大,"要起飞去哪里吗?"听起来非常好笑,实际上内涵丰富,那么用力的团呼,被蔡康永这么一说显得极其可笑。可见,躲在"书生"皮下的原来是一个运筹帷幄的"毒舌将军",的确也对得起"暗度陈仓"这个比喻了。

9. 与搭档默契配合

示例1:2011年2月24日中天电视台播出的《康熙来了——女明星就是吃这减肥的》。

蔡康永介绍来宾后,转头问陈汉典:"你知道殷琦为什么在这里吗?"

陈汉典:"殷琦啊,因为最近有一些事情缠身。所以你们等一下好好访问,我看这一集收视率,就看她了。"

小S:"你凭什么规定我们要看谁啊!"

蔡康永对陈汉典说:"你还蛮了解状况的。"

蔡康永对小S说:"可是殷琦发生的事情可能很多人并不知道。"

蔡康永问来宾贺军翔:"贺军翔,你知道发生什么事吗?"

评析:

减肥的主题是各种综艺节目常做的话题,可能有些观众对这种话题早就有点腻烦,所以就需要主持人在减肥话题中另辟蹊径,吸引观众的注意力。来宾殷琦因为当时和男友的新闻受到观众的关注,既然有新闻点的嘉宾来了,那么就必须好好利用嘉宾身上的新闻点制造收视率。但是打直球很可能让嘉宾方反感或者有所防备,小S、陈汉典和蔡康永配合默契,引出话题,既让观众觉得自然又有趣味,又做好了铺陈,让来宾不得不接招。

示例2:2011年5月19日中天电视台播出的《康熙来了——女明星心中的梦幻王子》。

因为来宾安安说很喜欢李安卓,所以为了增加互动,节目安排李安卓要抱安安。蔡康永对来宾李安卓说:"你不可以看起来抱不动。"

小S:"你要看起来很轻松,因为你是白马王子。不然你就用一种你抱过萧亚轩的方式,譬如说这样正面拥抱还是……"

蔡康永:"欸,他叫你过去,他要跟你(对着)耳朵讲耶。"

第二部分 电视节目主持人风格及其艺术特点

再如，2011年6月6日中天电视台播出的《康熙来了——为了成功牺牲是必要的》。

蔡康永："他（指余文乐）刚才靠近你怎么样？"

小S："有点害羞。"

评析：

蔡康永不是一个善良的书生，我们说他是运筹帷幄、"暗度陈仓"型的主持人原因在于他很会使用各种战术，让来宾招架不住，包括"指使"小S和陈汉典。细心的话，你会发现，大多数时候，小S不会主动去表现很想碰男嘉宾，很多时候是蔡康永以一种"提示"的感觉提醒小S"你是不是可以去表演一下很想占男艺人便宜的角色"。然后，聪明的小S就会自觉地开始表现似乎对某位男艺人很感兴趣。或者遇到不太好开口的敏感问题的时候，蔡康永会"指使"陈汉典先去"试一下水"，然后自己再问就简单多了。当然这需要主持人之间的默契和配合。

示例3：2011年5月19日中天电视台播出的《康熙来了——女明星心中的梦幻王子》。

蔡康永："我们问的最少的是林宥嘉。"

小S："林宥嘉，我看你好像一副要保护他的样子。"

蔡康永："你要跟我们聊些什么吗？"

林宥嘉尴尬："就是，嗯，专辑。"

小S："如果我们问你太多的话，你会不会像面对记者那样发脾气？"

林宥嘉："哦，不会啊，因为我们是，我们大家都是住在同一块土地上。"

小S："那些记者是来自外太空的朋友吗？！"

蔡康永："你是说你跟我们比较熟一点，所以就可以原谅我们。"

林宥嘉："感觉比较亲近啊。"

蔡康永："那要聊什么吗？"

林宥嘉："没有。"

陈汉典："没有就对了。"

小S："你的眼神是真的不要问的意思，是不是？还是说，问一两题你也勉强可以应付。"

林宥嘉："我觉得你问话很犀利耶。"

小S："没有，是他要问啊。"

林宥嘉："那可能会更难招架。"

蔡康永："我问真的不会比较好。"

林宥嘉："对啊，不然他……"

蔡康永："好，丢给他比较好。"

小S:"汉典,你问一题。要问到我跟康永哥想知道的。"
蔡康永:"你如果问错的话,你就跟林宥嘉今天一起离开《康熙来了》。"
陈汉典:"这个压力其实很大,你知道吗!"
小S:"汉典,你可以!"
蔡康永:"你不是一直想要篡位啊,那你就赶快问一题像样的。"
小S:"加油!问一题是我们大家真的想听的,不要装好人的。"
陈汉典:"最近除了做音乐之外,有没有这个……收看《康熙来了》?"
蔡康永:"你真的很想离开我们节目对不对?"
陈汉典:"没有,没有,我不想。平常比较多的事情,还有,在交一些朋友吗?就是说……"
林宥嘉:"有。"
陈汉典:"在拓展一些你的生活圈吗?"
林宥嘉:"有,其实因为我之前有一段时间真的觉得我不太适应(演艺圈),对,所以我认识了一些也是玩音乐,不是公众人物的人。我模仿他们怎么去生活,我蛮开心的。我觉得她们没有包袱。"
小S:"什么样的生活?"
林宥嘉:"他们就是一般人,没有什么包袱啊,讲话也不用非常小心或是干嘛的。"
蔡康永:"哦!讲话不用非常小心。那我们就问吧。"
林宥嘉慌张:"欸!一题不是吗?!"
蔡康永:"他(可以问)一题,我们(可以问)八题。"
小S:"林宥嘉你女友是香港人还是台湾人?"
林宥嘉:"她是……我女友,她就是……"
小S:"她是香港歌手吗?"
林宥嘉:"她是,对啊,华人。"
小S:"是在香港发片的为主。"
林宥嘉:"没有,其实就跟大家看到的样子。就是那样子。"
蔡康永:"OK。"
林宥嘉:"对。"
蔡康永:"我们在报上看到的都是正在发生的事情。"
林宥嘉:"因为我觉得,也是因为我比较健康了,所以就有这种行为,我走出去,这样子。"
小S:"你说你以前封闭到连想要认识女朋友的心情都没有?"
林宥嘉:"我以前很封闭。曾经大概半年我的管理员都没有看过我拿下口罩的样子。现在比较健康,我还会去不同的地方,去海外什么的。"

小 S："你是说一个人还是说你敢带女朋友，去外面旅行了？"

林宥嘉："我连自己去旅行的经验都没有。"

蔡康永："对啊，他二十三岁，还是小朋友啊。好，我们只问一题，是跟你工作有关的。所以不要担心，可是也跟那个有关。谈了恋爱以后，对音乐的态度有不一样了吗？"

林宥嘉："青春期开始，这种事也不是很陌生。"

蔡康永："好，就是一直在谈恋爱。"

小 S："嗯。"

林宥嘉："就是，对。"

蔡康永："这个女朋友没有带来新的事情。"

林宥嘉："身边如果有人很努力，很喜欢做她的工作的话，我会觉得那我应该也要……"

蔡康永："好，我知道了。我翻译给你。身边就是指那个女的嘛。身边有人很努力，就是指那个女生是一位很努力于唱歌这件事。"

小 S："对。"

蔡康永："说那个人很努力唱歌，那他也要努力唱歌。"

小 S："我知道。"

蔡康永："是这样吧，我翻译正确。"

林宥嘉："对，因为我也有支持我的听众，所以我应该把每一个角色做好。"

小 S："好，我再问一题。"

林宥嘉："不是，没有那么多。"

小 S："我看还有时间啊。"

蔡康永对小 S 说："好，真的最后一题啰。"

小 S："你现在如果跟她出去，两个人手牵手走在路上，又被狗仔拍到，你会用什么态度面对？"

林宥嘉："我觉得其实不管是什么新闻，只要好玩一点的都比较好。我会想办法比较好玩一点。但是我怕有时候我太不正经，又会……我也不知道欸。"

蔡康永："会试着轻松一点。"

林宥嘉："对，轻松一点吧。"

蔡康永："好，在这一次的新专辑里面我们希望今天有机会可以听到一首歌。你会选哪一首歌唱给我们听？"

林宥嘉："有一首歌叫《向自由》。"

蔡康永："OK，欢迎林宥嘉！"

分析：

仔细琢磨这一段针对来宾林宥嘉的问话，可见小 S、陈汉典在蔡康永这个将军的领导下真的是将来宾"攻击"得很彻底。先是蔡康永扮演保护林宥嘉不舍得逼问他的角色,让林宥嘉似乎放松警惕。然后小 S 和陈汉典轮番上阵,虽然陈汉典被逼到了最前线,似乎是蔡康永和小 S 派出来的先头兵,但是整段看下来相当于小 S、陈汉典和蔡康永对来宾林宥嘉几乎是轮番问了一次。本来可能只有一题,蔡康永看似保护来宾迂回地问问题,反而将问题增加了三倍。

10. 电视节目主持人里面读书最多的另类书生

示例1:2011 年 4 月 12 日中天电视台播出的《康熙来了——现在把镜头交给记者们》。

节目中,提到小 S 前些日子发生的家暴乌龙案,蔡康永询问记者们私下里如何评论小 S 家暴案。

记者们:"通常文字记者比较会讨论这件事。"

蔡康永:"那你们如果拍到小 S 明明没有在忧伤,她就只是在发呆而已,你们也会拍一个画面回去,然后由主播配上说'她今天非常失落',这样子。"

记者们:"对啊,若有所思。""会。"

蔡康永:"她如果微笑就说是强颜欢笑。"

记者们:"对。"

小 S:"如果大笑就是疯了。"

蔡康永:"所以无论如何,当事人怎么表现,你们都会把它赋予你们的解释就是了。"

记者们:"如果在那个新闻点上会啦。"

示例2:2012 年 9 月 13 日中天电视台《康熙来了——台湾也有超道地港式美食》。

蔡康永对林可彤说:"今天林可彤推荐的一道是,我从小看《老夫子》听到的,可是我在台湾没有看到有人卖的,叫做忌廉勾鲜奶。"

杜汶泽问艾力克斯:"你第一次吃(流沙包)是在哪里?"

艾力克斯:"是在香港的富临门。"

小 S:"怎么样,是厉害的吗?"

蔡康永很淡然地说:"有钱人啊。"

蔡康永:"如果我们跟观众解释一下的话就是肠粉,里面包的是油条。你推荐的这个是外面包鸡蛋的。"

评析:

著名节目主持人鲁豫在主持节目之前据说都要看一大摞的资料,了解当期节目所要访谈的来宾的背景、故事、历程等;看《快乐大本营》的时候我们都会看到何炅手中永远都攥着一个便携式的台本。如果你没有看到那是因为何炅喜欢把台本卷着贴附在话筒上。当他忘了一些内容时，他会把台本展开看一眼，然后马上又把它卷起来贴在话筒上攥着。更多的主持人要靠现场大字报或是提词机的提示，编导人员会在下面时刻给台上的主持人一些提示或是指示。而蔡康永，我们发现他手里从来不会攥台本，多数时间是一只手拿一支笔或是友人相赠的一些笔状的小玩具。另一只手他有时会放在拿笔的那只胳膊的腋下。那么蔡康永不做功课吗？主持节目之前不准备吗？所有嘉宾他都认识吗？我想这就是书生的旗号，他平常的生活不像其他主持人或是艺人跑跑商演、演演戏或是主持一些活动挣些外快，而是看书，写书，看电影，写影评，关注新闻，关注社会。谁也不是天生的书生秀才，都是努力读书而获取知识，蔡康永赢就赢在平日的生活习惯、获取知识的态度上。我想没有哪个艺人敢说比蔡康永读的书要多，时髦的说法就是蔡康永是电视节目主持人里面读书最多的，是读书人里面做电视节目主持人最成功的。

11. 愿意揣摩、了解来宾，理解来宾，与其共鸣

示例：2011年5月19日中天电视台播出的《康熙来了——女明星心中的梦幻王子》。

节目中找来了几位艺人，这几位艺人都把令自己心动的其他艺人作为自己的偶像。其中，名模王尹平的偶像是歌手林宥嘉。节目组请来了两位偶像，让王尹平捂住眼睛猜对方是不是自己的偶像。但是林宥嘉显得不是很乐意。

小S问林宥嘉："这么漂亮的粉丝（指王尹平）都不能碰你吗？"

林宥嘉："不好意思。"

蔡康永："他今天已经放开尺度了，平常是连哪个碰都不能碰到。"

林宥嘉："哈哈，不好意思。"

小S："所以，胸口已经是超级极限了是不是？"

林宥嘉："对。"

蔡康永："胸口是连小S都不能碰吗？"

林宥嘉："应该没有兴趣吧。"

蔡康永指小S："她超有兴趣的。"

小S从座位上站起来："连我都不能碰吗？"

林宥嘉："不好吧，你几岁啊？……"

小S："我三二了。"

林宥嘉："太年轻了吧。奶奶就可以碰。"

小S："你越说不能碰我越要碰。"

林宥嘉不停闪躲。

小S："欸？他好会闪哦，你好会闪。你在练那个《叶问》是不是！"

蔡康永:"咏春拳啦。"
蔡康永:"你会称赞(别人的外貌)吗?"
林宥嘉:"外貌吗?很少欸。"
蔡康永:"不称赞?"
林宥嘉:"那样子好像……"
蔡康永:"很假?"
林宥嘉:"也不是很假啦,就是那个……不好意思。"
蔡康永:"想要攀谈的意思。"
林宥嘉:"嗯。"
评析:

蔡康永和小 S 追问林宥嘉不让别人碰自己是什么原因,林宥嘉本来就属于不是很善言谈的艺人,访问起来显得有些吃力,需要一点一点地慢慢问,还需要一边揣测嘉宾的想法一边问,才能够使访问进行得顺利。

蔡康永和小 S 左问右问也问不出林宥嘉不让别人碰自己的确切原因,蔡康永只能尽力去理解,猜测林宥嘉不让别人碰的原因,很可能是因为害羞。

问到为什么不称赞别人的原因,蔡康永尽力根据林宥嘉这个人去理解他的感受:不夸奖就很可能是因为害羞,害羞的原因就是怕别人误会自己有其他企图。所以当蔡康永说"(怕别人误会是)想要攀谈的意思"时,正符合他的个性,林宥嘉马上很感激地点头认同。

共鸣和理解,作为主持人要愿意去接近、去探索、去揣摩、去了解来宾,然后和他共鸣,来宾会很感动。

台本上虽然都会写清楚主持人应该要说的话,但是蔡康永总会做好功课,把那些话变成自己的。主持中,蔡康永就会自如地说出问题,显得亲近又了解情况,让人愿意对他倾诉。

12. 随时准备接下话题,并且接得有看头,这正是主持人的功力

示例:2012 年 9 月 13 日中天电视台《康熙来了——台湾也有超道地港式美食》。

节目中,在所有的来宾一起品尝某一道美食的时候,来宾杜汶泽突然说道:"你有没有看到陈静(杜汶泽主演电影的女主角)拿筷子的。"(指陈静不会使用筷子吃饭)

陈静撒娇道:"我要用调羹。"

蔡康永:"她怎么啦?她不会拿筷子吗?"

来宾七嘴八舌:"她不会用筷子。""真的。""好恐怖。""是啊。"(场面一时很混乱,然后就是两秒混乱之后的死寂,全场都在看陈静摆弄筷子和调羹)

第二部分 电视节目主持人风格及其艺术特点

蔡康永马上接上说道:"这是她演《低俗喜剧》的原因吗?"

小 S:"你是说,试镜时叫每一个人都拿筷子吗?"(众人大笑)

评析:

在可以换台的时代,任何由观众行使选择权的内容,三分钟没有看点就会被观众无情地转台,而《康熙来了》这样一个以娱乐性放松心情为主要诉求的电视节目,如果三分钟没有笑点,观众就会给这一期打上"无聊"的标签,如果六分钟没有笑点,观众就会说"最近《康熙来了》都不好看了"。所以节目中容不得半点的没有笑点、没有看点、没有意思的话语和行动。

杜汶泽在大家本来细心品尝美食要各自发表对美食的见解时,突然想说些什么吸引大家注意陈静,其实是很好理解的。主持人要清楚每一位嘉宾来这里是为了什么,而主持人站在这里是为了什么,这样整理思路就很清晰了。杜汶泽和陈静来《康熙来了》很显然绝对不是为了吃美食,而是为了宣传两位主演的电影。陈静作为新人,知名度不是很高,却担当了这部电影的女主角,虽说杜汶泽是有一定的票房号召力的,但是女主角是一部电影中至关重要的人物,陈静长相甜美,吸引一大票的男性观众走进影院就是影片选择陈静的初衷。那么借着《康熙来了》这样一个非常有人气的高收视率电视节目把陈静宣传出去,就是嘉宾来这里的目的。这样,我们就理解为什么杜汶泽看似突兀地说出那样一句"你有没有看陈静拿筷子的"话。

但是对于主持人,了解观众需要什么、了解电视节目的残酷性是时刻不能忘记的。本来吃东西的沉默就在挑战观众的忍耐力了,没有笑点的话很容易让观众放弃这个而选择换台。而且也不能由着杜汶泽说了这句话不去理睬,一来对嘉宾很不礼貌,二是不去接话很容易冷场,所以主持人必须想办法接上并且接得有点看头才行。所以蔡康永也似乎是无厘头地问了一句"这是她演《低俗喜剧》的原因吗?"

所以说,主持人的头脑要非常灵活,时刻保持清醒,要有一种"众人皆醉我独醒"的觉悟。在台上,没有这种觉悟是很难把控全局的。一下识破杜汶泽的心思使得杜汶泽也无从应答蔡康永的这个问题,小 S 再一次像我们展示了什么叫做最佳拍档。"你是说,试镜时叫每一个人都拿筷子吗?"可以说巧妙地化解了这个小插曲。不用多想,观众只要笑了,就会忘记和原谅很多事情,主持人的功力也展现在这种关头。

13. 适当的"感情"攻略，拉近主持人和来宾以及观众的距离

示例：2011年3月9日中天电视台播出的《康熙来了——康熙时光机回到过去吧》。

嘉宾纳豆的初恋女友来到现场，带来了当年纳豆写的分手后的一封书信。蔡康永拿到这封书信后说："这个是很有创意的事情啊，哦，我要哭了。"然后真的眼睛湿润，深情地念了这一封信。念完后，用信纸挡住了湿润的眼睛。

蔡康永邀请纳豆和初恋女友站在一起，请纳豆说一些话给初恋女友，纳豆一直看着蔡康永说话，不敢看着自己的初恋女友。

纳豆："前阵子我知道她结婚了，我真的，很祝福她。"

蔡康永："你不用一直对我讲，你就对她讲。"

纳豆："嗯……就是。"

蔡康永："你有什么话要对她讲？看着她。"

纳豆："就是很祝福她。"

蔡康永："不是祝福她，是祝福你。她（站）在你对面。"

纳豆："祝福你。"

评析：

蔡康永相比小S徐熙娣要理性得多。多数时间里，小S感动了，哭了，但是蔡康永都会很理性地继续进行节目。蔡康永曾说过："我不是冷血，我要是也哭了，那节目怎么办，观众也不能看我们都在这里哭吧。"话是如此，但是有几个"点"，一谈到，蔡康永还会禁不住泪流。观众最常见的就是谈及动画片了，尤其是宫崎骏、《天空之城》《萤火虫之墓》等字眼简直就是蔡康永的"死穴"，每提必有眼泪。其他的多数时间里，蔡康永虽然不会流下眼泪，但是会表现出很感动，看得到他在控制眼泪，忍住情绪。正因为蔡康永眼泪少，受感动的情况也比较少，所以一旦观众看到蔡康永感动，就像看到几乎没见过流眼泪的慈父一样，其眼泪显得尤其有分量，让人心里五味杂陈。

这里纳豆是个搞笑艺人，难得很感性地找来了自己的初恋女友，已属不易。蔡康永看到那份纯真年代的初恋情书，包含着一份离别的不舍，很感动地为大家念了全文，眼角湿润。适当地感性一点，可以拉近主持人和来宾以及主持人和观众的距离。但是流泪感动时间不能太长，这样会让观众觉得做假和"不值钱"，那时，主持人再使用这招，只会招来观众的反胃。

14. 注意每一个细节，为来宾消除心理顾虑

示例：2012年9月13日中天电视台《康熙来了——台湾也有超道地港式美食》。

节目中蔡康永问当天模仿美食节目名主厨阿基师的陈汉典。

蔡康永："今天我们要吃什么东西？"

陈汉典："今天我们要吃很多东西，吃东西之前按照惯例要先问问题啦。"

蔡康永："不要把口水喷到菜上。"

陈汉典："抱歉抱歉，我挡上。"

评析：

因为当期节目中陈汉典模仿阿基师说话的时候开合音比较多，在模仿时难免会有口水随着说话喷出来，而他就又正好站在餐桌的上方，现场的来宾都能清楚地看见陈汉典一边说话一边有唾沫喷出来。蔡康永注意到后马上提醒陈汉典，现场嘉宾会心一笑。

这么小的细节，也许大家会觉得对于观众来说，这个话一点意义都没有。但是想一下，现场的嘉宾要品尝所有美食，如果因为其中一位主持人的无心之失，不仅让现场来宾对陈汉典的印象大打折扣。另一个重要问题是，来宾在品尝美食的时候难免不会想到食物不是很干净，进而影响对食物的感受和做出正确的判断。观众吃不到现场的美食，全靠看着来宾们吃得津津有味才能感同身受，如果嘉宾硬是装作好吃的话，聪明的观众肯定会在间接感受美食的时候也打了折扣，这必然会或多或少地影响节目效果。

细心是一个优秀主持人的必要条件，注意身边的小细节，细心一点，讲一些真心话，在小细节上下了工夫，必然会使得节目效果更好。

15. 主持人不能够太死板，带动现场的气氛才是使观众喜爱节目的钥匙

示例：2012年9月13日中天电视台《康熙来了——台湾也有超道地港式美食》。

节目中蔡康永询问推荐美食的来宾许杰辉："是不是你家有一道素的菜，叫做吞舌菜。"

许杰辉："我今天带来了。"

蔡康永："有嘛，那一会儿杜汶泽可以吃，因为是素的。它取名叫做吞舌菜，是因为它好吃到想要把舌头都吞掉。它的调味很有意思，大家一会可以尝尝看。"

分析：

当期的大明星来宾杜汶泽食素，来宾们带来的很多美食因为有荤腥，所以杜汶泽只能在一边看着眼馋。而因为杜汶泽吃不到很多的美食，也就没办法参

与大家的谈论,蔡康永考虑不要冷落了嘉宾,所以尽量地照顾到每一个口味不同的人,使得大家都参与进来,有话聊。

虽然这道"吞舌菜"不符合当期的主题,并不是在"台湾吃得到的道地的港式美食",但是在人情面前,主题不是那么重要了。主持人不能够太死板,来宾的参与度高,带动现场的气氛才是观众喜爱观看的钥匙。只要不跑题,其实大可以不要太拘泥于编导给的剧本。不过《康熙来了》的魅力之一就是两位聪明伶俐的主持人很善于跑题,常常在无心之中制造出有趣的话题。

16. 适当地质疑来宾,可以得到来宾更多的"辩解"

示例:2012年9月13日中天电视台《康熙来了——台湾也有超道地港式美食》。

节目中蔡康永对于来宾推荐的腊味饭这样问道:"我们吃的腊味饭一般饭是白的,可是你这个腊味饭饭已经黄了?"

然后来宾就说,饭黄了是为什么黄,他推荐的这个腊味饭和一般的饭相比好在哪里,饭呈现黄色不是坏了反而是更好吃的一种颜色体现等。

评析:

非常简单的一句话,其实透视着蔡康永主持中问话方式的一种好的习惯,即:不透露恶意的质疑,往往能够让已经没话说的来宾又开始滔滔不绝。在谈论这种话不是很多、相对比较家常的话题时,不管你是知道或是不知道"饭为什么是黄的",作为主持人,都可以使用这种方法,"装作"不知道,然后充满好奇地质疑,就会让嘉宾重新充满热情。

17. 夸夸其谈不是最好的宣传方式,引起观众好奇而主动去观看欣赏来宾作品才能收到最好的宣传效果

示例:2012年9月13日中天电视台《康熙来了——台湾也有超道地港式美食》。

节目中杜汶泽携同剧女主角陈静一起来《康熙来了》宣传两位主演的新电影。按照常理,为了达到宣传效果,在节目开始和结束的时候,主持人都有义务为来宾的作品说好话。在当期《康熙来了》快要结束的时候,蔡康永总结道:"好,《低俗喜剧》在台湾上演的时候也会讲广东话,所以很多乐趣会来自于原汁原味的对白,那个,口味很重,所以我们没有办法多做介绍,喜欢的人自己去找来看看就好了。"

分析:

这么简短的几句话里面,蔡康永没有说这部电影多么好,夸夸其谈,就像很多主持人喜欢说"不看你会后悔的""非常值得你去电影院一看"等类似的话。

观众有的时候就像是叛逆期的小孩，你越说"不看你会后悔的"，观众越是反感。好的情况全当是没听见，有的观众反而因为你大肆推荐就不想去看了。琢磨观众的心理，懂得观众想什么，知道怎么去说观众才听得进去，这才是好的主持人。

18. 循序渐进地问问题，一点一点地推进节目的进程

示例：2011年4月14日中天电视台播出的《康熙来了——演艺圈剩男剩女想结婚》。

节目中，《康熙来了》在节目的最后秘密筹划了一起求婚事件。女方是《康熙来了》的工作人员，男方是《康熙来了》制作公司的员工，在女方不知情的情况下，男方来到了《康熙来了》的现场。

蔡康永："这是谁啊？"
恩恩："怎么还别 Mic。"
蔡康永："我们很专业啊，你是恩恩的男朋友吗？"
恩恩男友："是。"
小S："你是谁，我是说你的背景是……"
恩恩男友："我也是金星的员工。"
蔡康永：" 你是哪个节目的员工。"
恩恩男友："我原本在《我猜我猜我猜猜猜》，现在在《王牌大间谍》。"
蔡康永："你跟这个女生是什么关系？"
恩恩男友："我们是男女朋友。"
蔡康永："你们交往多久了？"
恩恩男友："半年。"
蔡康永："你手上拿着花要干嘛？"
恩恩男友："嗯，我有些话想要对她说。"
蔡康永："来，请说。"
恩恩男友："……"
蔡康永："恭喜你们啊，很高兴你们赏光在我们节目求婚，美好的回忆，谢谢大家，谢谢，大家要幸福哦。"

评析：

这一段《康熙来了》堪称蔡康永问问题的经典范式。

尤其是比较复杂和敏感的问题绝对不能一问就问到底，这样只会让来宾提高警惕或是难以回答，或是不愿回答你的问题，问题是要循序渐进地问的。在求婚这种场合，加上又不是艺人的人来到这么多的摄像机前面求婚，难免害羞，不适应，所以不管是从人文关怀的角度还是从想要问出东西的愿望来看，蔡康永这种问问题的方法都是值得借鉴的。

电视节目主持人风格与节目主持艺术

　　要求婚的男性来宾上场后，蔡康永先假装不知情，"制造"惊喜，问："这是谁啊？"然后蔡康永非常合理地很自然地问到你是谁，"你是恩恩的男朋友吗？"接着深入，蔡康永问："你是哪个节目的员工。"问了基本的信息，男嘉宾的情绪缓和了之后，蔡康永才自然地转入正题"你跟这个女生是什么关系？"依旧不着急转入求婚的正题，接着蔡康永问："你们交往多久了？"接着这句话实在巧妙，蔡康永问男嘉宾"你手上拿着花要干嘛？"蔡康永怎么会不知道男嘉宾手上拿着花是要干什么，但是蔡康永这么一问现场一片惊呼。蔡康永没有直说，但是这句话带领大家都开始猜测，大家都心里想着"莫非是要求婚？""拿着花是要求婚的，肯定是吧？"接下来当要求婚的男嘉宾恩恩男友回答"嗯，我有些话想要对她说"的时候，现场都欢呼起来，小S甚至眼角都开始湿润。最后蔡康永礼貌地说"来，请说"。说完后，退后一步，给男女主人公留下一小块没有其他人的小空地。

　　这一段采访是如此顺畅，如此自然，又最大限度地调动了现场所有人的情绪，大家都跟着激动了起来，只有主持人蔡康永最冷静了。他运筹帷幄，掌握着全局，像个魔术师似的。他似乎能够掌控大家的情绪，能揣摩别人的反应，在最恰当的时候说出最自然却最有谋略性的那句问话，一点一点地推进着事件的进程，也一步一步地带动着所有人的情绪越来越激动、感动，然后跟着相爱的男女主角感受那份幸福。这是循序渐进问问题的巧妙运用，是一个优秀的主持人多年学习和领悟主持技巧的全面体现，这也是运筹帷幄、"暗度陈仓"型主持人蔡康永的魅力。

第二部分 电视节目主持人风格及其艺术特点

第十一章 麻辣爽直、"明修栈道"型电视节目主持人

第一节 电视谈话类节目主持人——徐熙娣

一、主持人徐熙娣简介

徐熙娣，中国台湾地区的著名电视节目主持人，1978年6月14日出生，双子座，已婚并育有三女。她曾和姐姐徐熙媛组成歌唱组合"SOS"（后改名为ASOS），所以"小S"这个名字为大家所熟知。小S徐熙娣毕业于中国台湾地区的华冈艺校戏剧科。华冈艺校的很多学生现在都成了台湾地区演艺圈的中流砥柱，有杨丞琳、黄鸿升、白歆惠等。小S也是华冈艺校的骄傲。她16岁在华冈艺校上学的时候就开始被演艺公司赏识并开始发行唱片，毕业后以和姐姐徐熙媛组成歌唱组合的形式踏进演艺圈。之后，徐熙媛、徐熙娣两姐妹转战主持圈，于1998年接下八大综合台的娱乐新闻类节目《娱乐百分百》，开启了意想不到的漫长又奇妙的主持生涯。

在小S徐熙娣主持《娱乐百分百》的八年期间，从不被认同、不被理解到有人喜欢、有人欣赏，再到承接起《娱乐百分百》的高收视率，为节目初期打下坚实的收看群体，并从1998年到2006年带领着《娱乐百分百》不断前进。现在《娱乐百分百》依旧是台湾地区最优秀的节目之一。

离开奋战了八年的《娱乐百分百》，因不舍而泪流满面的小S也许没有预想到，等待她的是另一个天堂，她将迎来另一个更加耀眼的主持高峰。2004年开始，小S徐熙娣和蔡康永开始主持台湾地区中天电视台的谈话节目《康熙来了》。2005年，她获得第四十届电视金钟奖最佳综艺节目主持人奖。《康熙来了》至今依旧是高收视率的代名词，也是媒体关注的新闻焦点，多年稳定的高收视率带来的人气和关注度是其他节目难以比拟的。以"蔡康永"的"康"和"小S徐熙娣"的"熙"命名的《康熙来了》开创了主持领域的新世界。

小 S 徐熙娣在主持《康熙来了》之前也曾主持过很多大大小小的节目，包括《娱乐百分百》《我猜我猜我猜猜猜》《大小爱吃》《青春六人行》《噪音陪审团》等，还多次主持过金钟奖和金曲奖等大型颁奖典礼。现在则专心主持中天电视台播出的《康熙来了》。

小 S 徐熙娣自从 16 岁进入演艺圈，已经十多年了，在光怪陆离的世界里摸爬滚打，发过唱片、出过书、开过演唱会、演过电视剧，尝尽演艺圈百态，深谙说话之道。她在《康熙来了》把自己的主持事业发展到高峰，并形成了独具一格的引领主持圈的主持风格。这是人生经历的积淀，也是在主持中不断领悟的结果。她率直麻辣的说话做事风格，爽朗变通的主持交流技巧，在今天不但被众多主持人看好，也使她成为主持界难以超越的里程碑。

二、徐熙娣主持风格概述

有人觉得小 S 很搞怪，有人觉得小 S 很无厘头，有人觉得小 S 很泼辣，有人觉得她什么都敢说，什么都敢做，过于放得开。但是，细细地、慢慢地了解徐熙娣这个人的时候，我们会渐渐地发现，徐熙娣并不是她在节目中所展现出的"小 S"那样的人。生活中的徐熙娣很谦虚，待人礼貌又亲切，为了女儿勤奋地学习画画和英语，和丈夫相敬如宾，对公婆尽孝道，怕气球、怕虫子、怕受伤，很多事情不敢尝试，很多会惹人不快的话她都不会去说，是个穿着简单的白 T 恤和牛仔裤的小女人。

小 S 徐熙娣主持《康熙来了》是非常成功的。她为独属自己的主持风格塑造了生活之外的、深受广大观众喜爱的自己。一种不是什么都敢说而是什么话都能够说得直接又得体，一种什么故事经她的嘴一说就显得极有"笑"果，一种把什么事情都能说得很轻松很搞笑，一种似乎永远爽朗的主持人形象。她不会隐藏自己的感受，看见什么说什么，她不会憋住自己的话或是表情，而是表现出最直接的、最真实的感受。经过她的过滤，似乎一切事情都变得很透明。不用戴着面具说话，"不装""不假"，这才是小 S 惹人喜爱的真谛。她代替我们说真话，表现最真实的自己，而且用最合适、最聪明的方式，所有代替自己实现内心想法的人都可称之为"偶像"，这就是小 S 的主持风格独树主持界里程碑的内核，也是她的主持风格一直被模仿却难以被超越的关卡。而这种麻辣爽直、"明修栈道"型主持风格就是我们要学习的。

第二部分 电视节目主持人风格及其艺术特点

三、徐熙娣主持风格的艺术特点与示例

1. 善于观察，注意谈话的细节，产生机敏的笑点，增添主持魅力

（1）注意对方谈话的状态。

示例：2012年9月13日中天电视台《康熙来了——台湾也有超道地港式美食》。

节目中来宾柯以柔介绍自己带来的食物，大家一边品尝食物一边做访谈。轮到柯以柔阐述自己的食物如何美味的时候，她的嘴里已经塞满了食物，处于几乎一说话，就会从嘴里掉下食物的状态。

蔡康永问柯以柔："柯以柔你还好吗？"

小S对柯以柔说："你嘴里塞很多食物欸。"

（2）注意别人话中的趣味性。

示例：2012年9月13日中天电视台《康熙来了——台湾也有超道地港式美食》。

节目中，轮到嘉宾Cici介绍自己带来的美食。

蔡康永说："那最后呢，Cici？"

Cici："因为他们都是大鱼大肉，这个就是……"

陈汉典马上接道："XO酱炒萝卜糕（使用蹩脚的粤语）。"（众人大笑）

杜汶泽纠正道："XO酱炒萝卜糕（使用正确的粤语）。"

小S："我觉得香港的音好难发哦。"

杜汶泽一个音一个音地教大家，大家都在学习"XO酱""XO酱"。

小S："这样会不会感觉大家智商很低。"

（3）注意别人的话中话。

示例：2012年9月13日中天电视台《康熙来了——台湾也有超道地港式美食》。

节目中小S问杜汶泽："所以杜汶泽你有知道什么好吃的甜点吗？"

杜汶泽："在那个九龙城，很多都在九龙城，有一家特别好吃的糖水。"

小S紧跟着就问："叫什么？"

杜汶泽停下说一半的话，低头猛想，呈痛苦状。

蔡康永笑着说："不要再为难他了。"

小S也禁不住猛笑："因为他好像要讲，可是又……"

评析：

小S徐熙娣的主持很有魅力，在这里我们先要借鉴的就是她能够发现别人发现不了的小细节，并且很快地说出来，产生一种机敏的笑点，并且正好说中

195

观众的心声似的使人会心一笑。

小S的学识和思考问题的深度肯定输给蔡康永,但是这也正是小S和蔡康永能够相辅相成、互补互利形成最佳拍档的重要原因。小S在蔡康永想问题时,她的眼睛不会休息,她非常善于观察并且在最快的时间里说出来。说小S聪明显得有些肤浅,小S自从16岁在华冈艺校就学期间,就和姐姐徐熙媛组成少女歌唱组合ASOS发行了首张唱片。1978年出生的小S徐熙娣现在已经34岁了,从16岁开始发行了唱片之后,按照台湾地区演艺圈的生存模式,就要开始参加各种各样的综艺节目、电台节目等宣传唱片,在节目中要回答主持人的各种提问,参加节目中的各种游戏,与演艺圈形形色色的人群接触。历经18年的摸爬滚打,小S早已练就了"金刚之身",她深谙如何与各种性格的人交谈、如何说话、如何做事才能有节目效果,如何讨得嘉宾开心和观众喜爱。在《娱乐百分百》近十年的主持生涯中,那时还血气方刚、不谙世事的小S也吃了不少的苦头,更练成了自己独有的一套主持路数,其中察言观色可以说就是主持界秘诀中的绝招之一,要比"眼力见儿"小S绝对是数一数二的。在第一时间,她不用动脑,只凭借着这么多年的经验和敏锐的感觉,就能看出别人发现不来或是发现却忽略了的小细节。大看全局,小观细节,小S的主持基本功练得炉火纯青。

(4)注意别人话中的语病。

示例:2012年9月13日中天电视台《康熙来了——台湾也有超道地港式美食》。

节目中来宾柯以柔说道:"因为我认识我老公,然后我老公其实认识很多美食家。"

蔡康永马上问道:"你认识你老公?"

柯以柔马上解释:"我认识我老公,然后他认识很多美食家……"

小S:"好像听说是'认识'欸。"(众人大笑)

蔡康永:"好奇妙喔,竟然认识她先生。"

评析:

本来是很普通的一句话——"我认识我老公。"我们思考为什么小S说出来就有笑点,而且这个笑点还属于越回想越好笑的类型。很多人会觉得逗别人笑很难,但是为什么就是有人说什么都那么有意思呢?要深入理解"我认识我老公"这个笑点,还要从蔡康永和小S另一个很重要的主持技巧说起。简单地说,就是"开玩笑"。故事来自于台湾地区的一位名模,叫做左友宁。左友宁是台湾地区以性感妖艳著称的模特,之前在很多期来《康熙来了》做客的时候,多次讲述自己因长相艳丽,身材惹火,导致桃花(桃花指男女的姻缘)不顺,甚至招惹到一些烂桃花。在节目中,左友宁慢慢被塑造成了找男友困难的性感剩女。

第二部分　电视节目主持人风格及其艺术特点

谁也想不到的是，前不久的某一天，左友宁突然宣布自己已经和香港的某位白领结婚。婚后来《康熙来了》的某期节目中，蔡康永和小 S 逼问左友宁有关结婚和老公的种种细节。多次逼问下，左友宁也只透漏了老公是香港的一名普通的上班族，称自己香港、台湾两边跑，虽然工作多在台湾地区，但是定居香港的老公也没有被她冷落。这种说法，蔡康永和小 S 表现出怀疑，不相信两边来回跑，左友宁的老公没有意见，也不相信以左友宁的优越条件对方只是一名普通的上班族，但是左友宁不肯透漏更多的信息，连老公的照片都不愿拿给小 S 悄悄看一下（《康熙来了》的一个小传统是比较私人的消息和资料虽然不会公布在摄像机前，但来宾都会拿给小 S 偷偷看一下，然后由小 S 帮来宾保密，并且说一些钓观众胃口的话，来吸引观众收看）。

逼问没有"得逞"的蔡康永和小 S 看左友宁如此保守，不肯透漏老公细节，便开起玩笑来，问左友宁是不是（因为年龄大被叫做剩女就）假结婚，老公实际上根本就不存在。在如此的逼问下，左友宁依旧没有透露出太多关于结婚生活的描述。这样一开玩笑，全场哄笑，连左友宁自己都觉得很好笑，看到有了笑点，蔡康永和小 S 没有轻易"放过"这个笑料，两人一说一唱，编得好似真的一样，说左友宁本来没有老公，就是骗大家假结婚，在台湾都不办喜宴就是最好的佐证。这个玩笑非常新颖，嬉笑间那么一说，气氛一下子热了起来。然后蔡康永和小 S 又说如果真有"老公"这个人，一定是左友宁花钱找的临演，来扮演自己的老公，就连公公婆婆也都是花钱雇来的临演，为了不使得临演们露馅，所以把老公和公婆设定是香港人。左友宁自己其实和老公还有公婆并不是很熟，因为临演们演完自己的老公和公婆后拿完钱就走了。蔡康永和小 S 把这个玩笑编得有鼻子有眼，听起来荒唐得好笑，但是似乎又符合一些逻辑，所以以后一有机会，蔡康永和小 S 就会使用这个笑料来逗大家。

这里才结婚不久的柯以柔不小心着急说错了嘴，说了："我认识我老公，然后他认识很多美食家⋯⋯"小 S 马上反应出这个笑点，说："好像听说是'认识'欸。"大家都大笑，柯以柔也是气自己说错话又笑起来。了解左友宁这个"假"老公玩笑的观众们听小 S 这么一说就明白笑起来。不是很了解有关左友宁这个玩笑的观众也能马上明白个一二，大家就会联想到一些笑点。小 S 仔细听来宾每一句话，马上发散联想的思维快得令人惊叹。

（5）细心敏锐，注意到小细节并且在小细节上挖掘笑点。

示例 1：2012 年 9 月 18 日中天电视台播出的《康熙来了——汉典又来拜访明星啰》。

节目中放完陈汉典去潘慧如家里做客的短片后，小 S 说："中间还有一小段空景，是从后面拍他们两个静态地坐在那边（众人大笑）。怎么会有综艺节目出现空景？"

197

蔡康永一边大笑一边说:"好可怜。"

小 S:"有人类的空景。"

评析:

注意镜头中的细节。这一段对话完完全全地让我们看见了小 S 是多么细心敏锐,没有人可能会注意到的小细节她都注意得到,并且在小细节上挖掘出笑点来。可见,洞察力的确是一名优秀主持人挖掘笑点的不二法宝。

示例 2:2012 年 9 月 18 日中天电视台播出的《康熙来了——汉典又来拜访明星啰》。

节目中放完陈汉典去盛竹如家里做客的短片后,小 S 说:"陈汉典刚才那个夸奖的话,是我人生中第一次听到耶。"

陈汉典:"真的嘛。"

小 S:"他看到他(盛竹如)女儿的时候他说,欸,有一点……亭亭玉立哦(众人大笑),亭亭玉立前面是可以放有一点的吗?"

评析:

注意别人话中的细节。这个对话前面播放的是陈汉典去盛竹如家做客的全程。对于一个综艺节目来说,陈汉典在盛竹如家和盛竹如看看花草、下下围棋,实在是看点不够,换了你,镜头回到现场会接上什么话题呢?细心的小 S 马上说了上面的一段话。陈汉典无心的一个小小的语病,小 S 不但细心地发现了它,而且从这个语病观众可以感受到陈汉典看到盛竹如女儿的尴尬和紧张,所以小 S 一模仿这句话,大家马上笑了起来。

2. 注意倾听,用心记住,在合适的时机说出来,显得很有水平

示例:2012 年 9 月 13 日中天电视台《康熙来了——台湾也有超道地港式美食》。

节目中小 S 说道:"听起来你(艾力克斯)老婆家是富豪之家是不是?"

艾力克斯:"他们吃得很讲究。"

小 S:"餐厅的名单都是走高级路线。"

评析:

为什么小 S 问艾力克斯,你老婆家是富豪之家呢?这个问题是观众尤其是女性观众茶余饭后最爱听的八卦之一,那么小 S 也不可能毫无根据地就随便抓一个人问"你老婆或是你老公是富豪吗?"那样只会让人觉得这个主持人一定是想钱想疯了。那么小 S 是如何替观众抓住这样一个可供谈资的小八卦呢,我们发现就是在这不久之前,他们之间有这样一次对话:

杜汶泽问艾力克斯:"你第一次吃(流沙包)是在哪里?"

艾力克斯:"是在香港的富临门。"

小 S："怎么样，是厉害的吗？"

蔡康永很淡然地说："有钱人啊。"

然后过了几分钟后，在合适的时机，小 S 问出了这句话："所以听起来你（艾力克斯）老婆家是富豪之家是不是？"并不是每一名主持人都能够记住其他主持人和嘉宾说的每一句话，所以在这里，观众听到小 S 问艾力克斯你老婆家是不是富豪之家时，都会竖起一只耳朵，抱着渴望听到八卦的心情，而不会去细想这个问题是不是和前面的交谈有所联系，有没有重复，所以听到艾力克斯说："他们吃得很讲究。"然后小 S 补充道："餐厅的名单都是走高级路线。"这句话正是"暴露"了小 S 问这个问题的来源，但是大部分的观众，尤其是女性观众们才没有工夫去想这个，因为她们的脑子里多半是"富豪吃得这么好，不会隔三差五就是鲍鱼鱼翅吧"或是"哇，富豪家的女婿欸，艾力克斯"等可爱的想法。

如果你没有准备好就不得不走上台，没有关系，不用慌张，小 S 教会我们认真去听别人可能是"轻描淡写"的每一句话，然后用心记住，在脑中稍作整理，在合适的时机问出来，就会显得很有水平。

3. 配合来宾，将来宾表演的表现力和笑点最大化

示例：2012 年 9 月 13 日中天电视台《康熙来了——台湾也有超道地港式美食》。

节目中来宾许杰辉说道："你看《无间道》里面的曾志伟，他不是在电影里吃很多东西吗，大家都只看那个戏，没有看那个食物。像我就会看那个食物。"

小 S："所以你知道他当时吃的是什么吗？"

许杰辉："什么东西可以打包拿到警察局里面去吃。"

蔡康永："什么东西？"

许杰辉："我的意思是说我会特别注意这些东西。"

小 S："他当时到底吃的是什么？"

许杰辉接不下去，一边模仿曾志伟一边做了曾志伟在电影《无间道》中把桌子上的食物一下子全部挥到地上的动作："他吃那个东西的时候，为什么啪这样整个弄掉了。"（众人乐）

小 S："为什么？"

许杰辉："可能是因为不好吃。"（众人大笑）

蔡康永："这有什么好讲的。"

小 S："任何食物你只要拍一拍都 OK 啊，而且他也没有讲曾志伟到底是吃的什么。"

蔡康永："对啊。"

小 S："你根本就在糊弄我们啊。"

评析：

许杰辉是台湾地区的知名艺人和制作人，以在台湾地区著名电视节目《全民最大党》中模仿各界知名人物而为人们所熟知，表演功底深厚。在这一段许杰辉模仿曾志伟带来的笑点功不可没，在这种来宾很有表现力、表演很有看点的时候，主持人要学会去配合，将来宾表演的表现力和笑点最大化。

当来宾许杰辉说"你看《无间道》里面的曾志伟，他不是在电影里吃很多东西吗，大家都只看那个戏，没有看那个食物。像我就会看那个食物"的时候，主持人心里要清楚，不同的来宾要用不同的方式对待和引导。对于许杰辉这样一个很有表现力的知名喜剧表演者来说，既然他自己提到了《无间道》，主持人就要敏锐地觉察到"哦，他肯定有所准备"。不管他准备在这个时机提到这个话题是要为自己铺一个什么样的梗，主持人首先所要做的就是应和牵引。这个牵引的话题不用太绕脑筋，小 S 深知这一点，所以就简单地问："他当时吃的是什么？"然后许杰辉表演了模仿曾志伟这一段，这一段就是我们所说的他私下里准备的表演。我们可以注意到，许杰辉没有回答小 S 的问题，因为小 S 这个问题不是他所准备要表演的，答非所问没有关系。注意，他三番五次答非所问但两位主持人都没有提醒他，因为作为主持人，你要领悟什么样的搞笑艺人可以临场表现出自己准备的笑料。然后等到许杰辉表演完了模仿曾志伟之后，小 S 机敏地没有放弃任何一个可以逗笑大家的机会，再把问题扯回来，不是为了真的要许杰辉来回答这个问题，而是这本就是一种主持的小招数。不要让自己的话就那么湮没，不管多远，把话题拽回来反而能使来宾的表现呈现出一种更有意思的无厘头的乐趣。

4. 善意的讽刺带来轻松的笑点，要把握好"讽刺"的尺度

示例 1：2012 年 9 月 13 日中天电视台播出的《康熙来了——台湾也有超道地港式美食》。

节目中陈汉典说："我是《康熙来了》的主持人陈汉典。"

蔡康永马上质疑陈汉典说："你是《康熙来了》的主持人？"

陈汉典马上解释："之一啊，之一。"

小 S："不是啊，你是道具。"（众人大笑）

陈汉典："道具之一。"

示例 2：2011 年 1 月 24 日中天电视台播出的《康熙来了——实力派歌手二选一》。

节目中看完二选一游戏规则，小 S 说："可是（二选一之后）你不要人家出场……"

第二部分　电视节目主持人风格及其艺术特点

蔡康永说："有些人你就是不要让他们出场啊，就是从头到尾都不让他们出场。"

小S："我们节目会有这个荣幸不让人家出场吗？"

示例3：2012年9月13日中天电视台《康熙来了——台湾也有超道地港式美食》。

节目中蔡康永问杜汶泽："你来台湾最常被带去吃的台湾小吃是什么？"

杜汶泽："小吃啊，我主动提出的就是臭豆腐。"

蔡康永："臭豆腐，香港没有吗？"

杜汶泽："香港有，可是最近都不臭了。它闻起来很臭，可是吃下去就不臭。"

蔡康永："台湾的吃起来就是臭的吗？"

杜汶泽："嗯。"

蔡康永："我们应该高兴吗？"

小S："蛮值得骄傲的。"（众人乐）

示例4：2012年9月17日中天电视台《康熙来了——毒舌评审，残酷舞台》。

节目中蔡康永对大学生来宾莉纹说："她不太会讲，可是外形在主播圈会讨喜。"

大学生莉纹："可是我没有要去那一圈啊。"

小S："你就去啊。"（莉纹尴尬，众人大笑）

示例5：2012年9月18日中天电视台《康熙来了——汉典又来拜访明星啰》。

节目中嘉宾欧阳龙说："听说他（汉典）要来，我们家乱了套了。晚上知道消息的时候，听说他要来，我那三个女儿简直是从床上跳起来。"

蔡康永："是吓倒，吓倒对不对。"

小S："晚上还拉肚子。"（众人大笑）

欧阳龙："很奇怪，我每次看到他（陈汉典），左看右看，前看后看，我就不知道他吸引人的地方在哪里，可是我女儿都知道，我三个女儿都知道。"

小S："你女儿说得出他的优点？！"

欧阳龙："如数家珍。"

示例6：2011年1月24日中天电视台播出的《康熙来了——实力派歌手二选一》。

节目中嘉宾井柏然和郭书瑶唱着两人出的圣诞情歌出场后，为蔡康永和小S送上两人合出的情歌新专辑，蔡康永说："你们的专辑这么大一个啊！"

小S马上接道："里面有附蛋糕吗？"

201

示例7：2011年2月1日中天电视台播出的《康熙来了——小年夜汉典又当家！》。

节目中彩虹时代团体登场，陈汉典问彩虹时代："你们通常都在哪儿表演比较多？"

彩虹时代："在夜店，还有一些活动场、商业场。"

蔡康永："为什么汉典问这种最无聊的问题！"

小S："对啊！干嘛一直那么严肃地问这些啊。"

汉典无辜地说："真的哦。"

小S："你干脆问他们亲戚有多少人。"

示例8：2011年3月29日中天电视台播出的《康熙来了——网络人气美女来卸妆》。

蔡康永说来宾雯雯："她几乎要变李嘉欣了。"

小S："对啊。"

蔡康永："你现在还在面店工作吗？"

雯雯："我现在还在。"

蔡康永："为什么要？"

小S："你长这样，你可以去做很多事耶。"

雯雯："嗯？"

小S："比如说开计程车。"（全场大笑）

评析：

善意的讽刺有一种幽默成分，能带来轻松的笑点，并且有化大变小、化小变无的魅力。善意的讽刺强调的是不带人身攻击的前提下，对事件本身或是人物的小缺点进行调侃，小S教会我们如何把握"讽刺"的尺度，但更重要的还是心存善意并且在历练中不断总结领悟。

5."动起来"，可以很好地带动气氛，显得很有亲和力

示例：2010年12月20日中天电视台播出的《康熙来了——让女艺人尖叫的交换礼物》。

小S对蔡康永说："她（刘真）最近做了一件很莫名其妙的事。"

蔡康永："请说。"

小S："竟然教学国标舞DVD拍成3D的耶。我不懂国标舞要3D干嘛，恰恰。"

说到这里，小S竟起身学起刘真，跳着夸张的恰恰。

评析：

"竟然教学DVD拍成3D的耶。我不懂国标舞要3D干嘛"，这句调侃的话

随着小 S 夸张的国标舞动作一时变得趣味十足。在交谈中，那些边说边带有一些善意的手势的人往往很容易吸引大家的注意力，人们不由自主地被他们所吸引，去聆听。在节目中，只有主持人先动起来，嘉宾和观众才能更易体会到那份快乐。小 S 虽然美丽，是名副其实的大美女，但是她从不会因此就摆出一副不可侵犯的女神姿态，而是非常乐意在节目中"动起来"，显得如此有亲和力，这也是她受观众喜爱的原因之一。

6. "情景剧"可使节目增加趣味性，使主持人的演技、反应力、口才都得到很好的展现

示例 1：2008 年 3 月 11 日中天电视台播出的《康熙来了》。

一开场，蔡康永："这个时段，我们要卖的就是……"

小 S："没错，观众朋友们，你会不会觉得自己的交友运非常的差呢，总是交不到男朋友，都已经过了三十五岁了，我可不想当老处女啊。这个时候该怎么办呢？来！我告诉你们一个好！消！息！

欸，已经卖出去两份了是不是，太好了，太好了，这个紫水晶呢，你只要放在家里，随便一碰，马上，桃花不断！

对，观众朋友会不会觉得头疼，睡不着？我告诉你，因为你的健康问题出状况了，胃很痛，胃出血。这个时候你就要赶快，需要白水晶！

还有，小朋友怎么这么不听话，一直跟妈妈顶嘴，气死妈妈了，妈妈好累，这时候怎么办呢？不孝顺，赶快放，这是什么颜色——浅紫水晶！快，快缺货了，是不是？好。"

蔡康永："导播，导播，OK，消费者现在想知道的，就是厂商代表如果用白水晶砸头的话，效果会怎么样？"

小 S："观众朋友们，这！会很痛的！所以千万不要尝试好不好？"

示例 2：2011 年 5 月 11 日中天电视台播出的《康熙来了——最亲爱的张惠妹来了》。

蔡康永："首先我要访问它。第一个问题就是，张惠妹把它遗弃在海外的时候它有没有生气，你有生气吗？"

小 S："很难过，很害怕，很无助。"

蔡康永："你怎么对得起它，它没有发出声音，因为麦克风需要另外一个麦克风，才能让它讲，小白需要麦克风。"

小 S："好抽象的节目！这么抽象，小白，说一下你当时有没有很害怕，大声一点好吗？怎么样？你清楚一点。是很无助吗？还是？海关人员对你好不好？"

张惠妹："太深奥了，这个节目。"

评析：

"情景剧"是使节目增加趣味性的有力武器。在这方面，小S和蔡康永是使用较多、较好的范例。

"情景剧"讲究的是无厘头和合理性的完美结合，缺一不可，否则，就会给观众带来一种"瞎闹"的感觉。所以情景剧既要符合当时场景，具有一定的合理性，还要有趣味性，就像突然上演了几分钟的周星驰电影一样，将观众带入那种无厘头的场景中去。主持人的演技、反应力、口才都将在情景剧中得到展现。

韩国最著名的主持人刘在石就非常善于在节目中突然上演情景剧。韩国著名节目《无限挑战》《Running Man》都是刘在石主持的王牌节目。在节目中，刘在石和其他主持人经常灵机一动，上演非常有趣的情景剧，不用很长，有趣味，有笑点就可以。比如，刘在石捡起地上无意中不知是谁掉的螺丝，然后很认真地对李光洙说："光洙啊，你身上的螺丝掉了。"现场一片大笑声，本职是演员的李光洙作为综艺节目里的新人，经常表现得很木讷，尤其是表演跳舞的时候，身体常常不受自己控制似的，变得像个机器人。所以刘在石一说"光洙啊，你身上的螺丝掉了"，就在突发情景中把李光洙当成了机器人。如此简短的情景剧，就很有趣味性，但也要求主持人有极高的反应能力和思维发散的速度。

7."开玩笑"是一门艺术，要聪明地找对开玩笑的对象

示例1：2012年9月18日中天电视台《康熙来了——汉典又来拜访明星啰》。

节目中小S问嘉宾欧阳龙："龙哥，你女儿将来男朋友是像陈汉典这样的人，你可以吗？"

嘉宾欧阳龙："他的个性，第一个，我知道他很孝顺。"

蔡康永："没有啊。"

欧阳龙："有。"

小S认真地说："他赚的钱都不给他爸妈欸。"

欧阳龙："啊？真的吗？"

小S继续认真地说："他爸妈每天都饿得发抖欸。"

蔡康永先忍不住大笑。

陈汉典："这话能听吗？"

小S："真的！"

欧阳龙："我为什么觉得他孝顺，因为他那天来我们家他就提到他母亲，他母亲做的茶叶蛋。"

第二部分　电视节目主持人风格及其艺术特点

蔡康永无语:"就是这件事嘛。"
嘉宾潘慧如:"欧阳龙大哥,我们家也有。他用茶叶蛋做开场白。"
欧阳龙:"真的吗?原来不是……"
陈汉典:"欸,这是一个传统。"
嘉宾盛竹如:"我们家有欸。"
欧阳龙:"你们家也有,都有!"
蔡康永认真地说:"他就是逼他妈妈做很多茶叶蛋啊,来送客人。"
欧阳龙严肃地说:"那我是有一点误会吗?"
蔡康永:"所以,妈妈很累啊。"
小 S 很动感情地大声说:"他妈妈做到半夜,然后黑眼圈都是很深啊。"
蔡康永:"真的假的?"
小 S:"然后手发抖。"
欧阳龙严肃地看着陈汉典说:"你这样孝顺你母亲啊。"(众人大笑)

示例 2:2012 年 9 月 18 日中天电视台《康熙来了——汉典又来拜访明星啰》。

节目中小 S 说:"不过汉典家的狗还是蛮有才华的,这我还蛮惊讶的,会坐,还会握手。"
陈汉典骄傲地说:"是不是?"
小 S:"比你还有才华。"

示例 3:2012 年 9 月 18 日中天电视台《康熙来了——汉典又来拜访明星啰》。

节目中小 S 问盛竹如:"盛大哥,你们家的气氛比刚刚那个更可怕吗?"
盛竹如:"和两位(指另两位嘉宾)完全不一样。"
蔡康永:"是哦。"
小 S:"我很好奇会是什么局面。"
蔡康永:"对,如果邀你或者我去盛竹如家的话,我们自己也会先要想一下怎么融入那个气氛吧。"
小 S:"我应该会是推掉。"(众人大笑)
放完陈汉典在盛竹如家做客的短片后,小 S 说:"我没办法相信我自己的眼睛欸。"
蔡康永忍不住笑:"什么事情?"
小 S:"我刚刚在节目上看见下围棋这一段。下围棋?"
陈汉典:"因为盛大哥的兴趣就是下围棋,他可以下(围棋)到忘记回家。"
蔡康永问盛竹如:"他(指陈汉典)学得算快吗?"
盛竹如:"嗯,算,算不错,我有机会希望跟他再下一盘。"

蔡康永："是哦。"

小S："麻烦不要在电视上播好不好。"（众人大笑）

示例4：2009年11月6日中天电视台播出的《康熙来了——范晓萱的鸡舞风潮》。

小S私下里多年的好友范晓萱来《康熙来了》做客。

蔡康永问小S："你怎么知道你的这个舞，在正牌的编舞老师眼中，看起来会不会很幼稚，你怕不怕这件事情？"

小S："因为我眼中并没有什么正牌的老师啊。"

蔡康永："Kimiko那些人呢？"

小S："哦，我想她们应该懂得欣赏。"

蔡康永："所以你一点都不怕行家的挑战。"

小S："像我根本不在乎刘真的想法。"

蔡康永："她今天又没有来，你可不可以放过她。要顺便骂一下林志玲吗？"

小S："林志玲练不起来啦！"

蔡康永："好啦。"

小S："你先好好练演戏吧。"

示例5：2011年1月18日中天电视台播出的《康熙来了——康熙铁肺歌手大集合》。

节目中，小S问嘉宾萧煌奇喜欢自己的歌声还是喜欢嘉宾丁当的歌声，萧煌奇不假思索地说："坦白讲应该是丁当的声音。"

小S马上问："为什么？她本人长得不好看欸。"（众人大笑）

萧煌奇解释说："S的声音听起来是一个非常调皮的声音，很喜欢去招惹、闹别人家。她可能会说一些话去调侃别人那种感觉。那丁当的声音比较是……属于是比较温柔的那种感觉。"

小S："可是，丁当看起来有八十几公斤吧。"（包括丁当自己全场大笑）

示例6：2011年3月15日中天电视台《康熙来了——康熙明星调查局之有了另一半谁还会偷吃？》。

来宾祝钒刚获得第二名，很多女艺人选祝钒刚做第二名的原因多半是因为祝钒刚长得帅气，挺拔。

蔡康永："所以，大家对你的印象多数来自于你的外表，对不对？"

祝钒刚："刚刚大家感觉都是这样说的。"

蔡康永："应该是，花花公子的样子。"

小S："可是你又蛮高兴的吧，因为很多人是说你是因为长得太帅所以很危险。"

祝钒刚说："对啊，我觉得那个感觉有好有坏。"

第二部分　电视节目主持人风格及其艺术特点

小 S："你现在是不是很得意？"
祝钒刚："所以我在想说，这是我的错吗？"
蔡康永："不是你的错。"
小 S："你这句话也太不要脸了吧，这是我的错吗。你这……"

评析：

"开玩笑"三个字说起来容易，做起来难。第一，玩笑要开得幽默、有趣，能够使人们开怀一笑。第二，不能使被开玩笑的人生气，破坏友谊，严重的情况可能导致嘉宾被开玩笑后生气一整场节目都郁郁寡欢。第三，要符合场景，符合节目进程，不能显得太突兀，好像你临时想到什么憋不住话就说了，没有规矩似的。第四，不能有强烈的人身攻击意味，丧失主持人的主持道德和人文关怀，使得节目档次瞬间掉价……所以说，开好玩笑是一门艺术，尤其是在公共场合，面对成百上千甚至更多的观众，作为主持人这样一个举足轻重的角色，如何开好玩笑显得更难了。但小 S 以多年的主持经验为我们做了良好的示范。

开玩笑要找对人，陈汉典为什么经常成为小 S 开玩笑的"箭靶"，因为他脾气好，和小 S 私下里又是很亲密的朋友，开开玩笑不会影响他的心情。陈汉典的性格随和，一是不会当真，二是因为熟悉、了解他，知道和他开玩笑他能接受的尺度，还有朋友之间不容易因为开几句玩笑就生气。所以小 S 告诉我们，并不是什么都能说，什么都敢说，而是要聪明地找对开玩笑的对象。

盛竹如那一段《康熙来了》小 S 开如此的玩笑，是因为理所应当，只是为观众说出心里话，盛竹如那么资深的节目主持人肯定也很理解，"哦，的确是这样，在节目中大段地播出下围棋的场景的确很没有趣味性"，很容易使得观众换台。小 S 这个时候，开玩笑说以后不要在电视上播了反倒是救了节目一下，那些因为看了一大段下围棋而烦腻想要换台的观众听小 S 说出自己的心里话，反而一笑置之，就原谅了。大度聪慧的来宾反而要很感谢小 S。所以开玩笑要有道理，合情理，不能无缘无故挑衅。

另外，开玩笑可以说些不在场人的玩笑，这不存在背后说人坏话的"嫌疑"。在电视中播放、在摄像机前面说的话，没有"背后"，都是公开的话，所以不必较真，开一开不在场的朋友的玩笑，反而更能调动现场来宾的情绪。

小 S 说祝钒刚"你这句话也太不要脸了吧"的时候，表情很亲切、带有调侃祝钒刚太自恋的无奈和无语，开玩笑的时候，正因为是玩笑，所以千万不要太认真，使得别人误以为真的是在说他。开玩笑就要有开玩笑的样子，嬉皮笑脸、哈哈大笑、捧腹大笑等，都没有关系。只要不做得太过分，让观众产生厌恶感就行，表情是开玩笑的配角，绝不可少。

8. "自嘲"是不影响来宾情绪和节目气氛的爽直、圆滑的主持方法，也是化解一切尴尬和不利于自己的因素的有力法宝

示例1：2011年1月21日中天电视台播出的《康熙来了——令人称羡的超轻松工作》。

蔡康永问嘉宾胡天蓝："你会讲这个酒怎么样吗？"

胡天蓝："酒真的很香醇，感觉它的葡萄真的蛮好的，这品种应该蛮不错的。"

蔡康永对着小S说："她比你会讲。"

小S："她就是顺着我的路走啊（葡萄很好之类的）。"

蔡康永："她知道是葡萄做的。"

小S大笑着说："我以为是甘蔗欸！"

评析：

这一段《康熙来了》节目中小S自嘲自己的无知，实际上小S并不是不知道葡萄酒是用什么做的，用了自嘲的方式，而不是说："谁不知道葡萄酒是用葡萄做的啊。"

这种自嘲的方式，是一种尊重，一种礼貌，一种主持人对待来宾的聪明的说话方式，的确是"明修栈道"，绝不隐藏自己的内心想法，又不得罪人，不影响来宾情绪和节目气氛的爽直、圆滑的主持方法。

示例2：2011年2月24日中天电视台播出的《康熙来了——女明星就是吃这减肥的》。

蔡康永介绍来宾后，转头问陈汉典："你知道，殷琦为什么在这里吗？"

陈汉典："殷琦啊，最近有一些事情缠身。你们等一下好好访问，我看这一集就看她了，收视率。"

小S："你凭什么规定我们要看谁啊！"

蔡康永对陈汉典说："你还蛮了解状况的。"

蔡康永对小S说："可是殷琦发生的事情可能很多人并不知道。"

蔡康永问来宾贺军翔："贺军翔，你知道发生什么事吗？"

小S："我们节目真的很幸运欸。"

蔡康永："为什么？"

小S："怎么一发生什么事，那个主角就会刚好在我们节目出现。"

蔡康永："我们节目很不幸，因为我们每次想做什么题目，都带不到这个题目来啊。一直在聊别的事情。"

小S："你看那时候一家暴我就出现了。"

蔡康永："你不出现，你要去哪里啊。"

评析：

小 S 自嘲前一段时间影响很大的"家暴事件"（有报道称小 S 在家里受到老公家暴），小 S 和老公已经公开澄清是假的报道，但是因为小 S 的影响力，使得报道的影响一直在持续。小 S 在这里先自嘲，假装自己受到了家暴，其实是在调侃自己，的确是种洗清自己的好办法。

"自嘲"使用得好，绝对是化解一切尴尬和不利于自己因素的有力法宝。自嘲代表你不在意，至少在大众面前你表现的不在意，这样别人就少了一个攻击你弱点的机会。自嘲代表豁达，是一种使敌不战自退的好战术，暗示别人你尽管调侃，我都不会放在心上。自嘲是不利于自己的事情和情景已经过去了的号角，自己都可以在人前放松地嘲笑自己，自己都放过自己了，难道不是"事过境迁"的意思吗？

9. "打情感牌"，塑造亲切而让人喜爱的形象

（1）调侃男明星，更加人性化。前文提到过的 2011 年 5 月 19 日中天电视台播出的《康熙来了——女明星心中的梦幻王子》中，小 S 坚持触碰林宥嘉的案例即可为证，此处不再赘述。

（2）调侃跳舞嘉宾，树立爱跳舞形象。比如，2009 年 11 月 6 日中天电视台播出的《康熙来了——范晓萱的鸡舞风潮》节目中排练了范晓萱 MV 中舞蹈的很多同学来到现场，小 S "逼"那些学生说自己是"亚洲舞后"，还调侃刘真和林志玲练不起来自己编的这支很难的舞蹈。

（3）自嘲受老公欺负，争取观众同情心。来宾一提到自己与老公出现什么矛盾的时候，小 S 就自嘲自己的"家暴"新闻，假装抹眼泪，蔡康永就会又好气又好笑地说，你又演戏。现场就会笑声一片。

（4）让人不得不喜欢的小虚荣的可爱女生。不管来宾是多么有名气的明星，小 S 都自称自己是"广告女王"，接的广告数量最多，种类最多，还边说边表演拍广告时候摆的性感姿势，让人不得不喜欢这个小虚荣的可爱女生。

（5）习惯性的势利眼，很有人情味。

示例：2011 年 5 月 19 日中天电视台播出的《康熙来了——女明星心中的梦幻王子》。

蔡康永："穆熙妍，你应该是……二十五岁左右吧？"

穆熙妍惊喜地抽了一口气："我跟小 S 一样。"

小 S："你跟我一样吗？你看起来怎么那么年轻啊！"

蔡康永："你也不缺钱，你为什么要这样子。"

小 S："就……习惯性的势利眼。"

评析：

小S为自己塑造了很多形象，这些由小S自己为自己打造的形象使得主持人的形象更加立体，更加人性化，更有人情味，而不是一个只会问问题、只会主持节目进程的机器。大部分新主持人经常会犯这种习惯性的错误，使得观众看完节目后想不起来谁是主持人，主持人叫什么。可以说，小S这招叫做"打情感牌"，自己不但是节目的主持人，更是个有血有肉，有欲望，有虚荣心和势利眼的可爱的小女生，观众不由得拉近了和小S的距离。

10. 在来宾说话无聊的时候适时又得体地截断话题

示例：2012年9月17日中天电视台播出的《康熙来了——毒舌评审，残酷舞台》。

节目中来宾曹西平说："重振雄风，听了我很伤心，为什么说我是重振雄风，我本来就很红啊。"

小S："因为你好一阵子都待在泰国，没有回来。"

曹西平："没有啊，那是你（的看法）！"

小S一边拍手一边大声称赞："好！你最红！wow！wow！"

曹西平："谢谢，这样可以了……"

评析：

怎么样在来宾说话无聊的时候切断话题，小S的惯用手法是敷衍地拍掌并且大声称赞对方。一方面对方也知道这个话题该结束了，另一方面不至于用语言提示对方太无聊了，你不要说了，对方容易尴尬。每次蔡康永看到小S这样截断对方话题的时候都会大笑，因为还有一个隐藏的笑点在于，小S这样一鼓掌，实际上是便于电视节目剪辑，是主持人常用的一种提示导播这里可以剪掉不要的截点。所以蔡康永看到小S这样截断对方话题的时候笑得既欣慰又无奈，这种无厘头又得体的主持方式也只有小S想得出吧。

11. 适当的自夸也是一门艺术，不令观众厌烦，更增添了亲和力

示例1：2009年8月25日中天电视台《康熙来了——经典老歌康熙复刻版》。

节目中蔡康永问小S："你的新书里面是不是有一首歌是写给你女儿的，也是你自己做的？"

小S："是我自己作词作曲。"

蔡康永："我们有机会听到那个歌吗？"

小S："你现在要听，我可以唱啊。"

蔡康永："好听吗？"

第二部分　电视节目主持人风格及其艺术特点

小 S："还蛮国际的！"
蔡康永："什么叫国际？"
小 S："全程都英文。"
蔡康永："那算啦。"
小 S："我可以唱啊！"
蔡康永："好，听两句副歌。"
小 S：副歌是不是……（开始唱）
（唱完后全场鼓掌）
蔡康永："你很放得开耶，很像大牌歌手的感觉。"
小 S："好听吗？"
蔡康永："不错欸。"
小 S："要从头开始唱吗？"
蔡康永："你刚才的长度已经远超过我的期望了。"

示例 2：2009 年 10 月 30 日中天电视台播出的《康熙来了——宣黄晓明》。
节目中蔡康永说："熙娣，我跟你讲，李冰冰这次演得超棒！"
小 S："我知道。"
蔡康永："（演技）很惊人。"
小 S："小 S 说，李冰冰跟周迅都非常惊人。恭喜你哦。"（立刻坐下）
蔡康永："你在干嘛！你给我站好。"

示例 3：2011 年 1 月 25 日中天电视台播出的《康熙来了——他们从虚拟世界红到现实》。
节目中年仅六岁的小嘉宾赵宝纶突然对着小 S 说："S，你很漂亮啊。"
小 S 受宠若惊，激动地说："你甩尾也很快啊。"
蔡康永："他想要甩掉那个 Ella 然后来对付你欸。"
小 S："你怎么会突然讲这种真心话！"

评析：
怎么自夸不令观众厌烦呢？适当的自夸也是一门艺术。"厚脸皮"不是每个人都能做好的。那么为什么小 S 自夸的时候，观众就很难去讨厌她呢？一方面她真的有实力，的确是很漂亮又很性感，她的自夸并没有不属实，这是基础。而她自夸得很可爱，可爱这个词有点抽象，但是又的确是这样，可怜惹人爱的表情，等待被观众认同她的美貌如同小孩子期待表扬的样子，加上她的语气并不是很认真，只是当成玩笑似的自夸。看得出来，只是想讨人喜欢的小炫耀，并不是真的要显摆自己多么和别人不一样，反而让观众觉得她和我们这些小女孩一样，爱漂亮，有点小虚荣，爱听好话，更增添了亲和力，显得离观众更近了。

12. 用真诚的心，感同身受地照顾每一位来宾

示例1：2012年9月13日中天电视台播出的《康熙来了——台湾也有超道地港式美食》。

节目中小S看到杜汶泽因为吃素，当天很多有荤腥的菜色杜汶泽都没有办法尝试，所以小S问杜汶泽："你现在吃素之后，最想念的饭是什么？"

杜汶泽："叉烧饭。"

评析：

很简单的一个问题，也许对于观众来讲没有什么看点和意义，但是设想你是来宾杜汶泽的话，在自己只能看着别人大快朵颐的时候，听着别人吃完后畅快地表达食物是多么的美味时，听到主持人关怀自己，问自己"你现在吃素之后，最想念的饭是什么？"不管是从照顾好几分钟没有镜头的自己想，还是从终于有人能够了解看着别人吃是多么难受的关心的角度想，小S都显得很贴心。不光是关心了来宾，而且电视机前面的食素者们多少也会有共鸣的。

示例2：2012年9月17日中天电视台播出的《康熙来了——毒舌评审，残酷舞台》。

节目中蔡康永问来宾大学生温妮说："如果今天老师们也觉得你的才艺不行，然后《大学生》节目也不再请你去的话，你还有办法在演艺圈继续做什么吗？"

温妮："没有走演艺圈这方面的话，就想去当上班族，这样子。"

小S："所以，也没有一定要走演艺圈。"

温妮："对，就是随缘。"

蔡康永："上什么班？"

温妮："那种周休二日的上班族。"（众人笑）

小S："几乎都是周休二日。有没有什么专长的行业？"

蔡康永："我问上什么班的时候，意思不是指上周休二日这种班吧，而是哪一类的？"

温妮："就是周一到周五的班。"

蔡康永大声说："我知道！"

嘉宾曹西平："她还解释干什么！周一到周五！"

小S："你想要在哪个领域还是说专长什么。"

温妮："我想学网络行销。"

曹西平："妹妹，你来干什么呢？你刚刚从头到尾在讲什么！什么叫随缘，

我跟老师是专业的,然后你说我随缘,我就看缘分,我能进就进,要不然我就上班族!"

小 S:"这种态度是会让你生气是不是?"

曹西平:"不是,她刚刚说那我这样,OK 就 OK,不 OK 我就上班,随缘表演,那你随缘表演,那我就随便看看咯。"

小 S:"所以,你说她应该回答说:我一定要当明星。"

曹西平:"不是,她应该说她很认真,我今天会让评审觉得我表演很好,你们一定会满意的。"

温妮有些委屈地说:"曹老师,我一定会让你满意的。"

曹西平:"对不对,你现在讲还来得及吗?是因为我刚讲了那番话,她才补这话,你周一到周五上班,我管你上哪一天啊!"

蔡康永:"是是是是。"

小 S:"因为年轻人可能会怕她前面讲太满,把自己形容得太厉害,你们会说你刚才讲那么好,其实也没有那么厉害啊。"

示例 3:2011 年 3 月 9 日中天电视台播出的《康熙来了——康熙时光机回到过去吧》。

嘉宾吴伊霖对吴亚馨存有误会,蔡康永问吴亚馨:"婚礼当天,你走进许维恩(新娘)的房间,没看到她(造型师吴伊霖)的?"

吴亚馨:"看到。看到她在帮许维恩(新娘)做造型。"

小 S:"那可能讲她坏话啊。"

蔡康永:"嗯。"

吴伊霖:"但是她脸很臭。"

小 S:"你脸也很臭啊。"

吴伊霖:"所以我看到一个比我更臭的,我就完全输了。"

小 S:"所以,你是在气她脸臭是不是?"

吴伊霖:"我不是气,就是难过。"

评析:

看得出来,小 S 其实是很善良的,在有的来宾可能很难受或是很难过,不适应节目的时候,她都会站出来关心、呵护嘉宾。对强势的嘉宾,她想尽办法不让其他人被压得说不出话。有一些有个别问题的嘉宾,她会找缝隙问一问,关心一下,不让嘉宾觉得被冷落,这正是"要想成为一个优秀的主持人,首先要成为一个优秀的人"的写照。用真诚的心照顾每一位来宾,这份心,观众都能感受得到。不但来宾能够舒服地做好节目,观众也能感受到节目的人性,主持人就是必须要这么做的。

213

13. 不管如何搞笑，做什么动作，都要保持优雅的姿态，具有独树一帜的魅力

示例：2010年11月19日中天电视台播出的《康熙来了——你想都没想过的新发明》。

节目中，小S试用按摩发明时因为手拿着按摩工具的姿势呈现弯腰驼背的姿态，小S便说："这姿势好看吗？"

发明家说："你可以有一个很好看的姿势。"

小S："是漂亮的吗？"

发明家说："你可以用脚。"

小S："这样优雅吗？"

随后，小S选择了一个坐在椅子上，用脚拉动按摩工具的优雅的姿势按摩。

评析：

小S不管怎么搞笑，做什么动作，都时刻保持着优雅的姿态，这不仅使得她的动作似乎更加搞笑，而且有一种会令搞笑显得更加"高级"的"神秘"魅力。不管吃东西时表现得再好吃，小S都会"明目张胆"优雅地喝一口水；即使是表演假装生气，小S都会用最好看的国标舞似的动作展现自己的情绪，"时尚教主""广告天后"的名号都是有依据的。这就是美丽、性感和优雅的搞笑女王小S直率的魅力。

14. 打造属于自己的体态语和专属动作

示例：2012年9月18日中天电视台《康熙来了——汉典又来拜访明星啰》。

节目中小S说："其实我上过《强棒出击》。"

嘉宾潘慧如："真的还是假的？！"

小S："可是那时候已经不是盛大哥（盛竹如）主持了。"

嘉宾盛竹如："是，是。"

蔡康永："那也还是很惊人啊！"

小S："欸，好啦，好啦，来聊聊别的啦！我和我姐出道快二十年了欸。"

蔡康永："你真的……"

小S左手食指放在嘴上闭上眼睛抬起下巴对着蔡康永："嘘！"（全场大笑）

评析：

小S除了把食指放在嘴上"嘘"这个标准的动作，还有把一只手放在举的很高的另一只手臂下面假装遮住腋毛，或是两只手臂把自己抱得很紧，头向后狂甩，假装在拍时尚画报等动作。创造属于自己的体态语言，创造属于自己的专属动作，这使小S变成了一种标签，让你不由自主地跟着她学。

15. 明知故问，答非所问，佯装不知的"白痴美"

示例 1：2012 年 9 月 17 日中天电视台播出的《康熙来了——毒舌评审，残酷舞台》。

节目中蔡康永对陈汉典说："Hi，妖怪。"

陈汉典："什么妖怪，我是……"

小 S："沈文程！"

陈汉典："欸！不要开玩笑，我是陶子姐啦！"

蔡康永："OK。"

小 S："啊？伟忠哥哦！"（众人大笑）

陈汉典："不是已经讲了陶子姐……"

示例 2：2012 年 9 月 18 日中天电视台《康熙来了——汉典又来拜访明星啰》。

节目中嘉宾欧阳龙："我有一句话一定要当着小 S 面前讲，当汉典走了之后，我们几个小朋友在家里就讲，你知道吗，汉典说过，其实小 S 哦，平常没有在荧光幕前的时候，对汉典好得不行。"

陈汉典："真的，这句话真的……"

小 S 马上很严肃地看着陈汉典："你在背后说我坏话！"

陈汉典紧张："什么！？"

示例 3：2011 年 4 月 7 日中天电视台播出的《康熙来了——康熙歌唱训练教室》。

嘉宾陈建宁负责教湘莹唱歌，其中一个技巧是唱歌之前先念熟歌词，并且把歌词念得有感情才行。

蔡康永让湘莹念一次，湘莹："忽然之间，天昏地暗。"

蔡康永："这样的语气已经够（好）了吗？"

陈建宁："又不及格了。"

蔡康永："不及格吗？"

陈建宁示范："忽然之间，天昏地暗。其实有很多（念法）。"

蔡康永："有一万种变化是不是。"

小 S："老师，以你自己觉得最浓的感情，你会怎么念？但也不要恶心哦。"

陈建宁："好，忽然之间，天昏地暗。"

小 S："不要恶心，不要恶心。"（全场大笑）

蔡康永："你很坏欸，设陷阱干嘛。"

小 S："不是，因为你真的很戏剧化。"

评析：

并不是说小S真的不知道别人表达的是什么意思，而是一种明知故问、答非所问、佯装不知的"白痴美"。这其实正透着小S的聪明劲儿，开玩笑似的逗弄来宾或是陈汉典，大家哈哈一笑的时候连生气都忘了。

16. 为来宾塑造可爱的、好笑的、非常有想象力的形象，深得观众认同和喜爱

可爱的、好笑的、无厘头的却又非常有想象力的，似乎又很有道理的搞笑的别名都是小S为嘉宾塑造的一个个好玩的形象。经常看《康熙来了》的人，都喜欢那几个津津乐道的人物形象：

"常青树"是潘慧如，因为她长得漂亮又年轻，但是其实岁数不小了，算是剩女中的"齐天大圣"型美女；

"青蛙"赵正平，因为他有些胖，而且似乎下巴尤其要比一般人胖得多，岁数大了，难免皮有些松，但是却给观众带来了无数的乐趣；

舞蹈天后刘真，经常被小S"嘲笑"要好好练跳舞才行，其实人家是非常有人气的国标舞老师；

被说太像"大婶"的美女迅猛龙因为说话方式有些"泼辣"不是很优雅，才二十几岁的她每次被小S逗侃是位大婶；

惜字如金的省话一哥萧敬腾；

还有阅人无数的花花公子高山峰，虽然他已经结婚并有了一个可爱的儿子；

"笑起来很僵"的杨丞琳，虽然其实人家只是很有礼貌。

小S为嘉宾塑造的这些形象有很多都深得观众认同和喜爱，就像前些日子我们去电视节，竟听到很多人在台下大喊潘慧如："常青树，我爱你"。更不要提小S给苏打绿主唱吴青峰起的外号了，导致演唱会的时候歌迷竟然为吴青峰做了灯牌，上面写着"峰姐"，让吴青峰又好气又好笑，直呼"花那么多钱做这种灯牌干什么"……

17. 善于观察，善于联想，"倒装"的讲故事方式也值得借鉴

示例1：2010年11月19日中天电视台播出的《康熙来了——你想都没想过的新发明》。

节目中小S问发明家李铁英："那请问耳垂的英文怎么讲？"

小桢："他真的不是赖世雄。"

蔡康永："怎么啦？"

小S："因为觉得很像英文老师。"

评析：

因为来宾长得很像补教界的一位名师赖世雄，但是没有人发现或是有人发现也没有人说出来，小 S 一下子想到了，然后不是问你是不是长得很像补教名师赖世雄，而是先问："那请问耳垂的英文怎么讲？"大家正纳闷小 S 为什么要这么说的时候，小 S 才说："因为觉得很像英文老师。"小 S 不但善于观察，善于联想，而且其"倒装"的讲故事方式也很值得借鉴。

示例 2：2011 年 5 月 27 日中天电视台播出的《康熙来了——女明星的爱心便当来了》。

女明星魏蔓做了便当，轮到讲解魏蔓的便当的时候，蔡康永说："首先合理地来讲，当然颜色很漂亮，花椰菜，中间是牛肉，这个理论上，不是底下应该铺一层饭才对吗？"

柯老大（名厨）："如果是以日本的做法，底下应该铺一层寿司饭或是白饭。"

蔡康永："你绝对猜不到她底下铺的是什么。柯老大，即使是你也猜不到。"

小 S："你猜猜看。你觉得比较合理的。"

柯老大："比较合理的，如果是餐厅长这样做的话，它的淀粉质应该来自于马铃薯。"

蔡康永："帅君，你猜猜看底下铺了什么？"

帅君："我觉得底下应该是铺那种像是高丽菜那种烫过的叶片。"

蔡康永："铺了一层豆子。"（众人惊讶）

小 S："你不觉得很令人失望嘛，就像你到荒漠，饿得不行，发现前面那罐是咖啡。就是要配饭才搭啊。"

评析：

小 S 用到这里的"就像你到荒漠，饿得不行，发现前面那罐是咖啡"恰如其分地表述出了魏蔓在本该放饭的便当里放了豆子的感觉，细细想来，还真是如此，我们也不禁感叹小 S 的联想能力。

18. 如何面对熟悉的来宾和不熟悉的来宾

（1）面对熟悉的来宾：保护好友，不在电视前暴露太多好友的私生活。

例如，2009 年 11 月 6 日中天电视台播出的《康熙来了——范晓萱的鸡舞风潮》，小 S 私下里多年的好友范晓萱来《康熙来了》做客。

为了保护好友，不在电视前暴露太多好友的私生活，多数时间里讲的就是小 S 和范晓萱私下里的交流和生活趣事。因为范晓萱的新歌拜托小 S 编舞并且拍摄音乐录影带，所以小 S 的话题和玩笑都放在帮朋友宣传新歌上。看得出，小 S 对待朋友是很照顾的，不问八卦绯闻之类的。主持时小 S 也更加卖力，有缝隙就会跳一下舞蹈，并且为了配合朋友的新歌风格，还做了不一样的装扮。

电视节目主持人风格与节目主持艺术

还有，罗志祥出了新专辑，来到节目中宣传，并且邀请了好友杨丞琳。罗志祥提起和杨丞琳以前并不和，因为有人在自己和杨丞琳之间挑拨离间乱传话。小S逼问罗志祥，那个挑拨离间的人是谁，并让罗志祥把那个人的名字写在纸上，罗志祥因为不想背后说人是非，随便写了陈汉典的名字，小S看后说"哦，是Mikoyo（罗志祥唯一承认过的女友）啊！"罗志祥赶紧辩解："不是，人家会真的以为是啦。"逗弄人成功的小S一脸坏笑，现场的其他人也禁不住大笑。

（2）面对不熟悉的来宾：调动来宾情绪，问题越具体，来宾回答起来越容易。

示例：2011年3月30日播出的《康熙来了——康熙熟女嫩男联谊会》。

节目中蔡康永问来宾："你喜欢你的衬衫颜色吗？"

来宾："有点害羞，其实……"

蔡康永："OK。"

小S："外套是偷谁的？"

来宾："外套是造型师帮我们量身定做的。"

小S："你是老实鬼是不是？"

来宾："老实……鬼……是什么意思？"

小S："就是……很老实。"

来宾："应该是蛮诚实的吧。"

蔡康永："在学校同学会说你很老实。"

来宾："在学校的同学会说我很老实。"

小S："你干嘛一直repeat问题啦！你脑子要想多久啊？"

来宾："好像是哦，就是会说我蛮平易近人，蛮好相处，做人蛮诚恳。"

蔡康永："你交往过比你年纪长的女生吗？"

来宾："没有交往过，但是，嗯，就是走得近，这样。"

小S："你是说一起过马路的时候。"

小S："你要亲一个女生，会问她，还是直接亲下去？"

来宾："要亲一个女生。"

小S："你再给我repeat看看！"（全场大笑）

小S："我没有问题了。"

评析：

这一期的来宾非常"老实"，因为不是经常上节目的人，所以问问题基本需要主持人问一句才会说一句。面对这些不是很熟悉电视节目的艺人，比如歌手、演员或是邀请来的不是艺人的嘉宾，就要一个问题接一个问题地问，问题越具体，来宾回答起来越容易。看得出来，有时候假装生气也是调动来宾情绪的好方法。

第二部分　电视节目主持人风格及其艺术特点

示例3：2012年9月13日中天电视台播出的《康熙来了——台湾也有超道地港式美食》。

节目中小S问来推荐香港食物的嘉宾艾力克斯："你是真的了解香港食物还是你只是以台湾人的口味来评断？"

评析：

蔡康永在《蔡康永的说话之道》中这样写道："问的问题越具体，回答的人越省力。回答的人越省力，他就越有力气和你聊下去。"

二选一这种略带有游戏气氛的问题就属于主持中你可以善用的问问题方法。简单，指不但问的人简单，答的人也简单；快捷，指问的人不要想得太久，答的人也能马上选择。

示例4：2012年9月13日中央电视台《康熙来了——台湾也有超道地港式美食》。

节目中小S问来宾："如果你进去餐厅你会点什么？"

评析：

擅用"如果"，生活中我们不提倡带有后悔性质的"如果"。但是电视节目中，"如果"却是一种好方法，如果你老婆掉进河里你会怎么办？如果你中了五百万的彩票你有何感想？如果你变成了鱼，你喜欢变成哪一种鱼？尽情地无厘头，尽情地发挥想象空间，尽情地"如果"吧。我们会发现，问问题和回答都变得简单并且有趣，不必太认真，因为那只是"如果"，所以借由节目带来宾和观众畅游想象空间，不但问题会变简单，而且气氛也会变得很轻松。

其实，问问题的好方法有很多，小S教会我们的不只上面所提到的，还可以在节目中创造一种不得不说的气氛 让来宾自己说出来，虽然可能来宾又会后悔。但是在镜头前，在那种似乎是"万众期待"的感觉之下，很多来宾就会情不自禁地说出"不该说的话"。

有时候小S会说："把这里当自己家，我们都是自己家人。"或是说"不要把我们当外人，你悄悄告诉我，我保证不告诉别人"等，小小地"骗"一下来宾，这种谎话在日常生活中，也许一听就不会去相信，但是被那么多摄像机包围着，灯光照射下，人们难免会产生一种"我是大明星"的虚荣感和被大家关注的满足感。小S就常常利用来宾的这种心理，或者她和来宾一起参与其中。参与感让观众感觉你在自己的节目中，观众才能被你带进你的节目中，就像"只有感动自己的故事才能感动别人"，参与感也让来宾更容易放开自己。在林宥嘉做嘉宾的一期节目中，不只是因为小S和林宥嘉不是很熟悉，而且林宥嘉本来就是一个话比较少、情绪比较低沉的嘉宾，当说到林宥嘉讨厌别人触碰自己的时候，小S就故意逗林宥嘉一下，偏要碰一下林宥嘉。两个人追着录影场地来

电视节目主持人风格与节目主持艺术

回跑,气氛马上就活络起来了,碰不碰得到不是重点,重点是拉近和来宾的距离,尽力去接近对方,现场气氛活跃起来,观众也会感觉到那份快乐。

第二节 电视综艺娱乐类节目主持人——罗志祥

一、主持人罗志祥简介

罗志祥,为人所知的,是一位歌手。的确,他以歌唱组合"四大天王"出道,之后又和欧汉声欧弟组成双人歌唱组合"罗密欧",最终以个人 Solo 的形式开始在演艺圈闯荡,入行已经 17 年。但是不要忽略的是,其实他是一名非常优秀的主持人。他师从著名节目主持人胡瓜,得到吴宗宪、小 S、蔡康永、何炅、谢娜等著名节目主持人的认可和赞赏,并收艺人黄鸿升为徒弟,一起主持我国台湾地区八大综合电视台的娱乐新闻节目《娱乐百分百》,受到广泛的欢迎。

歌手与观众有一种神秘的距离,只能通过音乐这一个渠道感染受众,形成自己的拥趸。那么反过来想,如果歌手的音乐受欢迎程度不够,那么歌手就很难会有支持者,也就没有物质支持和精神支持。拉近歌手与受众之间的距离正是越来越多的歌手开始上综艺节目、访谈节目的原因。罗志祥自己也承认很多粉丝是通过看《娱乐百分百》喜欢"小猪"这个主持人(罗志祥主持时的昵称叫做"小猪"),然后才找来罗志祥这个歌手的音乐听,通过这样的契机最后才变成自己的粉丝。如此想来,在《娱乐百分百》这个节目中,拉近与观众的距离才是罗志祥的真正目的,但不管这个目的是什么,他成为了一名优秀的主持人这个结果依旧不变。

罗志祥自己也曾说过,因为网络的发达,很多喜爱他的粉丝都是通过看《娱乐百分百》,在节目中看到自己的可爱和真实,然后开始听他的歌,进而喜欢他的。《娱乐百分百》走过这么多个年头,自从大小 S 徐熙媛、徐熙娣接手之后,渐渐变成王牌人气节目。大小 S 相继离开《娱乐百分百》之后,由罗志祥和小鬼黄鸿升接手,再创高峰。中间一段时间大 S 因为主攻演戏方面,拍戏繁忙先行离开《娱乐百分百》,由妹妹小 S 带领罗志祥很好地完成接班工作。小 S 曾经说,和罗志祥一起主持节目,会比较放松,觉得罗志祥很靠得住。

尽管罗志祥是歌坛炙手可热的知名歌手,唱片销售量几乎无人能及;尽管

第二部分 电视节目主持人风格及其艺术特点

罗志祥是一名两度入围金钟奖最佳男主角的优秀演员；尽管罗志祥自创的时尚品牌在中国台湾地区、中国香港和新加坡都开设了分店，但是这些成绩都不能掩盖他在主持方面的优异才能。《娱乐百分百》这个娱乐节目给了他一个释放自我、表现最真实的自己的平台。在这个平台上，他磨炼了六年，形成了最适合这个节目的主持风格，并将自己的主持风格展现得淋漓尽致。

二、罗志祥主持风格概述

罗志祥的主持风格和他的性格有关。有点大男人的他，讲义气，重情谊，既感性又理性，有话就说，直爽不做作。观众一看《娱乐百分百》中他大男孩的个性就会喜欢上他，这也是为什么很多罗志祥的歌迷都是从看《娱乐百分百》开始喜欢他的原因。因为和小 S 配合过，他的主持风格和小 S 非常合拍也是形成他今天主持风格的原因之一，加上狮子座的他性格比较开朗直接，放得开，诸多因素的融合，最终形成了他独特的主持风格。

在主持中，开心就笑得很真实，不高兴就像个小孩子似的闹闹小情绪，这种像邻家哥哥的爽直的个性使得罗志祥的主持变得亲切自然。兴奋的时候，他会和搭档小鬼黄鸿升一起在节目中打打闹闹，疲倦了的时候，一句话都不说。这种"泼辣"直接的主持风格的确令人耳目一新，渐渐就让观众喜欢上了他的自然直爽、有什么话就说什么、有什么心情就直接表现的大大方方的主持风格。说他的主持风格是"明修栈道"型，还因为他在节目中，喜欢看美女，喜欢美食，有时候为了拍电视、发唱片又不得不减肥，喜欢关注一些有趣的话题，这一切都令一个在舞台上光芒闪耀的歌手变得离观众如此之近。这就是他这种主持风格成功的原因。

十几年的演艺圈生活，让他懂得很多，16 岁组成歌唱组合"四大天王"，一夕爆红曾经使得年幼的罗志祥变得浮躁不知珍惜，经历了几个月都没有工作的低潮期之后再次走向事业顶峰的罗志祥懂得了珍惜，也更加明白演艺圈的是是非非，在说话、做事上都变得更加的游刃有余。所以，虽然罗志祥的主持风格是爽快的、直率的、麻辣的、"明修栈道"不装不做作的，但是作为一名优秀的主持人，多年的摸爬滚打，使得他很懂得拿捏说话的尺度和分寸。遇到什么样的人，什么话可以说，什么话不可以说，玩笑应该怎么开，开到什么尺度，他心里有自己的分寸。这是一名能够不断进步的优秀主持人最基本的功力，也是罗志祥自己的主持风格这么多年获得观众长久喜爱的根本。

三、从主持节目的小故事中感受罗志祥主持风格的特点

1. 开心就发自内心地笑，累了也不用藏在心里

罗志祥不同于其他的主持人，可以说，他是具有专业主持人水平的兼职主持人。他在16岁那年以歌手出道，现在33岁的他依旧以歌手作为主要工作奋斗着。有人说，罗志祥完全没有必要在《娱乐百分百》挣那一点钱，但是罗志祥坚定地说《娱乐百分百》是滋养自己的乐土，绝对不会离开，这是不可质疑的感情，也是聪明至极的选择。

观众最喜欢看的看似远不可及的艺人明星，实际上和自己一样，会笑，会哭，会开心，会疲惫，神秘感不再对观众有作用，真实的才是最让人忍不住去喜欢的。罗志祥的主持风格正是如此，开心了就会在节目中表现得很活跃。主持到节目尾声的时候，干脆不想说话，让搭档小鬼黄鸿升去主持，自己则瘫倒在一旁的沙发上。黄鸿升问他为什么不好好主持，他还说自己是在表演"观众朋友们"。他想象着观众朋友也应该是工作了一整天，现在正横七竖八地躺在沙发上看《娱乐百分百》，他自己在节目中瘫在沙发上是在模仿电视机前面看着《娱乐百分百》的观众朋友们。

2. 和观众说真心话是拉近和观众距离的好方法

经常收看《娱乐百分百》的观众都知道，罗志祥经常在节目中给观众讲他的恋爱故事。这对于一个偶像艺人来说，可算是最大尺度地对观众说真心话。罗志祥也坦诚自己上学时并不是一个好学生，他明明白白地说自己也曾打过架，交过比自己大的女友。他就像我们一样，曾经彷徨过，现在站在节目中和大家一起分享过去。罗志祥小时候非常胖，经常受同学们的欺负等，这些并不是很美好的回忆罗志祥都会毫不掩饰地在节目中讲给观众听。似乎在节目中，他就是观众的哥哥，没有秘密，没有隐藏，观众的内心感觉是和主持人非常贴近的。和观众说心里话、说真心话似乎都不是罗志祥的主持技巧了，因为这似乎玷污了主持人的真心，但是这的确是拉近和观众距离的好方法。

3. 不怕观众看到自己的弱点也是拉近与观众距离的好方式

如何拉近与观众的距离？当然，和观众说真心话是他的方式，但效果好的方式也包括展示自己的弱点。罗志祥性格开朗直率，虽然是一个大男人，但他不怕让别人看到自己的弱点，这反而成了他的主持风格。

罗志祥怕蟑螂，这是《娱乐百分百》的观众朋友们都知道的。一次直播节目中，小鬼黄鸿升还在一边念娱乐新闻，直播正在进行着。突然罗志祥跳起来，大叫，吓得小鬼黄鸿升也是一惊，不知所措，赶紧问罗志祥怎么啦。原来是他看见一只蟑螂在脚底下爬，所以他就直接跳了起来然后惊叫。一个三十几岁的大男人在直播节目中因为一只虫子大跳，现场马上一片大笑声，工作人员也笑个不停。罗志祥没有不好意思，还试图对观众喊话，寻求那些怕蟑螂的观众的共鸣，实在是让人看了不得不笑的突发状况。可见，罗志祥在主持中毫不掩饰自己的弱点，反而试图去拿自己的弱点和观众共鸣，不管是真心还是主持技巧，都值得我们佩服和借鉴。

4. 放得下偶像包袱，成功扮演各种搞笑人物形象的主持人

有很多歌手做主持人，也有很多主持人做歌手，我们研究的是歌手或是演员做主持人的情况。

歌手的职业是充满光芒和掌声的。走上舞台，张口演唱，灯光打在身上，一曲完了，台下掌声雷动，歌手鞠躬下台；演员，在摄像机前站好定位，全场关闭手机，导演一声"Action"所有的目光和期望都投射在演员的身上，尽情地发挥自己内在的才华，一声"OK"，整个剧组的工作人员都会感谢你深厚的演技。

我们来看主持人，逗观众笑是主持人的功能。当然我们这里不讨论拿着稿子或是看着提词机读的主持人，他们虽然也是主持人，但是主持风格实在不好定义。主持人毕竟不同于演讲或是朗读，这里的决定因素在于"互动"。主持人和观众是一体的，反应和共鸣才是灵魂，所以这么说来，冷场、尴尬和被奚落在节目进程中有很大的发生可能性。

罗志祥作为一个以歌手出道，两次获得金钟奖最佳男主角的演员，在《娱乐百分百》的舞台上做着一个主持人的工作。如何平衡各个角色之间的关系？他不怕歌迷在自己唱情歌的时候想起自己在主持的时候扮成Lady Gaga的搞笑的样子；他不怕影迷在看着自己演感情戏的时候，想起自己在主持的时候被蟑螂吓得跳脚的窘迫样子；另外，作为一个长相英俊的帅哥，罗志祥在主持中从不怕扮丑搞笑。主持就有主持的样子，为观众服务深植他的心中，带给观众笑声的同时，观众会最大限度地理解主持人。所以罗志祥并不担心，放得下偶像包袱，反而会得到观众更多的爱。

在《娱乐百分百》已经主持了6年，罗志祥创造了无数搞笑的经典形象，就像《百变大咖秀》中的谢娜，每一期都要装扮成一个电视电影或是卡通形

象。罗志祥做得更加极致，他不只是装扮，更多的是去模仿和创造搞笑的人物形象，比如爱讲笑话的"惊惊"，爱打架的"基隆祥"，爱说大道理的"主任"，会算命的"铁口直断罗老师"，帮许多国际知名艺人编舞的"Dancing King哥"，还有爱美爱漂亮有点女性化的"罗娘娘"等，这些都是罗志祥塑造的搞笑人物形象。他在主持中利用自己出色的演技，成功扮演了各种搞笑的人物形象，这些形象都有着自己完整的人物性格设定，但也都有一个共同点，就是都很搞笑。

5. 推广自己的"流行语"——口头禅，打造自己的风格标签

今年的流行语是什么？是"卖萌"吗？是"此处省略几万字"吗？是"囧"吗？还是"有木有"？"hold住"？"伤不起"？等等，流行语以最大的语言传播速度传播着一种文化，而主持人作为公共语言话语权的发声筒、传声筒，在流行语的传播中起着事半功倍的强大作用。主持人要不断地更新自己的语言库，跟上时代的脚步，在第一时间使用最可能影响受众的流行语。同时，主持人要借助公众媒体这一平台，推广自己的"流行语"——口头禅，打造自己的风格标签，不但传播流行语，而且借由流行语宣传自己，罗志祥可谓是这方面的先行者。

"艺人就是异于常人。""舞台是残酷的。""舞蹈人人会跳，真理不见得人人都明了。""机会靠左手，努力靠右手，成功靠双手。""坚持比努力更可怕。"还有更常用的，"是不是？""有没有？""OK的。""酷惨了（形容酷到极致）。""美惨了！"等，其中甚至有很多我们都常常习惯在说话时用到，潜移默化地受到影响了。创造自己的专属口头禅，能够迅速地为自己树立起一个形象，让观众对其印象深刻。形成主持人自己的一套语言习惯，不但让观众耳目一新，而且能够迅速提高识别度。识别度则可以说意味着一切。

6. 投身节目的制作人型主持人，话题更成熟，主持更加符合节目特性

有些主持人是制作人出身的，对节目的熟悉度会更加优秀，所以在主持的时候更有经验，更有概念。比如梁赫群、赵正平等以前都是制作人，孟非以前做过摄像、记者、编辑等工作。不考虑口才等因素，他们因为是从幕后走向台前的，带着后期工作的经验主持节目，话题会更成熟，主持更加符合节目特性，而且比一开始就做镁光灯下主持人的人们要更珍惜。

罗志祥不是制作人出身，也没有做过制作人，但是19年在演艺圈的经历使得他在做节目时有如制作人般地有概念。在主持《娱乐百分百》的几年里，由主持人罗志祥完全自己想、自己制作的节目环节就数不胜数。其中有用歌手的

名字代表这个歌手的歌名来组成句子,这个游戏出现在《百分百游戏王》里面,受到观众的喜爱。还有《百分百惊吓王》,罗志祥和小鬼黄鸿升会一起吓来宾,由小鬼负责给来宾讲鬼故事。在鬼故事进行到最紧张的时候,罗志祥会偷偷地跑到来宾的身后大叫吓来宾。然后收集每个来宾被吓到那一刻的反应,用慢动作放映。每年过年的时候有一期《娱乐百分百》特别节目,把这一年"小猪"罗志祥吓到的艺人的所有惊吓的表情收集放映。还有罗志祥和小鬼一起扮成小学生。罗志祥扮演"惊惊",是一个性格怪异的小学生,小鬼黄鸿升扮演的小学生叫做"吴在惊",是一个有点躁郁症倾向的容易激动的小孩,两个人一搭一唱给观众讲故事,很有轻松的情景剧的感觉。另外还有专门教艺人跳舞而设立的Dancing King 哥舞蹈教室,用一种无厘头的搞笑方式教艺人跳一些奇怪的舞蹈。还有罗志祥扮演的一个虚构的人物,如具有国际知名的温柔女性美的 Mr. Pig 等。这些制作人的工作,"小猪"罗志祥作为主持人倒是做了不少,而且很出色,很多节目环节都受到观众的喜爱。

7. 根据不同的节目形态,给自己设定不同的主持重点

罗志祥作为一名优秀的主持人,有着自己的风格,但是在不同的节目形态下,他会调整自己主持风格的侧重点。

比如在《百分百游戏王》的时候,小猪罗志祥用尽全身力气去展现自己游戏魔王的风格,全身心地投入在游戏中,参与感十足。

在《我家也有大明星》的时候,因为面对要访谈的知名艺人,为了"套"出嘉宾更多的故事和话题,罗志祥会收起往日的顽皮气儿,很认真地和嘉宾聊故事,而且很喜欢用自己的故事"抛砖引玉",很乐意和来宾分享自己的成长经历、初恋故事、恋爱过程等,让来宾不说自己的故事都觉得不好意思。

在《娱乐百分百》的直播节目中,小猪罗志祥则偏向于是一个有无数趣事和心里话想跟观众讲的好朋友。他甚至常常在直播中埋怨编导,节目中的娱乐新闻太多了,自己想跟观众分享的故事还没有讲完。有时还让导播少播一些娱乐新闻,多听自己讲自己在生活中遇到的好玩的事。要是没有让他讲够,他还假装闹别扭不讲话。就像真的是在和投缘的好朋友聊天,一件好玩的事都不想落下地告诉你,那份真诚让观众觉得可爱又好笑。加上罗志祥讲的生活中点点滴滴的趣事又贴近生活又好笑,所以很多观众都期待着《娱乐百分百》的直播节目,哪怕里面有很多的娱乐新闻,但是罗志祥和观众分享的趣事实在令人难以移开眼睛。

还有《好友音乐会》《百分百听证会》《百分百影友会》等,小猪罗志祥在保持自己真诚率真的主持风格的同时,还会根据不同的节目形态适时地做出调整,让观众怎么看他都不会腻。

在每一个节目中，罗志祥还是那个罗志祥，是那个有话就说，开心就大笑，甚至还笑得趴在地上，好几次不得不中断录影，累了就瘫在沙发上不说话，怕虫，爱讲笑话，爱吓唬人的罗志祥。但是每一个节目中他又是不同的，主持风格虽没有变，但是却变得和节目的感觉是那么合适，甚至像是他制作的节目拿来自己主持了，不过的确有不少节目环节是他自己创造的。

他的直率，他的真心，他的敢说敢做，都组成了他在观众心目中难以被替代的爽直、"明修栈道"的可爱的主持风格。

第二部分　电视节目主持人风格及其艺术特点

第十二章　关心民生、深入前线型电视节目主持人

第一节　电视新闻评论类节目主持人——张泉灵

一、主持人张泉灵简介

张泉灵，在北京大学上学期间学习德语语言文学，是北大的才女，于1997年考入中央电视台的国际部，进入中央电视台后依旧表现优异，先后参与了《中国报道》《东方时空》《人物周刊》《焦点访谈》《新闻会客厅》等知名新闻评论节目。

张泉灵，因其在"5·12"汶川大地震期间奔赴灾区进行采访报道的出色表现，深入观众心里，成为中央电视台为人们喜爱的外景主持人之一。

2008年5月12日，四川汶川大地震发生。在之后的一段时间里，张泉灵奔赴灾区进行了现场采访报道。在大量的报道中，张泉灵表现出了过硬的采访报道水平，并且充满人文关怀和记者良知。她干练、充满温暖的主持风格征服了无数观众，受到大家的喜爱。

2010年，青海玉树县发生7.1级地震，张泉灵又一次义不容辞地奔赴灾区。克服种种身体不适，忙碌在灾区的各个报道现场，她敬业的精神和高尚的风格再次感动了万千观众的心。张泉灵也成为新闻媒体从业人员良知的典范、学习的榜样。

二、张泉灵主持风格的特点与示例

1. 语言层次分明，逻辑清晰

示例1：2009年温家宝总理答记者问。

在2009年温家宝答记者问时，张泉灵向总理提问有关是否会减缓改革步伐的问题。张泉灵提的具体问题如下：

"总理好,我是中央电视台及央视网的记者,我们平时采访的时候其实特别怕听到一句话,就是有人对我们说,'这是一个体制性的问题'。这句话约等于说这个问题是目前解决不了的问题。在本届两会上,我们也听到许多的代表委员表示这样的担心,因为现在从中央政府到地方政府,都把主要精力放在了扩大内需保增长上面,是否会因此减缓改革的步伐,中央政府在深化改革,突破一些体制上的障碍上面有什么样的考虑?谢谢。"

示例2:2012年,张泉灵向温家宝总理提问有关社会分配不公及司法不公引起群众不满的问题。

张泉灵提的具体问题如下:

"总理您好,我是中央电视台和中国网络电视台的记者,我想问您的问题是,今年来,您已经有很多次提起到要促进社会的公平正义,但是现在社会上,一些不公平的现象,仍然是老百姓关注的焦点。请问您在任期之内,还会做哪些工作来督促、促进社会的公平正义?另外我们知道,其实您常常会上网,在网络上,您可以看到网民对政府工作、对您本人的肯定和赞扬,但是也会有'拍砖的',您怎么来看待这些批评的声音?谢谢。"

2. 报道发自真情实意

(1)表里如一。例如,有网友曾称赞张泉灵是央视最美的美女主持人,喜欢张泉灵清新的装扮和平易近人的笑容。张泉灵很实在地说:"这位网友不是自己的铁粉的话,就是审美观有问题。"她说自己可能是中央电视台女主持人里面打扮经常不经过脑子的人,在去演播室之前,经常是在衣柜里面随手拿出一件衣服就去了。张泉灵自己也承认这不是一个很好的习惯,因为仪表也是主持人工作中很重要的一部分。

自己在屏幕上面和屏幕下面实际上没有什么区别,要说区别,最大的应该就是"我在屏幕上比在屏幕下看起来至少胖了三十斤"。

还有,在中国网络电视台2012年12月的一个采访中,张泉灵说:"我一直说新闻主持人是很难掩盖你的性格,很难说我在屏幕上塑造了一个清新温柔的性格,屏幕下我是一个咄咄逼人的人,这是不可能的;或者说屏幕上我很尖锐,屏幕下我嘻嘻哈哈,做不到的,其实新闻节目是非常暴露一个人的本质的。"

评析:

我们不能拿张泉灵说的这一段话去要求或者去对比衡量所有人,但至少我们了解到这是张泉灵心理的标杆,对于她来说,这是她的原则——表里如一。

(2)发自肺腑。例如,在网络上,和张泉灵有关的众多采访视频中有一段点播率非常高的小片段,是中央电视台新闻频道白岩松采访张泉灵有关抗震救

第二部分　电视节目主持人风格及其艺术特点

灾的一个节目《张泉灵讲述前方报道背后的故事》。

一段不到三分钟的视频，张泉灵在讲述中没有落泪，但是她的真心无不令人动容，让观众感受到了她的真情、讲述中饱含的感情和当时她在抗震救灾现场的震撼和泪水。

前天，我在都江堰，拍摄一个寻找遗体的这样一个过程。那是我在灾区的十天里面，唯一的一次精神崩溃。我觉得可能是两方面的原因，一方面是在之前累积了太多的这个情感；另外一方面是，我有很多的没有想到，在那个现场，第一我没想到整个的过程耗费这么长的时间，我本来以为你要找到一个生还者，要救援，因为要照顾他身体的健康，所以可能会耗费十几个小时，甚至是，我见到过最长的救援，六十个小时，但是我没想到，寻找遗体的过程也会这么漫长，其实他们很早就知道在哪，但是为了保证一个已经……

这时候张泉灵有些说不下去，白岩松帮忙接话"死者的尊严"。看得出来，张泉灵咽了一下涌上来的情感，接着继续讲道：

一个死者的尊严和已经，嗯，在震后九天的遗体的完整，他们是用手扒的，而且这个手扒的过程，武警战士其实是冒着生命危险的，因为那个楼虽然没有塌，整个结构是全部毁掉的，他们用吊车把自己吊下去，就站在吊车的这个绳索上。因为现场受灾面积太多，没有那么多的专业设备去给他们去用，没有那么多的消防援梯，所以他们冒着生命危险去做到这件事情，不光是为了死者的尊严，而且也是对生者负责任。这个救灾现场，大概不到五十米的距离就是一个有一百六十人的灾民安置点。在我心里，积累了很多的感动和不安的时候，我听到了这对母子的故事，其实是当时那个妈妈带着她的孩子在睡午觉。然后地震发生的时候，那个妈妈，她可能缺乏经验，她年轻，刚刚过了二十五岁，她想下去看看到底发生了什么，为什么会晃，她从四楼走到二楼，都快要走到大门口的时候，突然意识到这是地震，所以就赶紧回去了。必须把这对母子找到，然后，在武警战士最后找到她们俩的时候，妈妈跪着，孩子在妈妈的腹部。当我知道这个时候，我就完全失控了，然后我就一个人躲在一个帐篷里，然后我就对自己说，现在我要调整自己，调整自己，我就在那个帐篷里，大概失声痛哭了有五分钟，然后才继续开始我的报道。其实，不是说，那个场合是最让人伤心的，但是这是整个我在灾区十天以后的一个积累，因为其实每到一个地方，你都会看到让你落泪的东西，无论是伤心还是感动。

评析：

这段话，张泉灵在讲述的过程中并不流畅，或者准确的说和她的无数采访报道相比，这一段话很不专业，但观众感受到了她在讲述中多次压抑自己的感情，使自己能够把这段心理历程讲完。她的那份充满人性关怀的职业情感深深打动了观众，才使得这段视频不断地被找出来，被点播。她的讲述中所传达出

229

电视节目主持人风格与节目主持艺术

的灾区救援的艰难、生命的珍贵与母爱的伟大直达观众心底,让听到这段讲述的任何人无不为之动容。

第二节 电视新闻评论类节目主持人——闾丘露薇

一、主持人闾丘露薇简介

闾丘露薇,绝大多数人听到这个复杂而美丽的名字时,想到的都是四个字——"战地玫瑰"。的确,闾丘露薇是2003年伊拉克战争时在巴格达地区进行现场报道的唯一一名华人女记者。她是值得每一个传媒人为她骄傲的名副其实的"战地玫瑰"。

闾丘露薇生在上海,从小学习成绩优秀并且乐于表现,十分活跃。在初中就加入了上海《青年报》,担任上海中学生记者团团长,从此结下和传媒行业的不解之缘。

1988年,闾丘露薇进入上海复旦大学哲学系学习,一边学习一边打工的闾丘露薇学业优异,表现优秀。毕业后,为了充实自己,她又抓紧工作空余时间补习英语。到香港后,闾丘露薇在凤凰卫视开播不久的新闻时事节目《时事直通车》中成为凤凰卫视的第一批记者,并且主持一档财经节目《经贸周刊》。

2001年,阿富汗战争爆发,闾丘露薇主动报名前去一线当战地记者。她的勇敢和敬业得到了大家的关注和支持,并且受到了朱镕基总理的关注。朱镕基总理称赞闾丘露薇:"你很了不起,我佩服你。"之后,在2002年的2月和2002年年底,闾丘露薇又前往阿富汗两次进行采访报道,成为唯一一位三次进入阿富汗报道的华人女记者。

2003年,伊拉克战争爆发,闾丘露薇是伊拉克战争时在巴格达地区进行现场报道的唯一一名华人女记者。4月,她重返巴格达,进行采访报道。半个月后她又奔赴北京抗击"非典"第一线进行采访报道。5月,国家主席胡锦涛亲切慰问闾丘露薇:"事业要追求,安全要保证。"

2006年,得到了奖学金的闾丘露薇为了继续深造,前往美国哈佛大学留学。2007年的6月11日晚上播出的凤凰卫视节目《总编辑时间》,闾丘露薇出现并担任节目主持人。

闾丘露薇对于新闻事业的热爱,对于传媒事业的执着和付出,对于工作的勇敢和追求,使得很多学习新闻传播的青年学子将闾丘露薇作为心中的榜样。她的确是传媒界值得我们骄傲的"战地玫瑰"。

二、闾丘露薇主持风格的形成与闪光点

1. 成长经历曲折，懂得珍惜并且关心民生

闾丘露薇的成长经历与一般的孩子不同，虽不能算是多么痛苦、坎坷，但是闾丘露薇没有像大部分正常成长的孩子一样享受到太多来自家庭、父母的关怀和温暖。四岁的时候，闾丘露薇的父母离异，母亲去了海外，闾丘露薇曾和奶奶一起生活，父亲时不时会来看望一下。闾丘露薇学习成绩一直很优异，直到考入上海复旦大学，因为家庭经济原因，闾丘露薇不得不在上大学的时候还要一边学习，一边打工挣钱。好不容易在上大学不久与母亲相遇，才可以安心学习。大学毕业后，由于母亲的事业不顺，闾丘露薇不得不租住在破旧的房子里，尝试做各种事情，还屡遭应聘失败的打击，最终依靠努力补习英文进入了会计事务所。到了香港后，经历一小段曲折才得以进入凤凰卫视从事媒体工作。

对于来之不易的工作机会，能够从事自己喜欢的事业，做记者，做采访，做报道，这是闾丘露薇梦寐以求的。她珍惜这个工作机会，并在工作中尽力尽责。成长艰难的闾丘露薇懂得老百姓生活中柴米油盐酱醋茶的繁琐与艰难，所以在采访报道中不但拼尽全身力气去工作，并且还包含着发自内心的真诚，向观众表达出了一份用心理解和富于同情心的善良心肠。

2. 战地记者经历，历练了勇敢、干练、果断和有胆识的风格特点

对于一个女性的媒体工作者来说，闾丘露薇不但具备女性细腻的心思、敏锐的观察力和调查研究的工作作风，还具备男人的干练、果断、勇敢和胆识，这得益于在战地现场的历练。

闾丘露薇本身就有与人不同的果断和胆识，当初她是主动要求前往战地现场、从事战地记者的工作。这对于一个女性媒体工作者，几乎是不可能的选择，但是闾丘露薇就这样去争取了，我们不会知道她当时心里是怎么想的，但是她做出来的选择却是值得所有人敬佩的。

2001年，闾丘露薇第一次前往阿富汗战场，成为一名战地记者。同时，她也是第一位进入阿富汗的华人女记者。在战火纷飞的报道现场，她能够机敏地躲避，做好自身防护，然后把看到、感受到的信息传达给祖国的媒体。

这说起来简单，但对于一个女性来说，做起来各方面都是考验，对身体素质的考验，对心理素质的考验，对反应能力的考验，对说话、处事方式的考验，闾丘露薇做得都很好。在适应复杂的环境后，闾丘露薇冒着生命危险在2002年2月和年底两度前往阿富汗进行采访报道，成为唯一一名三次进入阿富汗的华人女记者。2003年伊拉克战争美军轰炸巴格达的时候，闾丘露薇义不容辞地又一次奔赴战场，成为巴格达市区进行现场报道的唯一一名华人女记者。不久

她又出现在北京抗击"非典"的第一线。她的这些惊人表现的纪录都来自于她的勇敢、她的事业心和在艰难的环境下能够顺利完成采访报道任务的专业精神，这些能力也在一次又一次的战地报道中不断地得到了提升。她不但很好地承担了传媒人的责任，而且在心里树立了作为一名战地记者的事业理想。

闾丘露薇的脚步没有停止，也不会停止，她的敬业与投身新闻事业的热情和勇敢，造就了"闾丘露薇"这个美丽的名字，也是她所有风格的起点和终点。风格对于她来说显得不是很重要，因为她有更值得我们学习的地方，当你体会到闾丘露薇对于新闻事业的热情和对于采访报道主持的热爱，就能理解她的勇敢和执着，就能明白闾丘露薇主持时自然透露的干练、果敢、果断和胆识的主持风格是来自于关怀民生、热爱社会的真心和作为媒体工作者的强大的责任感。

第二部分 电视节目主持人风格及其艺术特点

第十三章 美丽大方的魅力女神型电视节目主持人

第一节 电视谈话类节目主持人——杨澜

一、主持人杨澜简介

杨澜的美不容置疑,但是她的美又与其他以美著称的女主持人有所不同。她的美重在有内涵,有深度,有胆识,有魄力,是一种有如磁场般的极具魅力的美。

杨澜最初走入观众的视线是在中央电视台的《正大综艺》,这个节目和杨澜这个名字一起进驻了观众的心里。《正大综艺》红了,杨澜迅速走向主持人生涯的第一个高峰,这也是杨澜第一次选择自己内心真正的心声。没有人比杨澜知道自己想要什么,杨澜似乎永远清楚自己内心的声音,并且听从自己内心的呼唤。她的字典里似乎没有"后悔"两个字,这是独属于杨澜的魅力。

1994年,杨澜毅然决然地放弃了在《正大综艺》的主持人工作,到哥伦比亚大学国际和公共事务学院主修国际传媒。很多观众觉得杨澜不该在这个时候放弃可以带领她攀爬到主持生涯顶峰的事业,离开《正大综艺》杨澜以后很可能又要重新开始另一段主持生涯。但是,去美国读书是杨澜始终认为自己决不会后悔的选择。她说自己当时去美国读书其实有各种困难,这些困难都没有阻挡她对自己心声的判断和对理想的坚持,她的选择不以取悦任何人为目的,她对自己的把握充满长远的智慧和胆识,虽然杨澜也认为自己所选择的事情在一定的时段会有很多的困难,谈不上顺利,但是顺利和成功完全不是一个概念。她始终认为自己的选择最终都是能成功的。她说:"九十年代初,中国还不是特别开放,《正大综艺》实际上是给国人介绍国外风土人情和知识的节目,严格来说是一个益智类的节目。从家世背景到个人爱好,我的兴趣一直在文化方面,所以真的不存在什么大的跨越。"杨澜认为自己离开《正大综艺》并不像人们所说的是一个转变或是转型,实际上智慧的杨澜是为自己更好地走在自己喜欢和选择的道路上。离开是为了更好地开始，更好地继续。杨澜的深度和胆识着实令人佩服。

在国外的学习中，杨澜一点也没有浪费时间，依旧马不停蹄地充实自己。1996年夏天，杨澜和哥伦比亚广播公司曾屡次获得普利策奖的制片人莫里斯莫米德共同导演制作了两小时纪录片《2000年那一班》，并且在哥伦比亚电视网向全美播出，创下亚洲主持人进入美国主流媒体的先河，获得各界好评。然后出版散文集，出席世界电视论坛，被选为哥伦比亚大学国际关系学院校董事，成为这所常青藤名校最年轻的董事。接着，加盟凤凰卫视中文台。

杨澜的脚步一点没有停歇和丝毫犹豫。1999年，杨澜被选为了"亚洲20位社会和文化领袖"之一。然后，杨澜又做了一个出乎所有人意料的有胆识的决定——离开凤凰卫视中文台。单纯的主持人还不能充实杨澜的理想，她的想法更加深远，更有卓识。杨澜在2000年创办了阳光卫视，然后制作并主持了著名电视节目《杨澜访谈录》。之后，杨澜不断地发展着自己的事业并且无怨无悔地践行着自己的初心，坚持着自己的理想，并且不间断地做着公益活动。不管杨澜是主持节目，还是创办经营公司，亦或是开创品牌，她所做的事情都得到了很大程度上的肯定和支持。就像她自己说的，的确她所做的决定不管在发生的当时看似多么任性，令人不解，但是最后都能证明杨澜的选择是正确的，决定是明智的。杨澜有她的深度，加上她敢作敢为的胆识，她的一举一动都展示着中国当代女性的风采，影响了无数女性的人生坐标，激励着无数的年轻女性。

二、杨澜主持风格概述

细数杨澜主持过的节目，其实并不是很多，从中央电视台的《正大综艺》开始，然后是《杨澜视线》《杨澜工作室》，接着就是著名的口碑电视节目，前身是《杨澜工作室》的《杨澜访谈录》。不久之前，杨澜进驻湖南卫视主持脱口秀型访谈节目《天下女人》，将自己对于女性的激励和支持作用发挥到最大，并且借此采访更多的中国当代优秀女性，鼓励和启示更多的妇女同胞们。

多少观众都以杨澜为目标不断奋斗着。可以说，杨澜对于很多人来说，就像是海上的灯塔一般，在迷途中为航行指明方向，在奋斗中陪伴和激励无数有志青年。用"女神"来称呼杨澜并不夸张。虽然杨澜也很有亲和力，但是在杨澜身上，不用强调亲和力，因为她的气质、智慧、学识、内涵、魄力、胆识、思考问题的深度和广度都更加耀眼。这些风格集合在一起就组成了极具魅力的杨澜。

第二部分　电视节目主持人风格及其艺术特点

杨澜说："风格是你具备一定内涵后才体现出来的东西。"简单地说，实际上，"杨澜"就是一种风格，或者说"有内涵的杨澜"就是一种风格，不需要任何别的词去修饰，也可以说杨澜在意的不是某种主持风格，而是内涵。这又与杨澜平日里超乎常人的努力密不可分，杨澜认为自己是一个"认真而且有韧性的人"。

她在做节目之前都要做大量的准备工作，使得问题具体而且有深度，所以她的谈话常常令来宾感觉很惊奇，很奇妙。同事们也都觉得杨澜是栏目中最勤奋的人，而节目的成功在很大程度上靠杨澜用不输来宾的学识和智慧和来宾进行观点的火花碰撞，使得节目格外精彩并且有深度，有内涵。杨澜在制作《杨澜访谈录》的时候，认为自己想做成的是一种深度高端访谈。也就是说，是其他主持人难以复制的，这种节目与主持人的专业水平高度和深度、内涵根植在一起，对主持人的素质要求极高，这也呼应了"杨澜"二字本身就是一种风格。没有杨澜那般丰富而精彩的人生经历、准备节目的认真付出以及思考问题的深度和内涵是无法模仿这种主持风格的。所以在《杨澜访谈录》中，杨澜认为不需要像综艺节目那样有太多的变化和花样，不需要噱头，不需要吊观众胃口，只需要认真地准备每一次采访，然后知道自己在说什么，什么情景需要说什么，明白自己在做什么。看来杨澜在做节目的时候对自己的要求简直和在人生中对自己的要求一模一样，这正也是为什么杨澜能够成为一种风格的原因，因为她的主持深度和内涵都来自于她智慧大气的魅力人生。

三、杨澜主持风格的特点与示例

我们从杨澜访谈实例中感悟她的美丽大方、充满魅力的主持风格：

1. 提问尖锐性问题

示例1：杨澜专访杨紫琼。

杨澜在专访杨紫琼的时候这样问："这几年呢，应该说你也花了很大的心思，在自己做制片和电影方面，《天脉传奇》《飞鹰》等等，但是也可能不如一开始期待的那样的一个热烈的反响，这会不会让你对自己有一个重新的认识？"

示例2：杨澜专访韩寒。

杨澜在专访韩寒的时候这样开场："韩寒，就在采访你的今天早上，有人就给我打电话说，你问问韩寒说他订婚了，有这事吗？"

韩寒："我的性格应该会直接结婚吧。"

杨澜："对，我还在想原来他还是很传统的，还要先订婚再结婚。做你的女朋友需要神经很坚强吗？"

235

韩寒:"不一定。"

杨澜:"是不是对你的女朋友来说,她需要承受的东西也蛮多的?"

评析:

我们会发现,其实杨澜并不是以温柔、春风化雨的提问方式作为自己的风格。杨澜属于心里有什么话就会都说的类型,但是她说得会非常得体,问的方式和组织语言的方式不会让被问者觉得像受到了攻击。

2. 提问开放式问题

示例1:杨澜专访韩寒。

杨澜问韩寒:"你会比他们想象的更叛逆,还是?"

韩寒:"不会,我觉得任何人说我不好或者觉得你的观点是不对的,甚至用一些刻薄的话说我,我都不会有什么反应,甚至有的时候我会觉得他们说得挺对的,包括很多人说《三重门》这本书写得特别做作,实际上这都是我心里想说的话。但是,很多人他们都会在那里想象,有些人会说他是这两年在上海啊,一直在那里炒房子,然后一直出入各种酒吧啊,好多,我个人完全不是像他们说的那样。我在家里一年都不会有一个应酬。吃饭,最多一两个。所以我的那些朋友可能更多的都是我老家的那些以前小伙伴啊,可以一块打打台球、踢踢足球的。他们有时间的时候就是暑假,他们还在上学,所以我会把暑假的这段时间除了比赛以外别的事情全部都排开,因为对我来说,可能一年就能玩那段的时间。"

示例2:杨澜专访陈凯歌。

杨澜在专访陈凯歌导演时,陈导演说道:"我觉得性格这东西其实是跟境界有关的,你老是对你自己不满意,突然哪一天你可能自己就开悟了。"

杨澜:"对于您来说,开悟是什么时候?"

陈凯歌:"就是《无极》拍摄的过程中,我就在想,我是在追寻一个目标呢,还是享受它的快乐,那个目标离我到底有多远,我能不能拿得到,我都不知道。我只能具体地去做,一步一步地去做,可我站在内蒙的草原上,我把景搭好了,看着一处繁花、小桥流水的时候,真的深深呼吸一口,我觉得就是这样,这个是非常好的,这就是开悟了。所以我觉得我现在是离所谓理性越来越远,而且我就觉得我从来不知道,谁对我第一个产生了这样的印象,就是我绝不是一个很理性的人。举例来说,我父亲在世的时候,他在那儿住院,我去看他,就因为这个门卫对我的司机,一个军人,不礼貌,那个小兵吓得要命,然后我,那个时候我都四十多岁了,我居然就挥拳打过去,最后的结果,我进去看我父亲,我父亲笑了,说又跟人打架了。"

杨澜:"为什么,您脸打青了?"

陈凯歌:"对,我的脸挂着相了,因为他们是六七个人,我是一个人。我觉

第二部分 电视节目主持人风格及其艺术特点

得,那个时候我都不能控制自己,一个深深懂得自我保护之道的人,绝不会做这么愚蠢的事。但是我觉得我愿意违背自己。"

3. 在采访谈话中有自己的观点

示例 1:杨澜专访陈凯歌。

杨澜在专访陈凯歌的时候开场是这样说的:"大家好,今天来我们节目做客的是陈凯歌导演。记得我上一次采访他,是在六年之前,那时他刚刚完成了电影《荆轲刺秦王》的拍摄。六年过去了,我们的社会,人们的心态,包括电影的环境都发生了很大的变化,当年'崇尚艺术'的口号,已经变成了'娱乐至死',当年灵魂的审判台,如今更多地成为青春偶像的 PK 台。那么这六年当中,陈凯歌的生活发生了什么样的变化,他的电影又发生了什么样的变化呢?这是第一个问题,我想问陈导演的。"

示例 2:杨澜在专访叶锦添。

杨澜在专访叶锦添的时候开场是这样的:"你看,从李安、陈凯歌、张艺谋,到冯小刚、李少红、蔡明亮等等这些一线的华人导演,他们每一个人的性格和风格都是截然不同的,居然每一个人都可以和叶锦添合作,这个叶锦添真的是变色龙。每一次,你在变幻自己适应他们吗?"

叶锦添:"对我来讲,最有趣的是跟这些人有一些精神的交流,我慢慢了解这个人,慢慢了解他,他喜欢什么,不喜欢什么,完了你就慢慢知道哪一些东西原来是另外一个语言的东西,不是他语言体系里的东西。"

4. 做好功课再上战场,启发式提问问题

示例 1:杨澜专访周迅。

杨澜在专访周迅的时候,问道:"说说你第一次刚到北京时的感觉?"

周迅:"十六岁的时候因为拍戏,因为小时候在电影院里长大的嘛,其实也没有想过自己以后会拍戏,第一次就觉得很兴奋那种,看看什么东西都是,咦?咦?"

杨澜:"刚刚进入这个电影圈,当时你有没有什么自己特别不喜欢的东西?"

周迅:"刚开始还真没有,刚开始的时候完全就是一个觉得太好玩了,然后,因为小时候在电影院里长大,会对那个胶片气味特别敏感,然后你到了电影厂全是那个味道,然后就觉得⋯⋯"

杨澜:"觉得太熟悉了。"

周迅:"对,很熟悉,就有一个挺有安全感的那种感觉,第一次拍的是一个古装戏嘛,觉得这个太不一样了。我卸完妆是这么一个样子,然后我扮演的时候就到了另外一个地方,就觉得有点穿越时空那种。"

杨澜:"倒错时空的那种感觉?"

周迅:"对,对,对,很新鲜。"

杨澜:"之后便是演了这个《风月》,是吧?再之后比较重要的一个《风月》,一个《苏州河》。大概是1997—1998年做的,《风月》那部电影,当时陈凯歌让你去演小舞女这个角色,你有没有被他那个什么大牌导演的气派镇住。"

周迅:"刚一开始有人打电话给我说陈凯歌要见我,我说谁是陈凯歌,那时候不知道这些,完全就是一种有戏我就拍戏这样的情形。后来在现场的时候,我跟着陈凯歌那个导演跟了很久,我就在那个监视器旁边看,那个时候的演员是巩俐和……"

杨澜:"张国荣。"

周迅:"张国荣,对,那一段时间其实对我是非常非常重要的,我在旁边以一个旁观者的角度去看,陈凯歌导演跟演员沟通、包括巩俐跟张国荣是怎么把自己……就是你能看到的他们是怎么把自己带到一个……"

杨澜:"情景当中去?"

周迅:"对对对。"

示例2:杨澜采访郭敬明。

杨澜:"小四你好。"

郭敬明:"杨澜你好。"

杨澜:"非常感谢你做客《杨澜访谈录》,你最近做了不少事情,包括成立了一个五个人的工作室,推出了一本叫做《岛》的双月刊的杂志,然后又做了像《迷藏》这样的音乐小说啊,还拍MV等等,把自己弄得这么辛苦,你是想证明什么呢?"

示例3:杨澜采访章子怡。

杨澜采访章子怡的时候,第一句话是:"据说你第一次见到斯皮尔伯格的时候跟他说,请雇用我,是吗?"

章子怡:"他们只教了我这一句,我只会这一句,其实那是五六年前的事情了,也不是说为了这部电影,只是那种跟很多电影公司见面呀,见很多导演,这样子,然后他们说这句话是最好用的,但是确实也不是说为了得到这个电影或是这个角色。"

5. 访谈要有深度和内涵

示例1:杨澜采访赵薇。

杨澜在采访赵薇的时候,提到赵薇在演了那么多戏之后,依旧在拍戏的最初几个礼拜会很紧张,然后由《天下女人》节目的另外的主持人提到一些观众可能会质疑,说赵薇是本色演员,可能不能演什么像什么。赵薇说如果不是恶意的人身攻击,她是不在意的,别人说别人的。在其他主持人追问赵薇曾经在意过吗,

第二部分　电视节目主持人风格及其艺术特点

有没有因此而难过的时候,杨澜说:"其实,我在想,有一句话还是挺有名的,就是说,上帝啊,请给我勇气,坚持我该做的事情,然后,上帝啊,请给我智慧,让我放弃那些不该做的事情。首先告诉我,这两者有什么区别,其实人对自己的那种期待和愿望,有的时候是当局者迷的,你自己清楚自己吗?"

示例2:杨澜专访胡因梦。

杨澜在专访胡因梦的时候说道:"每一个人都在追求快乐和幸福,但是不可否认,我们每一个人的一生当中都会经历一些不幸和不快乐的事情,甚至走入人生的低谷,我常常听到周围的朋友这样说,如果我有那样的美貌,我一定很幸福;如果我有那样的才华,我一定很幸福;如果我有那样的财富,我可能会很幸福;如果有人那样的爱我,我一定很幸福。今天我们请来了一个女人,她曾经拥有这一切,她幸福吗,她怎么样获得幸福,这正是她要跟我们交流的事情,掌声有请我们今天的嘉宾——胡因梦。"

示例3:杨澜在专访欧阳夏丹。

杨澜在专访欧阳夏丹的时候,提到欧阳夏丹为了工作,忽略了感情。

欧阳夏丹:"我小的时候,有一个算命的,说我这个感情来得特别晚。"

杨澜:"八十岁左右,夕阳红,过八十岁生日的时候,终于欧阳夏丹的故事上了《夕阳红》节目了,迟到的爱情。"

欧阳夏丹:"是,我现在压根也不想它了。"

杨澜:"那太苦闷了。"

欧阳夏丹:"太苦闷了。"

杨澜这样说道:"我觉得这样一个懂得生活,对人生有这么多期待和追求的人,是不应该等到八十岁的。有的时候你做出了艰难的选择,有的时候你做出了果断的选择,有的时候你为选择付出了代价,有的时候你的选择给你带来了丰硕的成果和满足感,但是接下来又有一个选择等着你,做完一个选择,还有一个选择等着你,其实人生就等于是一个不断选择的过程。新的一年,每个人都有很多的展望,夏丹对于2007年的一些期许,或者在这一年你需要做出的一个选择又会是什么呢?"

第二节　电视综艺娱乐类节目主持人——周涛

一、主持人周涛简介

连续16年担任中央电视台春节联欢晚会主持人的这个拥有甜美笑容的女

电视节目主持人风格与节目主持艺术

孩,名字叫周涛,可以说"周涛"家喻户晓。像其他很多知名主持人一样,周涛也是毕业于主持人的"梦工厂"中国传媒大学。刚毕业的周涛并没有马上顺利地进入电视节目主持行业,但是梦想的力量牵引着周涛。不久她进入了北京电视台,担任《北京新闻》和《北京晚间新闻》的主播,并且主持专栏节目《影视圈》。认真地工作加上周涛典雅大方的主持风格,很快就使她获得了北京市电视艺术家协会颁发的"春燕杯"最佳节目主持人奖。1995年,周涛调入中央电视台文艺部,从此,《综艺大观》这个节目承载着美丽清新的周涛式主持风格飞进了千家万户老百姓的心。

当《综艺大观》正带着周涛走向事业高峰的时候,她却很有胆识地选择自己策划一档环保类型的节目《真情无限》,美丽的周涛心里有着远大的理想和远见卓识。随着在《综艺大观》受到观众的极大欢迎,周涛开始主持各种大型活动和晚会,先后获得第三届"金话筒"银奖和第四届"金话筒"金奖。中央电视台与奥地利国家电视台合作录制的《音乐家舞台》大型晚会节目播出后,在欧洲产生了很大反响。因为出色的主持,德国国家电视一台授予周涛"金皇冠"最佳主持人奖。周涛获得了这个几乎不会授予欧洲以外国家的主持人的奖项,可见周涛的主持风格不但得到了祖国人民的喜爱,而且她典雅大方的美丽笑容也征服了世界人民,成为我国第一个在国际上获得奖项和肯定的综艺节目主持人。

二、周涛主持风格概述

周涛在《综艺大观》的主持能够很快被广大观众接受并且喜爱,正是得益于她得体大气的主持风格:穿着清新,身姿典雅,主持真诚,笑容甜美,表情自然,声音甜美,说话得体、善良,落落大方。

主持人周涛站在舞台上,镁光灯打下来,美丽的她就像是女神一样,但是又觉得她一点都不矫揉造作,一点都没有距离感。她主持风格里的强大亲和力将这一切主持优点都很好地融合成了这个字面上不美但是却给观众心里留下了美丽形象的名字里。多少年后,不断发展中的中央电视台打开走过的一段段辉煌灿烂的旅程所留下的百宝箱的时候,盘点老照片中央电视台最美主持人,想必一定会有"周涛"二字留青。

三、周涛主持风格的艺术特点

1. 穿着清新

周涛在主持节目时的服装和她美丽的容貌永远是那么相衬,和时尚无关,和潮流无关,但是,就是让男女老少看了都很舒服。虽然没有欧阳夏丹穿着的那般年轻有朝气,虽然没有杨澜穿着的那般高贵有品位,虽然没有李静穿着的那般潮流有个性,但是,周涛主持节目的服装就是能够让众口难调的问题变得简单,不高调,却很美丽,不复杂,但也足够漂亮。穿着清新,观众看见主持人一眼就在心里默默地打了一个很高的基础分。这也是"周涛式美丽"的第一步。

2. 身姿典雅

周涛肯定不能算是很瘦的,在女孩子里面也不算是很高的,身材没有小 S 徐熙娣那般惹火性感,但是周涛的身姿就是"刚刚好"的最完美定义。胖瘦刚刚好,不胖不瘦;高矮刚刚好,不高不低;曲线刚刚好,可以说是凹凸有致;站在舞台上,身姿典雅,灯光照在身上,就有一种完美释放的主持风格自然溢出。

3. 主持真诚

周涛的主持不敷衍,不做作,就像邻家姐姐,她说什么都有一种信服力和真诚在,坚定恳切的眼神,稳定沉着的发挥,她的主持让观众看得到,也能感觉到一种发自内心的真诚。

4. 笑容甜美

周涛的笑容几乎可以排进最美笑容"百人榜"或是前十名什么之类的。她的笑容不僵不假,不是淡淡地笑,也不是夸张地大笑,周涛的笑容就像是生来长在脸上似的。不管节目全程有多少,周涛的笑容依旧自然,依旧美丽。如果是做作的笑容,又难以让人相信可以坚持那么长的时间,让人不得不去佩服,不得不去相信那份甜美的笑是真诚的。

5. 表情自然、大气,让人觉得踏实和稳重

就像上面说的,周涛的笑容是她表情中最为动人的部分,是那么的有亲和力和自然,不管主持时间多长,这种笑总是发自内心的,使得观众渐渐爱上了她自然得体的微笑。有的时候周涛在主持中要讲述比较严肃一点的话题的时候,她的表情不会变化得太强烈。如果表情在短时间内变化得太快太多,会给人一种不安定感,说变就变像天气一样,那是小孩子。作为要稳住全场的运筹帷幄的主持人这个角色,慌张、剧变、忙乱都是大忌。周涛就像是一个标准主

持人的正面范本，有一种泰山崩于前而面不改色的大气，观众看到周涛就莫名生出一种安定感和归属感，让人觉得踏实和稳重。

6. 声音甜美，语速恰到好处

周涛的声音不是最洪亮的，但是带有一些磁性，周涛的声音也不厚实，但是就是让人听了很温暖，尤其是周涛在主持的时候对于语速的把握，细细体会就会暗暗称绝。

作为一名主持人，不同的节目带给观众不同的感受，语速的作用至关重要。语速太快，在综艺节目中还勉强能行，但是在其他节目中或是大型晚会上很可能因为语速搞砸。在舞台上，万众瞩目，难免会紧张，一紧张，语速就会不自觉地加快。语速一快，观众听不懂跟不上主持人所说的话，就不会有互动的配合。主持人看到台下观众反应不对或者因为自己语速加快，就会变得更加慌张，恶性循环，语速有的时候会决定整个节目主持的成功与否。有很多主持人各方面都很优秀，就是因为语速太快，给观众一种聒噪的感觉，本来劳累一天之后回到家里打开电视机图的就是一个休闲舒适，没有观众希望看电视越看越紧张，弄得自己耳鸣脑涨的。

反过来想，那些语速相对比较慢的主持人，比如说孟非、蔡康永、汪涵等更容易将话说到观众心里，因为他们的语速控制在了观众来得及反应的范畴内，所以相比语速过快的主持人，他们在主持的时候说什么观众都比较容易接受。

而周涛对于语速的把握可谓炉火纯青，不快不慢说来简单，做起来却很难。在正式的大型活动中，有些语速慢的主持人不常被邀请前去主持，就是因为语速太慢，说得简单点，观众太容易犯困了，看着看着提不起精神也会觉得没有意思。周涛则把语速控制得恰到好处。

7. 说话得体、善良，让观众觉得舒心

周涛的主持风格非常有亲和力，其根本在于一个优秀的主持人都有一颗善良的心。

不说尖酸刻薄之话，不说小气狭隘之话，不说不合场合的话，不随便调侃别人，不任性卖弄口才。这些，周涛都做得很好。

更让观众觉得舒心的是，周涛主持的时候不带任何偏见，不随意地表达理解和认同，也不任性地坚持己见，而是始终处于一种中立的地位上，也正是主持人应该站的位置上。让观众觉得不管是什么立场和个性，周涛都能不干涉、不鄙夷、不劝诫，就像是在女神的翅膀下任何人都是自由的。虽然是抽象的感觉，但是观众最直观的体会就是看周涛主持，不用紧张，不用隐藏，用最舒适的姿势、最舒心的态度去听、去看就行了。

8. 落落大方，被大型活动和晚会青睐的女主持人

周涛之所以能够被大型活动和晚会青睐，关键在于她的气质和这些场合最相衬。有比周涛更美丽的主持人，有比周涛口才更流利的主持人，有比周涛反应更快的主持人，但是观众会觉得，在大型晚会上看见周涛就像是一加一等于二一样，太正常太合理了。周涛的气质大方，举止得体，遇事不慌乱，临场不紧张，自然又利落，一言一行中都透着落落大方的气质。

9. 主持风格就是以亲和为主旨，有着不一般的亲和力

说哪个女孩很漂亮，现在流行用"女神"这个词，但是女神似乎离咱们普通老百姓太远、太虚幻、太飘缈、不可触及。所以，女神往往并没有邻家女孩吃香，但是周涛却有着不一般的亲和力。

周涛站在舞台上，举手投足、一言一行似乎都是完美的，却又神奇地让观众感受到她的亲和力。也许是因为她自然甜美的笑容永远挂在脸上，也许是因为她耐心稳重的话语袅袅入耳，与许是因为她不夸张的妆容，也许是因为她的主持风格就是以亲和为主旨。

参 考 文 献

[1] [法]塔尔德，[美]克拉克. 传播与社会影响[M]. 何道宽，译. 北京：中国人民大学出版社，2005.
[2] 张颂. 中国播音学[M]. 北京：中国传媒大学出版社，2004.
[3] 吕叔湘. 语言和语言学[M]. 北京：中国大百科全书出版社，1988.
[4] 陈京生. 电视播音与主持[M]. 北京：北京广播学院出版社，2000.
[5] 付程. 实用播音教程：第 1-4 册[M]. 北京：中国传媒大学出版社，2002—2003.
[6] 吴郁，曾志华. 播音主持人才培养研究[M]. 北京：中国传媒大学出版社，2009.
[7] 赵秀环. 播音主持艺术语言基本功训练教程[M]. 北京：中国传媒大学出版社，2010.
[8] 曹可凡，王群. 节目主持人语言艺术[M]. 北京：北京广播学院出版社，1997.
[9] 白谦成. 主持人技艺训练教程[M]. 武汉：武汉大学出版社，2003.
[10] 蒋育秀. 主持人形象塑造艺术[M]. 北京：中国广播电视出版社，2003.
[11] 赵利民，陈爱华. 中国电视受众审美心理特征[J]. 中国广播电视学刊，2008（11）.
[12] 洛雷塔·马兰德罗，拉里·巴克. 非语言交流[M]. 孟小平，等，译. 北京：北京语言学院出版社，1991.
[13] 陆锡初. 主持人节目学教程[M]. 北京：中国广播电视出版社，2008.
[14] 丁法章. 新闻评论学[M]. 上海：复旦大学出版社，1997.
[15] 敬一丹. 99个问号——敬一丹漫谈主持人[M]. 北京：中国广播电视出版社，2004.
[16] 刘洋，林海. 综艺娱乐节目主持概论[M]. 北京：中国传媒大学出版社，2007.
[17] 叶惠贤. 荧屏瞬间——叶惠贤即兴主持100例[M]. 上海：上海人民出版社，1998.
[18] 陈竹. 节目主持人实用口语训练教程[M]. 杭州：浙江大学出版社，2006.
[19] 杨澜. 杨澜访谈录2007-Ⅱ[M]. 北京：新星出版社，2007.
[20] 碧冷，陈枫. 主持人是怎样炼成的[M]. 北京：北京工业大学出版社，2005.